中国中小企业改制上市

操作手册2022

上海市投资促进服务中心
（上海市中小企业上市促进中心） 主编

China's
Small and Medium-sized Enterprise
Restructuring and Listing
Operation Manual 2022

上海交通大学出版社
SHANGHAI JIAO TONG UNIVERSITY PRESS

内容提要

在业界专家和专业机构的帮助和支持下,上海市投资促进服务中心(上海市中小企业上市促进中心)聚焦改制上市实务操作和相关政策,帮助中小企业了解中国多层次资本市场和海外资本市场的发展现状,帮助处于改制上市阶段或正在为改制上市犹豫、迷茫的中小企业明确上市目标,了解上市流程,并指导中小企业完善改制上市过程中的系列工作。

本书在 2021 版的基础上进行了修订,根据资本市场的最新动态,对内容进行了更新、归纳、整理和充实,以求最大程度地提升图书的实用性、操作性和权威性。本书可供中小企业管理者阅读参考。

图书在版编目(C I P)数据

中国中小企业改制上市操作手册. 2022 / 上海市投资促进服务中心(上海市中小企业上市促进中心)主编. —
上海 : 上海交通大学出版社,2022.6
　ISBN 978 - 7 - 313 - 26676 - 7

　Ⅰ. ①中… Ⅱ. ①上… Ⅲ. ①中小企业－上市公司－
中国－手册 Ⅳ. ①Γ279.246－62

　中国版本图书馆 CIP 数据核字(2022)第 040651 号

中国中小企业改制上市操作手册(2022)
ZHONGGUO ZHONGXIAO QIYE GAIZHI SHANGSHI CAOZUO SHOUCE(2022)

主　　编:上海市投资促进服务中心(上海市中小企业上市促进中心)
出版发行:上海交通大学出版社　　　　　　地　　址:上海市番禺路 951 号
邮政编码:200030　　　　　　　　　　　　电　　话:021 - 64071208
印　　刷:上海景条印刷有限公司　　　　　经　　销:全国新华书店
开　　本:710mm×1000mm　1/16　　　　印　　张:19
字　　数:336 千字
版　　次:2022 年 6 月第 1 版　　　　　　印　　次:2022 年 6 月第 1 次印刷
书　　号:ISBN 978 - 7 - 313 - 26676 - 7
定　　价:88.00 元

编　委　会

前　言

随着北京证券交易所的建立,中国多层次资本市场形成了错位发展、互联互通的格局,从而实现了自身更高质量的发展。2021年中央经济工作会议指出,资本市场要全面实现股票发行注册制。伴随着全市场注册制的实现,资本市场将能够更好地发挥资源配置功能,更好地服务实体经济,更好地推动创新企业发展。据公开资料不完全统计,截至2021年年底,中国境内超过6 000家企业登陆境内外资本市场,其中,A股上市公司4 690家(科创板上市公司379家),一大批创新能力突出、科技研发实力雄厚、发展韧性强劲的企业紧跟国家重大战略规划,紧抓发展机遇,实现了产业和资本的有效结合。

企业上市是提高核心竞争力的有效途径,是现代企业做强做大的必然选择,也是区域综合经济实力的重要体现。为了有效引导中小企业充分认识和了解中国多层次资本市场和改制上市实务,上海市投资促进服务中心(上海市中小企业上市促进中心)编撰了《中国中小企业改制上市操作手册(2022)》,对企业改制上市过程中可能遇到的难点、疑点进行释疑,为读者构建一个系统、全面的知识和规则体系。鉴于本书定稿时,北京证券交易所刚刚宣布设立,故保留了新三板原精选层的审核流程。

本书的编撰工作得到了上海证券交易所、深圳证券交易所、海通证券股份有限公司、锦天城律师事务所、致同会计师事务所等业内知名机构的鼎力支持,在此深表感谢!

希望本书能够对处于改制阶段或正在为上市努力的中小企业有所裨益和帮助。由于时间仓促和水平所限,难免挂一漏万,敬请读者提出宝贵意见和建议,以便进一步修订完善。

编　者

2022年1月

目录 contents

第一章

注册制与中国资本市场介绍

第一节　中国资本市场注册制改革

我国证券市场发展至今,先后经历了行政主导的审批制、市场化方向的核准制和以信息披露为核心的注册制三个阶段。2019 年 1 月 28 日,中国证监会发布《关于在上海证券交易所设立科创板并试点注册制的实施意见》(简称《试点注册制实施意见》)(证监会公告〔2019〕2 号)。该文件指出:为了深化国家的供给侧结构性改革,加快形成融资功能完备、基础制度扎实、市场监管有效、投资者合法权益得到有效保护的多层次资本市场体系,中国证监会从设立上海证券交易所科创板入手,开始试点注册制。2020 年 6 月 12 日,中国证监会发布《创业板首次公开发行股票注册管理办法(试行)》,正式开启深圳证券交易所创业板注册制。

审批制诞生于我国证券市场发展初期,是为了维护上市公司的稳定和平衡复杂的社会经济关系,采用行政计划的办法分配股票发行的指标和额度,由地方或行业主管部门根据指标推荐企业发行股票的发行制度。核准制则是介于审批制与注册制之间的过渡形式,其取消了指标和额度管理,引进证券中介机构来判断企业是否达到股票发行的条件,证券监督管理机构同时对股票发行的合规性和适销性进行实质性审查,有权否决发行申请。

与核准制相比较,注册制的本质是以信息披露为核心,把选择权交给市场。在注册制之下,上海证券交易所、深圳证券交易所分别负责科创板和创业板发行上市的审核,由中国证监会负责股票发行注册。交易所主要通过提出问题、回答的方式展开,以督促发行人完善信息披露内容。对于企业而言,注册制改革之后,上市条件更加具有包容性,开始允许特殊股权结构企业和红筹企业上市,并强化了发行人的信息披露义务和法律责任。

2020 年 3 月 1 日起实施的《中华人民共和国证券法》(简称《证券法》),对证监会发布的《试点注册制实施意见》进行了落实,建立了以信息披露为核心的注册制法律体系。其第 9 条规定:公开发行证券,必须符合法律、行政法规规定的条件,并依法报经国务院证券监督管理机构或者国务院授权的部门注册。未经依法注册,任何单位和个人不得公开发行证券。证券发行注册制的具体范围、实施步骤由国务院规定。

一、注册制提高了企业上市的可预见性和可预期性

上市的可预见性和可预期性,是判断注册制的一个重要的参考标准。股票发行实行注册制,在执行落地层面需要审核问询时间上的可预见性或者可控性。

(1)明确了具体审核时限和回复时限,企业申请上市注册,交易所5个工作日内决定是否受理;自受理之日起20个工作日内提出首轮审核问询;受理之日起3个月内出具发行人符合发行条件、上市条件和信息披露要求的审核意见或者作出终止发行上市审核的决定,发行人及中介机构回复问询的时间不计算在内,且回复时间总计不超过3个月。

(2)通过对审核规则、信息披露规则、审核问答等制度以及问询回复和上市委员会审议结果进行公开,提高了审核结果的可预见性。

(3)建立了规范的股票发行时间和发行失败制度。证券的代销、包销期限最长不得超过90日;股票发行采用代销方式,代销期限届满,向投资者出售的股票数量未达到拟公开发行股票数量70%的,为发行失败。

因此,治理规范的公司发行股票上市时间加上答复反馈的时间基本上可以控制在6个月左右,1年内上市将成为企业上市市场化的常态。

二、从信息披露的角度理解注册制

《证券法》建立了以信息披露为核心的注册制法律体系,其本质是将选择权交给市场,政府作为扶持之手,重在事后监管。把握信息披露为核心的注册制要点主要有以下两个方面。

(一)判断信息披露是否充分、真实、准确、完整

(1)发行人报送的证券发行申请文件,应当充分披露投资者作出价值判断和投资决策所必需的信息,内容应当真实、准确、完整。

(2)为证券发行出具有关文件的证券服务机构和人员,必须严格履行法定职责,保证所出具文件的真实性、准确性和完整性。

信息披露的内容真实、准确主要在于不得欺诈发行证券。而对于完整性,需要发行人和证券服务机构即会计师事务所、律师事务所作出专业预判和评估,须勤勉尽职,为投资者做出价值判断和投资决策充分披露所必需的信息,并对投资人的损失依法承担连带赔偿责任。

（二）为投资者做出价值判断和投资决策充分披露所必需的信息

1. 充分性

发行上市申请文件披露的内容是否包含对投资者作出投资决策有重大影响的信息,披露程度是否达到投资者作出投资决策所必需的水平,包括但不限于是否充分、全面披露发行人业务、技术、财务、公司治理、投资者保护等方面的信息以及本次发行的情况和对发行人的影响,是否充分揭示可能对发行人经营状况、财务状况产生重大不利影响的所有因素等事项。

2. 一致性

发行上市申请文件的内容与信息披露内容是否一致、合理和具有内在逻辑性,包括但不限于财务数据是否钩稽合理,是否符合发行人实际情况,非财务信息与财务信息是否相互印证,保荐人、证券服务机构核查依据是否充分,能否对财务数据的变动或者与同行业公司存在的差异作出合理解释。

3. 可理解性

发行上市申请文件披露内容是否简明易懂,是否便于一般投资者阅读和理解,包括但不限于是否使用浅白语言,是否简明扼要、重点突出、逻辑清晰,是否结合企业自身特点进行有针对性的信息披露。

三、注册制下拟上市企业及相关方的法律责任

与以"信息披露"为核心的注册制相对应,《证券法》和《中华人民共和国刑法修正案(十一)》针对欺诈发行的违法行为设立了高额的惩罚制度,大幅增加了欺诈发行的违法成本(见表1.1)。

表 1.1　欺诈发行的惩罚比较

责任类型	原《证券法》规定	现行《证券法》规定
行政责任	(一)《中华人民共和国证券法》第一百八十九条: 发行人不符合发行条件,以欺骗手段骗取发行核准,尚未发行证券的,处以三十万元以上六十万元以下的罚款;已经发行证券的,处以非法所募资金金额百分之一以上百分之五以下的罚款。对直接负责的主管人员和其他直接责任人员处以三万元以上三十万元以下的罚款。	(一)《中华人民共和国证券法(2019 修订)》第一百八十一条: 发行人在其公告的证券发行文件中隐瞒重要事实或者编造重大虚假内容,尚未发行证券的,处以二百万元以上二千万元以下的罚款;已经发行证券的,处以非法所募资金金额百分之十以上一倍以下的罚款。对直接负责的主管人员和其他直接责任人员,处以一百万元以上一千万元以下的罚款。

（续表 1）

责任类型	原《证券法》规定	现行《证券法》规定
	发行人的控股股东、实际控制人指使从事前款违法行为的，依照前款的规定处罚。 （二）《中华人民共和国证券法》第一百九十二条： 保荐人出具有虚假记载、误导性陈述或者重大遗漏的保荐书，或者不履行其他法定职责的，责令改正，给予警告，没收业务收入，并处以业务收入一倍以上五倍以下的罚款；情节严重的，暂停或者撤销相关业务许可。对直接负责的主管人员和其他直接责任人员给予警告，并处以三万元以上三十万元以下的罚款；情节严重的，撤销任职资格或者证券从业资格。 （三）《中华人民共和国证券法》第一百九十三条： 发行人、上市公司或者其他信息披露义务人未按照规定披露信息，或者所披露的信息有虚假记载、误导性陈述或者重大遗漏的，责令改正，给予警告，并处以三十万元以上六十万元以下的罚款。对直接负责的主管人员和其他直接责任人员给予警告，并处以三万元以上三十万元以下的罚款。 发行人、上市公司或者其他信息披露义务人未按照规定报送有关报告，或者报送的报告有虚假记载、误导性陈述或者重大遗漏的，责令改正，给予警告，并处以三十万元以上六十万元以下的罚款。对直接负责的主管人员和其他直接责任人员给予警告，并处以三万元以上三十万元以下的罚款。	发行人的控股股东、实际控制人组织、指使从事前款违法行为的，没收违法所得，并处以违法所得百分之十以上一倍以下的罚款；没有违法所得或者违法所得不足二千万元的，处以二百万元以上二千万元以下的罚款。对直接负责的主管人员和其他直接责任人员，处以一百万元以上一千万元以下的罚款。 （二）《中华人民共和国证券法（2019 修订）》第一百八十二条： 保荐人出具有虚假记载、误导性陈述或者重大遗漏的保荐书，或者不履行其他法定职责的，责令改正，给予警告，没收业务收入，并处以业务收入一倍以上十倍以下的罚款；没有业务收入或者业务收入不足一百万元的，处以一百万元以上一千万元以下的罚款；情节严重的，并处暂停或者撤销保荐业务许可。对直接负责的主管人员和其他直接责任人员给予警告，并处以五十万元以上五百万元以下的罚款。 （三）《中华人民共和国证券法（2019 修订）》第一百九十七条： 信息披露义务人未按照本法规定报送有关报告或者履行信息披露义务的，责令改正，给予警告，并处以五十万元以上五百万元以下的罚款；对直接负责的主管人员和其他直接责任人员给予警告，并处以二十万元以上二百万元以下的罚款。发行人的控股股东、实际控制人组织、指使从事上述违法行为，或者隐瞒相关事项导致发生上述情形的，处以五十万元以上五百万元以下的罚款；对直接负责的主管人员和其他直接责任人员，处以二十万元以上二百万元以下的罚款。

责任类型	原《证券法》规定	现行《证券法》规定
	发行人、上市公司或者其他信息披露义务人的控股股东、实际控制人指使从事前两款违法行为的,依照前两款的规定处罚	信息披露义务人报送的报告或者披露的信息有虚假记载、误导性陈述或者重大遗漏的,责令改正,给予警告,并处以一百万元以上一千万元以下的罚款;对直接负责的主管人员和其他直接责任人员给予警告,并处以五十万元以上五百万元以下的罚款。发行人的控股股东、实际控制人组织、指使从事上述违法行为,或者隐瞒相关事项导致发生上述情形,处以一百万元以上一千万元以下的罚款;对直接负责的主管人员和其他直接责任人员,处以五十万元以上五百万元以下的罚款
民事责任	无先行赔付相关制度 无证券纠纷代表人诉讼相关规定	(一)《中华人民共和国证券法(2019 修订)》第九十三条: 发行人因欺诈发行、虚假陈述或者其他重大违法行为给投资者造成损失的,发行人的控股股东、实际控制人、相关的证券公司可以委托投资者保护机构,就赔偿事宜与受到损失的投资者达成协议,予以先行赔付。先行赔付后,可以依法向发行人以及其他连带责任人追偿。 (二)《中华人民共和国证券法(2019 修订)》第九十五条: 投资者提起虚假陈述等证券民事赔偿诉讼时,诉讼标的是同一种类,且当事人一方人数众多的,可以依法推选代表人进行诉讼。 对按照前款规定提起的诉讼,可能存在有相同诉讼请求的其他众多投资者的,人民法院可以发出公告,说明该诉讼请求的案件情况,通知投资者在一定期间向人民法院登记。人民法院作出的判决、裁定,对参加登记的投资者发生效力。

（续表 3）

责任类型	原《证券法》规定	现行《证券法》规定
		投资者保护机构受五十名以上投资者委托,可以作为代表人参加诉讼,并为经证券登记结算机构确认的权利人依照前款规定向人民法院登记,但投资者明确表示不愿意参加该诉讼的除外
刑事责任	(一)《中华人民共和国刑法(九)》第一百六十条: 在招股说明书、认股书、公司、企业债券募集办法中隐瞒重要事实或者编造重大虚假内容,发行股票或者公司、企业债券,数额巨大、后果严重或者有其他严重情节的,处五年以下有期徒刑或者拘役,并处或者单处非法募集资金金额百分之一以上百分之五以下罚金。 单位犯前款罪的,对单位判处罚金,并对其直接负责的主管人员和其他直接责任人员,处五年以下有期徒刑或者拘役	(一)《中华人民共和国刑法修正案(十一)》第一百六十条修改为: 在招股说明书、认股书、公司、企业债券募集办法等发行文件中隐瞒重要事实或者编造重大虚假内容,发行股票或者公司、企业债券、存托凭证或者国务院依法认定的其他证券,数额巨大、后果严重或者有其他严重情节的,处五年以下有期徒刑或者拘役,并处或者单处罚金;数额特别巨大、后果特别严重或者有其他特别严重情节的,处五年以上有期徒刑,并处罚金。 控股股东、实际控制人组织、指使实施前款行为的,处五年以下有期徒刑或者拘役,并处或者单处非法募集资金金额百分之二十以上一倍以下罚金;数额特别巨大、后果特别严重或者有其他特别严重情节的,处五年以上有期徒刑,并处非法募集资金金额百分之二十以上一倍以下罚金。 单位犯前两款罪的,对单位判处非法募集资金金额百分之二十以上一倍以下罚金,并对其直接负责的主管人员和其他直接责任人员,依照第一款的规定处罚

第二节 注册制下中国多层次资本市场介绍

中国资本市场进入注册制时代以来,逐步形成了以上海证券交易所为主的主板市场和科创板市场,以深圳证券交易所为主的主板市场和创业板市场,北京证券交易所和全国中小企业股份转让系统的新三板市场,以及区域性股权转让市场(见图 1.1)。

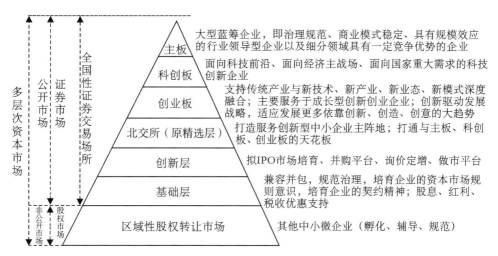

图 1.1　中国多层次资本市场的基本架构和定位

一、主板市场

(一)主板市场的发展及功能定位

中国资本市场的主板市场包括上海证券交易所主板和深圳证券交易所主板。截至 2021 年 12 月 31 日,上海证券交易所主板 A 股共有 1 735 家企业上市,深圳证券交易所主板 A 股共有 1 400 家企业上市。

中国主板市场主要面向大型蓝筹企业,具体主要指治理规范、商业模式稳定、具有规模效应的行业领导型企业以及细分领域具有一定竞争优势的企业。

(二)主板首发上市标准

主板首发上市的主要条件如表 1.2 所示。

2020 年 10 月 9 日,《国务院关于进一步提高上市公司质量的意见》(国发〔2020〕14 号)发布,再次明确"支持优质企业上市。全面推行、分步实施证券发行注册制。优化发行上市标准,增强包容性"。

表 1.2 主板首发上市的主要条件

主体资格	(1)发行人应当是依法设立且合法存续的股份有限公司。经国务院批准,有限责任公司在依法变更为股份有限公司时,可以采取募集设立方式公开发行股票。 (2)发行人自股份有限公司成立后,持续经营时间应当在 3 年以上,但经国务院批准的除外。 (3)有限责任公司按原账面净资产值折股整体变更为股份有限公司的,持续经营时间可以从有限责任公司成立之日起计算。 (4)发行人的注册资本已足额缴纳,发起人或者股东用作出资的资产的财产权转移手续已办理完毕,发行人的主要资产不存在重大权属纠纷。 (5)发行人的生产经营符合法律、行政法规和公司章程的规定,符合国家产业政策。 (6)发行人最近 3 年内主营业务和董事、高级管理人员没有发生重大变化,实际控制人没有发生变更。 (7)发行人的股权清晰,控股股东和受控股股东、实际控制人支配的股东持有的发行人股份不存在重大权属纠纷
规范运行	(1)发行人已经依法建立健全股东大会、董事会、监事会、独立董事、董事会秘书制度,相关机构和人员能够依法履行职责。 (2)发行人的董事、监事和高级管理人员已经了解与股票发行上市有关的法律法规,知悉上市公司及其董事、监事和高级管理人员的法定义务和责任。 (3)发行人的董事、监事和高级管理人员符合法律、行政法规和规章规定的任职资格,且不得有下列情形:被中国证监会采取证券市场禁入措施尚在禁入期的;最近 36 个月内受到中国证监会行政处罚,或者最近 12 个月内受到证券交易所公开谴责;因涉嫌犯罪被司法机关立案侦查或者涉嫌违法违规被中国证监会立案调查,尚未有明确结论意见。 (4)发行人的内部控制制度健全且被有效执行,能够合理保证财务报告的可靠性、生产经营的合法性、营运的效率与效果。 (5)发行人不得有下列情形:最近 36 个月内未经法定机关核准,擅自公开或者变相公开发行过证券;或者有关违法行为虽然发生在 36 个月前,但目前仍处于持续状态;最近 36 个月内违反工商、税收、土地、环保、海关以及其他法律、行政法规,受到行政处罚,且情节严重;最近 36 个月内曾向中国证监会提出发行申请,但报送的发行申请文件有虚假记载、误导性陈述或重大遗漏;或者不符合发行条件以欺骗手段骗取发行核准;或者以不正当手段干扰中国证监会及其发行审核委员会审核工作;或者伪造、变造发行人或其董事、监事、高级管理人员的签字、盖章;本次报送的发行申请文件有虚假记载、误导性陈述或者重大遗漏;涉嫌犯罪被司法机关立案侦查,尚未有明确结论意见;严重损害投资者合法权益和社会公共利益的其他情形。 (6)发行人的公司章程中已明确对外担保的审批权限和审议程序,不存在为控股股东、实际控制人及其控制的其他企业进行违规担保的情形。

（续表1）

	（7）发行人有严格的资金管理制度，不得有资金被控股股东、实际控制人及其控制的其他企业以借款、代偿债务、代垫款项或者其他方式占用的情形
财务与会计	（1）发行人资产质量良好，资产负债结构合理，盈利能力较强，现金流量正常。 （2）发行人的内部控制在所有重大方面是有效的，并由注册会计师出具了无保留结论的内部控制鉴证报告。 （3）发行人会计基础工作规范，财务报表的编制符合企业会计准则和相关会计制度的规定，在所有重大方面公允地反映了发行人的财务状况、经营成果和现金流量，并由注册会计师出具了无保留意见的审计报告。 （4）发行人编制财务报表应以实际发生的交易或者事项为依据；在进行会计确认、计量和报告时应当保持应有的谨慎；对相同或者相似的经济业务，应选用一致的会计政策，不得随意变更。 （5）发行人应完整披露关联方关系并按重要性原则恰当披露关联交易。关联交易价格公允，不存在通过关联交易操纵利润的情形。 （6）发行人应当符合下列条件：最近3个会计年度净利润均为正数且累计超过人民币3 000万元，净利润以扣除非经常性损益前后较低者为计算依据；最近3个会计年度经营活动产生的现金流量净额累计超过人民币5 000万元；或者最近3个会计年度营业收入累计超过人民币3亿元；发行前股本总额不少于人民币3 000万元；最近一期末无形资产（扣除土地使用权、水面养殖权和采矿权等后）占净资产的比例不高于20%；最近一期末不存在未弥补亏损。中国证监会根据《关于开展创新企业境内发行股票或存托凭证试点的若干意见》等规定认定的试点企业（以下简称试点企业），可不适用前款规定。 （7）发行人依法纳税，各项税收优惠符合相关法律法规的规定。发行人的经营成果对税收优惠不存在严重依赖。 （8）发行人不存在重大偿债风险，不存在影响持续经营的担保、诉讼以及仲裁等重大或有事项。 （9）发行人申报文件中不得有下列情形：故意遗漏或虚构交易、事项或者其他重要信息；滥用会计政策或者会计估计；操纵、伪造或篡改编制财务报表所依据的会计记录或者相关凭证。 （10）发行人不得有下列影响持续盈利能力的情形：发行人的经营模式、产品或服务的品种结构已经或者将发生重大变化，并对发行人的持续盈利能力构成重大不利影响；发行人的行业地位或发行人所处行业的经营环境已经或者将发生重大变化，并对发行人的持续盈利能力构成重大不利影响；发行人最近1个会计年度的营业收入或净利润对关联方或者存在重大不确定性的客户存在重大依赖；发行人最近1个会计年度的净利润主要来自合并财务报表范围以外的投资收益；发行人在用的商标、专利、专有技术以及特许经营权等重要资产或技术的取得或者使用存在重大不利变化的风险；其他可能对发行人持续盈利能力构成重大不利影响的情形

二、科创板市场

(一)科创板市场的发展及功能定位

2018年11月5日,习近平总书记在首届中国国际进口博览会开幕式上正式宣布设立科创板。科创板是独立于现有上海证券交易所主板市场的新设板块。截至2021年12月31日,上海证券交易所科创板共计有377家企业上市。

科创板精确定位于"面向世界科技前沿、面向经济主战场、面向国家重大需求",主要服务于符合国家战略、突破关键核心技术、市场认可度高的科技创新企业,重点支持新一代信息科技、高端装备、新材料、新能源、节能环保以及生物医药等高新技术产业和战略性新兴产业。

(二)科创板首发上市标准

科创板首发上市标准如表1.3所示。

表1.3　科创板首发上市标准

基本条件	(1)发行人是依法设立且持续经营3年以上的股份有限公司,具备健全且运行良好的组织机构,相关机构和人员能够依法履行职责。有限责任公司按原账面净资产值折股整体变更为股份有限公司的,持续经营时间可以从有限责任公司成立之日起计算。
	(2)发行人会计基础工作规范,财务报表的编制和披露符合企业会计准则和相关信息披露规则的规定,在所有重大方面公允地反映了发行人的财务状况、经营成果和现金流量,并由注册会计师出具无保留意见的审计报告。
	(3)发行人内部控制制度健全且被有效执行,能够合理保证公司运行效率、合法合规和财务报告的可靠性,并由注册会计师出具无保留结论的内部控制鉴证报告。发行人业务完整,具有直接面向市场独立持续经营的能力:①资产完整,业务及人员、财务、机构独立,与控股股东、实际控制人及其控制的其他企业间不存在对发行人构成重大不利影响的同业竞争,以及严重影响独立性或者显失公平的关联交易。②发行人主营业务、控制权、管理团队和核心技术人员稳定,最近2年内主营业务和董事、高级管理人员及核心技术人员均没有发生重大不利变化;控股股东和受控股股东、实际控制人支配的股东所持发行人的股份权属清晰,最近2年实际控制人没有发生变更,不存在导致控制权可能变更的重大权属纠纷。③发行人不存在主要资产、核心技术、商标等的重大权属纠纷,重大偿债风险,重大担保、诉讼、仲裁等或有事项,经营环境已经或者将要发生的重大变化等对持续经营有重大不利影响的事项。

（续表1）

	（4）发行人生产经营符合法律、行政法规的规定,符合国家产业政策。 （5）最近3年内,发行人及其控股股东、实际控制人不存在贪污、贿赂、侵占财产、挪用财产或者破坏社会主义市场经济秩序的刑事犯罪,不存在欺诈发行、重大信息披露违法或者其他涉及国家安全、公共安全、生态安全、生产安全、公众健康安全等领域的重大违法行为。 （6）董事、监事和高级管理人员不存在最近3年内受到中国证监会行政处罚,或者因涉嫌犯罪被司法机关立案侦查或者涉嫌违法违规被中国证监会立案调查,尚未有明确结论意见等情形
上市标准	科创板现行5套发行标准均以"预计市值"作为衡量标准,结合营业收入、净利润和研发投入等财务指标,为目前在关键领域通过持续研发投入、已具备核心技术或取得阶段性成果、拥有良好发展前景,但财务表现不一的各类科创企业提供了上市渠道,弱化了对当前盈利能力的考量,门槛较主板明显降低,多套上市标准如下（满足以下任一条件即可申报）： （1）预计市值不低于10亿元人民币,最近2年净利润均为正且累计净利润不低于5 000万元人民币,或者预计市值不低于10亿元人民币,最近1年净利润为正且营业收入不低于1亿元人民币。 （2）预计市值不低于15亿元人民币,最近1年营业收入不低于2亿元人民币,且最近3年研发投入合计占最近3年营业收入的比例不低于15%。 （3）预计市值不低于20亿元人民币,最近1年营业收入不低于人民币3亿元,且最近3年经营活动产生的现金流量净额累计不低于1亿元人民币。 （4）预计市值不低于30亿元人民币,且最近1年营业收入不低于3亿元人民币。 （5）预计市值不低于40亿元人民币,主要业务或产品需经国家有关部门批准,市场空间较大,目前已取得阶段性成果,并获得知名投资机构一定金额的投资。医药行业企业需取得至少一项一类新药二期临床试验批件,其他符合科创板定位的企业需具备明显的技术优势并满足相应条件
科创属性要求	申报科创板发行上市的发行人,应当属于下列行业领域的高新技术产业和战略性新兴产业：新一代信息技术领域,主要包括半导体和集成电路、电子信息、下一代信息网络、人工智能、大数据、云计算、软件、互联网、物联网和智能硬件等；高端装备领域,主要包括智能制造、航空航天、先进轨道交通、海洋工程装备及相关服务等；新材料领域,主要包括先进钢铁材料、先进有色金属材料、先进石化化工新材料、先进无机非金属材料、高性能复合材料、前沿新材料及相关服务等；新能源领域,主要包括先进核电、大型风电、高效光电光热、高效储能及相关服务等；节能环保领域,主要包括高效节能产品及设备、先进环保技术

（续表 2）

装备、先进环保产品、资源循环利用、新能源汽车整车、新能源汽车关键零部件、动力电池及相关服务等；生物医药领域，主要包括生物制品、高端化学药、高端医疗设备与器械及相关服务等；符合科创板定位的其他领域。 支持和鼓励科创板定位规定的相关行业领域中，同时符合下列 4 项指标的企业申报科创板上市： (1)最近 3 年研发投入占营业收入比例 5%以上，或最近 3 年研发投入金额累计在 6 000 万元以上； (2)研发人员占当年员工总数的比例不低于 10%； (3)形成主营业务收入的发明专利 5 项以上； (4)最近 3 年营业收入复合增长率达到 20%，或最近 1 年营业收入金额达到 3 亿元。 采用《上海证券交易所科创板股票发行上市审核规则》第 22 条第(五)款规定的上市标准申报科创板的企业可不适用上述第(4)项指标中关于"营业收入"的规定；软件行业不适用上述第(3)项指标的要求，研发投入占比应在 10%以上。 支持和鼓励科创板定位规定的相关行业领域中，虽未达到前述指标，但符合下列情形之一的企业申报科创板上市： (1)发行人拥有的核心技术经国家主管部门认定具有国际领先、引领作用或者对于国家战略具有重大意义； (2)发行人作为主要参与单位或者发行人的核心技术人员作为主要参与人员，获得国家科技进步奖、国家自然科学奖、国家技术发明奖，并将相关技术运用于公司主营业务； (3)发行人独立或者牵头承担与主营业务和核心技术相关的国家重大科技专项项目； (4)发行人依靠核心技术形成的主要产品(服务)，属于国家鼓励、支持和推动的关键设备、关键产品、关键零部件、关键材料等，并实现了进口替代； (5)形成核心技术和主营业务收入的发明专利(含国防专利)合计 50 项以上。 限制金融科技、模式创新企业在科创板上市。禁止房地产和主要从事金融、投资类业务的企业在科创板上市

(三)科创板上市的审核流程

根据《科创板首次公开发行股票注册管理办法(试行)》第四条，首次公开发行股票并在科创板上市，应当符合发行条件、上市条件以及相关信息披露要求，依法经上海证券交易所发行上市审核并报经中国证监会履行发行注册程序。具体程序如下：

1. 受理

（1）上海证券交易所进行申请文件齐备性检查、中介机构资质检查，决定是否受理（未提及因行业定位问题不予受理的情形）。同一家保荐机构 12 个月内申报的企业 2 次不受理，则暂停资格 3 个月。

（2）辅导验收报告原来是由各地证监局出具给证监会发行监管部，现在是各地证监局向保荐机构出具《无异议函》，作为申请文件的必备文件。

2. 审核机构审核

向发行人发出首轮问询函，向发行人发出多轮问询函（如有），向上市委员会出具审核报告。

（1）设置若干行业审核小组，探索对上市申请实行分行业审核。

（2）保荐人答复问询问题的全部时间为 3 个月，对每一次问询回复的时间没有明确要求，保荐人合理安排进度和工作。

3. 上市委员会会议审核

上市委员会审议审核报告及发行上市申请文件，落实上市委员会意见（如有），结合上市委员会审议意见，形成交易所审核意见。

（1）审核部门承担主要的审核职责，出具审核报告（会有同意或不同意的结论）；上市委员会与审核机构共同承担审核职责。与核准制下的发审委制度①不同。

（2）上市委员会由 5 人组成，实行合议制，不是一人一票，与发审委的决策模式不同。

（3）上市委员会人员构成以系统外为主，主要包括会计师、律师、买方基金和系统内人员。

4. 向证监会报送

向证监会报送交易所审核意见、审核资料及发行上市申请文件（特定情形除外），证监会履行注册程序。

5. 信息披露

问询意见以及每一次回复都会及时披露，保证信息对外公开的准确和

---

① 发审委制度是发行审核中的专家决策机制。每届发审委成立时，均按委员所属专业划分为若干审核小组，按工作量安排各小组依次参加初审会和发审会。各组中委员个人存在需回避事项的，按程序安排其他委员替补。

及时,让投资者随时关注企业审核进展和审核情况。

具体审核流程如图 1.2 所示。

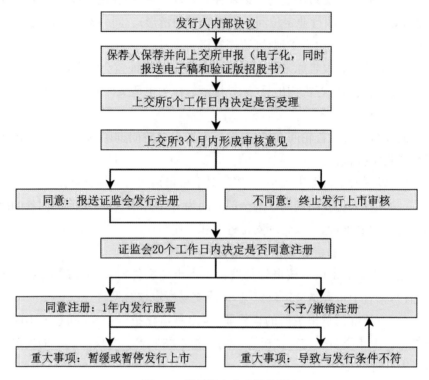

图 1.2　科创板上市审核流程

(四)科创板的审核方式

科创板的审核方式如表 1.4 所示。

表 1.4　科创板的审核方式

问询式审核	(1)以信息披露为中心,以投资者需求为导向,通过一轮或多轮审核问询,督促发行人充分披露与投资者投资决策相关的重要信息。 (2)发行人、中介机构要及时、逐项回复问询,对审核问询的回复是发行上市申请文件的组成部分,发行人、中介机构要保证回复的真实、准确、完整,审核问询采用书面方式,电子化留痕。 (3)审核问询和发行人及其中介机构的回复及时公开,使投资者能够清楚审核机构所关注的问题和风险点,引导投资者更好地理解公司

（续表）

分行业审核	（1）审核部门根据不同行业的发展情况和风险特征设置若干行业审核小组,探索对发行上市申请实行分行业审核。 （2）通过开展行业研究培训、在审核中学习和积累行业知识等方式,加深审核人员对行业的理解。 （3）每家企业至少由法律、会计专业人员各1名进行审核,审核人员除了对企业法律、会计问题进行判断外,将结合具体行业特征,督促发行人从财务与非财务信息、定性与定量、价值与风险等多个角度为投资者提供决策信息
电子化审核	（1）电子化审核:申请、受理、问询、回复等事项通过发行上市审核业务系统办理。 （2）业务咨询、预约沟通均通过系统电子化办理。 （3）无纸化,节约资源。 （4）减少不必要的接触

三、创业板市场

（一）创业板市场的发展及功能定位

创业板是专为创业型企业、中小企业和高科技产业企业等需要进行融资和发展的企业提供融资途径与成长空间的证券交易市场,是对主板市场的重要补充,在资本市场占有重要位置。

创业板深入贯彻创新驱动发展战略,适应发展更多依靠创新、创造、创意的大趋势,主要服务于成长型创新创业企业,支持传统产业与新技术、新产业、新业态、新模式深度融合。

2020年6月12日,证监会发布《创业板首次公开发行股票注册管理办法（试行）》《创业板上市公司证券发行注册管理办法（试行）》《创业板上市公司持续监管办法（试行）》和《证券发行上市保荐业务管理办法》,自公布之日起施行。与此同时,中国证监会、深圳证券交易所、中国证券登记结算有限责任公司等发布了相关配套规则,创业板改革和注册制试点开始。2020年8月24日,深圳证券交易所组织创业板注册制首批企业上市。自创业板注册制实施之日至2021年12月31日,深圳证券交易所创业板共计有262家企业上市。

（二）创业板的上市标准

创业板的上市标准如表1.5所示。

表 1.5 创业板的上市标准

基本条件	(1)发行人是依法设立且持续经营 3 年以上的股份有限公司,具备健全且运行良好的组织机构,相关机构和人员能够依法履行职责。有限责任公司按原账面净资产值折股整体变更为股份有限公司的,持续经营时间可以从有限责任公司成立之日起计算。 (2)发行人会计基础工作规范,财务报表的编制和披露符合企业会计准则和相关信息披露规则的规定,在所有重大方面公允地反映了发行人的财务状况、经营成果和现金流量,最近 3 年财务会计报告由注册会计师出具无保留意见的审计报告。 (3)发行人内部控制制度健全且被有效执行,能够合理保证公司运行效率、合法合规和财务报告的可靠性,并由注册会计师出具无保留结论的内部控制鉴证报告。 (4)发行人业务完整,具有直接面向市场独立持续经营的能力:①资产完整,业务及人员、财务、机构独立,与控股股东、实际控制人及其控制的其他企业间不存在对发行人构成重大不利影响的同业竞争,不存在严重影响独立性或者显失公平的关联交易;②主营业务、控制权和管理团队稳定,最近 2 年内主营业务和董事、高级管理人员均没有发生重大不利变化;控股股东和受控股股东、实际控制人支配的股东所持发行人的股份权属清晰,最近 2 年实际控制人没有发生变更,不存在导致控制权可能变更的重大权属纠纷;③不存在涉及主要资产、核心技术、商标等的重大权属纠纷,重大偿债风险,重大担保、诉讼、仲裁等或有事项,经营环境已经或者将要发生重大变化等对持续经营有重大不利影响的事项。 (5)发行人生产经营符合法律、行政法规的规定,符合国家产业政策。 (6)最近 3 年内,发行人及其控股股东、实际控制人不存在贪污、贿赂、侵占财产、挪用财产或者破坏社会主义市场经济秩序的刑事犯罪,不存在欺诈发行、重大信息披露违法或者其他涉及国家安全、公共安全、生态安全、生产安全、公众健康安全等领域的重大违法行为。 (7)董事、监事和高级管理人员不存在最近 3 年内受到中国证监会行政处罚,或者因涉嫌犯罪正在被司法机关立案侦查或者涉嫌违法违规正在被中国证监会立案调查且尚未有明确结论意见等情形
一般企业 上市标准 (三选一)	发行人申请股票首次发行上市的,应当至少符合下列上市标准中的一项,发行人的招股说明书和保荐人的上市保荐书应当明确说明所选择的具体上市标准: (1)最近 2 年净利润均为正,且累计净利润不低于人民币 5 000 万元。 (2)预计市值不低于人民币 10 亿元,最近 1 年净利润为正且营业收入不低于人民币 1 亿元。 (3)预计市值不低于人民币 50 亿元,且最近 1 年营业收入不低于人民币 3 亿元

(续表)

红筹企业上市标准（二选一）	符合《国务院办公厅转发证监会关于开展创新企业境内发行股票或存托凭证试点若干意见的通知》（国办发〔2018〕21号）等相关规定且最近一年净利润为正的红筹企业，可以申请其股票或存托凭证在创业板上市。营业收入快速增长，拥有自主研发、国际领先技术，同行业竞争中处于相对优势地位的尚未在境外上市的红筹企业，申请在创业板上市的，市值及财务指标应当至少符合下列标准中的一项： （1）预计市值不低于100亿元，且最近1年净利润为正。 （2）预计市值不低于50亿元，最近1年净利润为正且营业收入不低于5亿元。 前款所称营业收入快速增长，指符合下列标准之一： （1）最近1年营业收入不低于5亿元的，最近3年营业收入复合增长率10%以上。 （2）最近1年营业收入低于5亿元的，最近3年营业收入复合增长率20%以上。 （3）受行业周期性波动等因素影响，行业整体处于下行周期的，发行人最近3年营业收入复合增长率高于同行业可比公司同期平均增长水平。 处于研发阶段的红筹企业和对国家创新驱动发展战略有重要意义的红筹企业，不适用"营业收入快速增长"的规定
特殊股权结构企业上市标准（二选一）	发行人具有表决权差异安排的，市值及财务指标应当至少符合下列标准中的一项： （1）预计市值不低于100亿元，且最近1年净利润为正。 （2）预计市值不低于50亿元，最近1年净利润为正且营业收入不低于5亿元
行业要求	属于中国证监会公布的《上市公司行业分类指引（2012年修订）》中下列行业的企业，原则上不支持其申报在创业板发行上市，但与互联网、大数据、云计算、自动化、人工智能、新能源等新技术、新产业、新业态、新模式深度融合的创新创业企业除外：农林牧渔业；采矿业；酒、饮料和精制茶制造业；纺织业；黑色金属冶炼和压延加工业；电力、热力、燃气及水生产和供应业；建筑业；交通运输、仓储和邮政业；住宿和餐饮业；金融业；房地产业；居民服务、修理和其他服务业

（三）创业板的审核流程

创业板首发上市的审核部门为深圳证券交易所，其审核流程与科创板上市的审核流程基本相同。

四、新三板改革——北京证券交易所设立

(一)新三板改革历程

三板市场源于 2001 年的"股权代办转让系统",最早承接两网公司和退市公司,被称为"老三板"。2006 年,中关村科技园区非上市股份公司进入代办转让系统进行股份报价转让,标志着"新三板"的诞生。随后全国中小企业股份转让系统正式成立,成为国务院批准的全国证券交易场所。在持续推进改革的过程中,新三板将挂牌企业分为创新层和基础层,从而进行差异化管理。2019 年,证监会针对新三板深化全面改革,设立精选层,且符合条件的精选层企业可以直接转板上市。

新三板是中小企业登陆资本市场的有效通道,企业借助新三板募集资金,引进股权投资机构,促进其在市场中发展强大。新三板中的精选层企业总体上呈现"小而美"的特征。

2021 年 9 月 2 日,习近平总书记在中国国际服务贸易交易会全球服务贸易峰会中指出:将继续支持中小企业创新发展,深化新三板改革,设立北京证券交易所,打造服务创新型中小企业主阵地。随后全国中小企业股份转让系统公司发文称坚持错位发展、突出特色,建设北京证券交易所,更好地服务于创新型中小企业的高质量发展。9 月 3 日,北京证券交易所有限责任公司注册成立,注册资本为 10 亿元,徐明担任董事长。

北京证券交易所的总体建设思路为:总体平移精选层各项基础制度,坚持北京证券交易所上市公司由创新层公司产生,维持新三板基础层、创新层与北京证券交易所"层层递进"的市场结构,同步试点证券发行注册制。在融资额、交易量和估值水平方面,北交所预计将呈现与沪深交易所不同的特点。

创新型中小企业是北京证券交易所的主要服务对象,北交所在此基础上将与新三板创新层、基础层企业协同发展,构建适合中小企业特点的差异化制度安排。在新三板与北交所"层层递进"的结构背景下,中小企业在市场中能够以合理的价格进行融资,买卖双方的正常交易需求也能够得到满足。市场功能、市场生态不断得到提升与完善,有利于中小企业持续健康发展。

北交所定位的中小创新企业更加贴近"专精特新小巨人"这一概念。相

较于高市值,北京证券交易所更加追求企业的小而精,与科创板强调高科技、前沿科技、国家重大需求以及创业板注重企业的创新、创造和创意等形成差异,为中小企业上市提供更多的选择,有利于提高未来通过精选层上市的专精特新企业数量及上市速度。

(二)新三板挂牌条件

1. 新三板对挂牌企业的基本要求

全国中小企业股份转让系统有限责任公司按照"可把控、可举证、可识别"的原则,对《全国中小企业股份转让系统业务规则(试行)》规定的六项挂牌条件进行了细化,形成如下基本标准:

(1)依法设立且存续满两年。有限责任公司按原账面净资产值折股整体变更为股份有限公司的,存续时间可以从有限责任公司成立之日起计算。

(2)业务明确,具有持续经营能力。

(3)公司治理机制健全,合法规范经营。

(4)股权明晰,股票发行和转让行为合法合规。

(5)主办券商推荐并持续督导。

(6)全国中小企业股份转让系统公司要求的其他条件。

2. 新三板对挂牌企业的分层管理

2019 年 12 月 27 日发布的《全国中小企业股份转让系统分层管理办法》规定:在全国股转系统设置基础层、创新层和精选层,符合不同条件的挂牌公司分别纳入不同市场层级管理,并对挂牌公司所属市场层级实行定期和即时调整机制(见图 1.3)。各层级所面对的企业门槛、投资者门槛和交易机制均不同。为全面深化新三板改革,2021 年 9 月 2 日宣布设立北京证券交易所,形成新三板基础层、创新层与北京证券交易所"层层递进"的市场结构,打造服务创新型中小企业主阵地。

1)基础层

申请挂牌公司符合挂牌条件但未进入创新层的,应当自挂牌之日起进入基础层;挂牌公司未进入创新层和精选层的,也应当进入基础层。

2)创新层

挂牌公司进入创新层,应当符合以下条件(见表 1.6)。

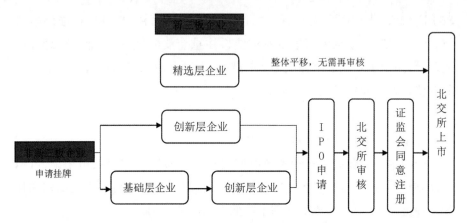

图 1.3　新三板企业分层管理及上市流程

表 1.6　新三板创新层进入条件

符合下列条件之一	(1)最近 2 年净利润均不低于 1 000 万元,最近 2 年加权平均净资产收益率平均不低于 8%,股本总额不少于 2 000 万元; (2)最近 2 年营业收入平均不低于 6 000 万元,且持续增长,年均复合增长率不低于 50%,股本总额不少于 2 000 万元; (3)最近有成交的 60 个做市或者集合竞价交易日的平均市值不低于 6 亿元,股本总额不少于 5 000 万元;采取做市交易方式的,做市商家数不少于 6 家
同时符合下列条件	(1)公司挂牌以来完成过定向发行股票(含优先股),且发行融资金额累计不低于 1 000 万元; (2)符合全国股转系统基础层投资者适当性条件的合格投资者人数不少于 50 人; (3)最近 1 年期末净资产不为负值; (4)公司治理健全,制定并披露股东大会、董事会和监事会制度,对外投资管理制度,对外担保管理制度,关联交易管理制度,投资者关系管理制度,利润分配管理制度和承诺管理制度;设立董事会秘书; (5)中国证监会和全国股转公司规定的其他条件等

（续表）

近 12 个月内或层级调整期间不得存在以下情形	（1）挂牌公司或其控股股东、实际控制人存在贪污、贿赂、侵占财产、挪用财产或者破坏社会主义市场经济秩序的刑事犯罪；存在欺诈发行、重大信息披露违法或者其他涉及国家安全、公共安全、生态安全、生产安全、公众健康安全等领域的重大违法行为； （2）挂牌公司或其控股股东、实际控制人、董事、监事、高级管理人员被中国证监会及其派出机构采取行政处罚；或因证券市场违法违规行为受到全国股转公司等自律监管机构公开谴责； （3）挂牌公司或其控股股东、实际控制人、董事、监事、高级管理人员因涉嫌犯罪正被司法机关立案侦查或涉嫌违法违规正被中国证监会及其派出机构立案调查，尚未有明确结论意见； （4）挂牌公司或其控股股东、实际控制人被列入失信被执行人名单且情形尚未消除； （5）未按照全国股转公司规定在每个会计年度结束之日起 4 个月内编制并披露年度报告，或者未在每个会计年度的上半年结束之日起 2 个月内编制并披露半年度报告； （6）最近两年财务会计报告被会计师事务所出具非标准审计意见的审计报告；仅根据本办法第十一条第二项规定标准进入创新层的，最近三年财务会计报告被会计师事务所出具非标准审计意见的审计报告； （7）中国证监会和全国股转公司规定的其他情形
申请挂牌公司同时符合挂牌条件和下列条件的，自挂牌之日起进入创新层	（1）符合本办法第十一条第一项或第二项的规定；或者在挂牌时即采取做市交易方式，完成挂牌同时定向发行股票后，公司股票市值不低于 6 亿元，股本总额不少于 5 000 万元，做市商家数不少于 6 家，且做市商做市库存股均通过本次定向发行取得； （2）完成挂牌同时定向发行股票，且融资金额不低于 1 000 万元； （3）完成挂牌同时定向发行股票后，符合全国股转系统基础层投资者适当性条件的合格投资者人数不少于 50 人； （4）符合本办法第十二条第三项和第四项的规定； （5）不存在本办法第十三条第一项至第四项、第六项情形； （6）中国证监会和全国股转公司规定的其他条件

3)北京证券交易所

在全国股转系统连续挂牌满 12 个月的创新层挂牌公司,可以申请公开发行并进入精选层。

目前,新三板市场正处于不断发展和深化改革的新阶段。2021 年 9 月 2 日,为深化新三板改革,设立北京证券交易所。将精选层各项基础制度平移,北京证券交易所上市公司由创新层公司产生,形成新三板基础层、创新层与北京证券交易所"层层递进"的市场结构,并同步试点证券发行注册制。

精选层各项制度的平移和转板机制,使得培育成熟的北京证券交易所上市公司可以选择到沪深交易所继续发展,作为沪深两市的后备军,有助于减少上市发行障碍,是多层次资本市场格局完善的体现。多层次资本市场有利于经济与金融的结合,不断构建与处于不同生命周期的企业匹配的融资方式和交易场所,满足了不同风险偏好投资人的需求。

（三）北交所发行与上市条件

1. 主体资格

在全国股转系统连续挂牌满 12 个月的创新层挂牌公司。

2. 财务基础与合规要求

2021 年 9 月 5 日,北京证券交易所根据《公司法》《证券法》《证券交易所管理办法》《北京证券交易所上市公司持续监管办法(试行)》等相关规定,起草了《北京证券交易所股票上市规则(试行)(征求意见稿)》。针对创新层挂牌公司,明确了北京证券交易所上市公司发行上市与持续监管的各项制度安排。

由《北京证券交易所股票上市规则(试行)(征求意见稿)》可知,发行人申请公开发行并上市,应当符合下述条件(见表 1.7):

表 1.7　向不特定合格投资者公开发行股票并上市(试行)

公开发行上市条件	(1)发行人为在全国股转系统连续挂牌满 12 个月的创新层挂牌公司; (2)符合中国证券监督管理委员会(以下简称中国证监会)规定的发行条件; (3)最近 1 年期末净资产不低于 5 000 万元; (4)向不特定合格投资者公开发行(以下简称公开发行)的股份不少于 100 万股,发行对象不少于 100 人; (5)公开发行后,公司股本总额不少于 3 000 万元;

（续表）

	（6）公开发行后,公司股东人数不少于 200 人,公众股东持股比例不低于公司股本总额的 25%;公司股本总额超过 4 亿元的,公众股东持股比例不低于公司股本总额的 10%; （7）市值及财务指标符合本规则规定的标准; （8）本所规定的其他上市条件
市值及财务指标（至少符合一项）	（1）预计市值不低于 2 亿元,最近 2 年净利润均不低于 1 500 万元且加权平均净资产收益率平均不低于 8%,或者最近 1 年净利润不低于 2 500万元且加权平均净资产收益率平均不低于 8%; （2）预计市值不低于 4 亿元,最近 2 年营业收入平均不低于 1 亿元,且最近 1 年营业收入增长率不低于 30%,最近 1 年经营活动产生的现金流量净额为正; （3）预计市值不低于 8 亿元,最近 1 年营业收入不低于 2 亿元,最近 2 年研发投入合计占最近 2 年营业收入合计比例不低于 8%; （4）预计市值不低于 15 亿元,最近 2 年研发投入合计不低于 5 000 万元
不得存在以下情形	（1）最近 36 个月内,发行人及其控股股东、实际控制人,存在贪污、贿赂、侵占财产、挪用财产或者破坏社会主义市场经济秩序的刑事犯罪,存在欺诈发行、重大信息披露违法或者其他涉及国家安全、公共安全、生态安全、生产安全、公众健康安全等领域的重大违法行为; （2）最近 12 个月内,发行人及其控股股东、实际控制人、董事、监事、高级管理人员受到中国证监会及其派出机构行政处罚,或因证券市场违法违规行为受到全国中小企业股份转让系统有限责任公司(以下简称全国股转公司)、证券交易所等自律监管机构公开谴责; （3）发行人及其控股股东、实际控制人、董事、监事、高级管理人员因涉嫌犯罪正被司法机关立案侦查或涉嫌违法违规正被中国证监会及其派出机构立案调查,尚未有明确结论意见; （4）发行人及其控股股东、实际控制人被列入失信被执行人名单且情形尚未消除; （5）未按照《证券法》规定在每个会计年度结束之日起 4 个月内编制并披露年度报告,或者未在每个会计年度的上半年结束之日起 2 个月内编制并披露中期报告; （6）中国证监会和本所规定的,对发行人经营稳定性、直接面向市场独立持续经营的能力具有重大不利影响,或者存在发行人利益受到损害等其他情形

总体来说，在进入精选层上市发行的创新层企业需具备健全且运行良好的组织架构，具有持续经营能力且财务状况良好；最近 3 年内财务报告无虚假记载或被出具无保留意见的审计报告，不存在重大违法、受到证监会处罚、被立案调查等情况。

3. "专精特新"的行业要求

北交所定位的中小创新企业更靠近"专精特新小巨人"这一概念，相较于高市值，其更加追求企业的小而精。截至 2021 年 9 月，新三板 66 家精选层企业中有 12 家为专精特新企业，占比 18%。随着北交所的成立，未来通过精选层上市的专精特新企业数量及上市速度皆有望得到进一步提升。

"专精特新"中的专业化体现在产品用途的专门性、生产工艺的专业性、技术的专有性以及产品在细分市场中具有专业化发展优势；精细化体现在企业产品的精致性、工艺技术的精深性和企业的细化管理；特色化体现在企业用独特工艺、技术、配方或特殊原料研制生产，有地域特点或特殊功能；新颖化则体现在企业产品（技术）的创新型和先进性，有较高的技术含量、较高的附加值和显著的经济社会效应。

（四）新三板转板上市机制

根据中国证监会于 2020 年 6 月 3 日发布的《关于全国中小企业股份转让系统挂牌公司转板上市的指导意见》，"转板上市属于股票交易场所的变更，不涉及股票公开发行，依法无需经证监会核准或注册，由上海证券交易所、深圳证券交易所依据上市规则进行审核并作出决定。转板上市程序主要包括：企业履行内部决策程序后提出转板上市申请，交易所审核并作出是否同意上市的决定，企业在新三板终止挂牌并在上海证券交易所或深圳证券交易所上市交易"。对此，上交所、深交所于 2021 年 2 月 26 日分别发布了《全国中小企业股份转让系统挂牌公司向上海证券交易所科创板转板上市办法（试行）》和《深证证券交易所关于全国中小企业股份转让系统挂牌公司向创业板转板上市办法（试行）》。

1. 总体路线

对于在新三板创新层、基础层培育壮大的企业，鼓励其继续在北京证券交易所上市。同时坚持转板机制，培育成熟的北京证券交易所上市公司可以选择到沪深交易所继续发展（见图 1.4）。

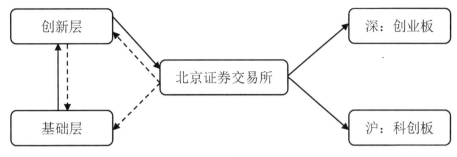

图 1.4　转板机制

2. 转板上市条件

在新三板精选层连续挂牌 1 年以上,且最近 1 年内不存在规定的应当调出精选层的转板公司,在申请深圳证券交易所、上海证券交易所转板上市时,需符合以下条件:

(1)符合科创板/创业板规定的发行条件;

(2)公司及其控股股东、实际控制人不存在最近 3 年受到中国证监会行政处罚,因涉嫌违法违规被中国证监会立案调查且尚未有明确结论意见,或者最近 12 个月受到全国股转公司公开谴责等情形;

(3)股本总额不低于 3 000 万元;

(4)股东人数不少于 1 000 人;

(5)社会公众持有的公司股份达到公司股份总数的 25% 以上;公司股本总额超过 4 亿元的,社会公众持股的比例达到 10% 以上;

(6)董事会审议通过转板上市相关事宜决议公告日前 60 个交易日(不包括停牌日)通过精选层竞价交易方式实现的股票累计成交量不低于 1 000 万股;

(7)市值及财务指标符合规定的上市标准;

(8)上海/深圳证券交易所规定的其他上市条件。

转板上市采用"2+3"模式,即"自受理申请文件之日起 2 个月内作出是否同意转板上市的决定,但转板公司及其保荐人、证券服务机构回复本所审核问询的时间不计算在内。转板公司及其保荐人、证券服务机构回复本所审核问询的时间总计不超过 3 个月"。同时,转板上市无须报送证监会注册,上海证券交易所、深圳证券交易所"在作出同意或者不同意转板上市的决定后，及时通知转板公司，通报全国股转公司，并报中国证监会备案"即可。

转板上市的审核规定与科创板、创业板的首发上市审核程序基本相同。例如，交易所发行上市审核机构对转板上市申请进行审核，出具审核报告，并提交上市委员会审议。在审核方式上，通过提出问题、要求回答问题等多种方式，督促转板公司及其保荐人、证券服务机构真实、准确、完整地披露信息，提高信息披露质量。审核重点为关注转板公司是否符合转板上市条件、信息披露是否符合要求等方面。

上市委员会随后召开审议会议，通过合议形成符合或不符合转板上市条件和信息披露要求的审议意见。交易所结合上市委员会的审议意见，作出是否同意转板上市的决定。交易所作出转板上市审核决定后，需及时通知转板公司，通报全国中小企业股份转让系统有限责任公司，并报中国证监会备案。

3. 转板上市后的衔接问题（以科创板为例）

1）股份限售

2021 年 2 月 26 日，上海证券交易所发布《全国中小企业股份转让系统挂牌公司向上海证券交易所科创板转板上市办法（试行）》，表明转板公司控股股东、实际控制人及其一致行动人自公司转板上市之日起 12 个月内，不得转让或者委托他人管理其直接和间接持有的本公司转板上市前已经发行的股份（以下简称转板上市前股份），也不得提议由转板公司回购该部分股份；限售期届满后 6 个月内减持股份的，不得导致公司控制权发生变更。转板公司没有或者难以认定控股股东、实际控制人的，参照控股股东、实际控制人进行股份限售的股东范围，应当适用科创板首次公开发行股票并上市的相关规定，股份限售期为公司转板上市之日起 12 个月。

转板公司董事、监事、高级管理人员所持本公司转板上市前股份，自公司转板上市之日起 12 个月内不得转让。转板公司核心技术人员自公司转板上市之日起 4 年内，每年转让的本公司转板上市前股份不得超过上市时所持公司上市前股份总数的 25%，减持比例可以累积使用。

公司转板上市时未盈利的，在实现盈利前，控股股东、实际控制人及其一致行动人自转板上市之日起 3 个完整会计年度内，不得减持本公司转板上市前股份；自转板上市之日起第 4 个会计年度和第 5 个会计年度内，每年减持的本公司转板上市前股份不得超过公司股份总数的 2%，并应当符合本所关于股份减持与限售的相关规定。

公司转板上市时未盈利的,在实现盈利前,董事、监事、高级管理人员及核心技术人员自转板上市之日起3个完整会计年度内,不得减持本公司转板上市前股份;在前述期间内离职的,应当继续遵守本款规定。

公司实现盈利后,前两款规定的股东可以自当年年度报告披露后次日起减持转板上市前股份,但应当遵守本所其他有关股份减持与限售的规定。

转板公司股东所持股份在转板公司申请转板上市时有限售条件且转板上市时限售期尚未届满的,该部分股份的剩余限售期自转板公司转板上市之日起连续计算直至限售期届满。

2)持续督导

申请转板上市的企业,其保荐人的持续督导期间为公司股票在科创板上市当年剩余时间及其后2个完整会计年度;转板公司提交转板上市申请时已在精选层挂牌满2年的,持续督导期间为公司股票在科创板上市当年剩余时间以及其后1个完整会计年度。持续督导期届满,如有尚未完结的保荐工作,保荐人应当继续完成。

3)交易制度

转板公司股票在科创板转板上市首日的开盘参考价原则上为转板公司股票在全国股转系统最后一个有成交交易日的收盘价。

转板公司股票在科创板转板上市后的交易、融资融券、股票质押回购及约定购回交易、投资者适当性管理等相关事项,适用科创板上市公司的有关规定。

转板公司股东参与科创板股票交易,应当使用沪市A股证券账户;转板公司股东未开通科创板股票交易权限的,仅能继续持有或者卖出转板公司股票,不得买入本公司股票或者参与科创板其他股票交易。

(五)上市路径选择

1. 境内企业

1)A股市场上市

(1)发行条件。满足相应的板块发行条件是选择上市的首要考虑因素,四个板块的发行条件参考上文。从财务条件来看,主板市场看重的是企业规模,细分领域的营收龙头或传统大型企业往往会选择主板市场,一般中小企业往往难以达到相应标准。此外,由于中小板在 2021 年 4 月 6 日与主板合并,且业务规则统一,运行监管模式统一,合并后上市条件不变,投资者门槛不变,交易机制不变,证券代码及简称合并,故视同为一个主板市场,同样对中小企业来说难度较大。而科创板和创业板的财务要求相对较灵活和宽松,况且是在注册制的审核制度下,科创板更加注重企业的创新性和技术实力,创业板更加注重企业的未来成长性和持续盈利能力,因此这两个板块更加适合中小企业选择上市。

【案例 1－1】泽璟制药(688266.SH):科创板第五套标准首家上市企业

公司是一家专注于肿瘤、出血及血液疾病、肝胆疾病等多个治疗领域的创新驱动型化学及生物新药研发企业。经过 10 年的发展,公司成功建立了 2 个新药创制核心技术平台,即精准小分子药物研发及产业化平台和复杂重组蛋白生物新药研发及产业化平台。以这两大技术及产业化平台为依托,公司自主研发了一系列具有专利保护的小分子新药和双/三特异抗体的产品管线,覆盖肝癌、非小细胞肺癌、结直肠癌、甲状腺癌、鼻咽癌、骨髓增殖性疾病等恶性肿瘤,以及出血、肝胆疾病、自身免疫性疾病等多个治疗领域。

公司符合并适用《上海证券交易所科创板股票发行上市审核规则》第二十二条第二款第(五)项规定的上市标准:预计市值不低于人民币 40 亿元,主要业务或产品需经国家有关部门批准,市场空间大,目前已取得阶段性成果。医药行业企业需至少有 1 项核心产品获准开展二期临床试验,其他符合科创板定位的企业需具备明显的技术优势并满足相应条件。

【案例 1－2】寒武纪(688256.SH):科创板 AI 芯片第一股

公司自成立以来一直专注于人工智能芯片产品的研发与技术创新,致力于打造人工智能领域的核心处理器芯片,让机器更好地理解和服务人类。公司核心人员在处理器芯片和人工智能领域深耕 10 多年,带领公司研发了智能处理器指令集与微架构等一系列自主创新关键技术。经过不断的研发积累,公司产品在行业内赢得高度认可,广泛应用于消费电子、数据中心、云计算等诸多场景。

根据天健会计师出具的《审计报告》(天健审〔2020〕338 号),2019 年度公司经审计的营业收入为 44 393.85 万元,不低于人民币 2 亿元。公司最近 3 年累计研发投入合计 81 301.91 万元,占最近 3 年累计营业收入的比例为 142.93%,不低于 15%。结合发行人最近 1 年外部股权转让对应的估值情况以及可比公司在境内市场的近期估值情况,基于对发行人市值的预先评估,预计发行人发行后总市值不低于人民币 15 亿元。

综上,公司符合并适用《上海证券交易所科创板股票上市规则》第 2.1.2 条第(二)款规定的上市标准:预计市值不低于人民币 15 亿元,最近一年营业收入不低于人民币 2 亿元,且最近三年累计研发投入占最近三年累计营业收入的比例不低于 15%。

(2)行业属性和定位。对于行业归属和定位的要求,科创板和创业板存在一定的不同。

科创板首先判断公司的主营业务是否属于六大类高新技术产业和战略性新兴产业,其次是按照"4+5"的科创属性评价指标从经营、研发、成长性和创新性对企业进行评定,包括 4 项常规指标和 5 项例外条款。在科创板的审核问询中,科创属性指标已经成为常规性的关注问题之一,主要包括技术先进性、专利纠纷、研发独立性、研发投入归集和研发人员的判定等,全面考察公司的"硬科技"特色,重点关注发行人的自我评估是否客观真实,优先支持符合国家战略、拥有先进技术、科技创新能力突出、成果转化能力突出、行业地位突出或者市场认可度高的科创企业上市。

然而创业板上市企业的行业定位依据《深圳证券交易所创业板企业发行上市申报及推荐暂行规定》(2020)进行评定,文件中提到"属于中国证监会公布的《上市公司行业分类指引(2012 年修订)》中下列行业的企业,原则上不支持其申报在创业板发行上市,但与互联网、大数据、云计算、自动化、人工智能、新能源等新技术、新产业、新业态、新模式深度融合的创新创业企业除外:(一)农林牧渔业;(二)采矿业;(三)酒、饮料和精制茶制造业;(四)纺织业;(五)黑色金属冶炼和压延加工业;(六)电力、热力、燃气及水生产和供应业;(七)建筑业;(八)交通运输、仓储和邮政业;(九)住宿和餐饮业;(十)金融业;(十一)房地产业;(十二)居民服务、修理和其他服务业"。企业判断自身是否能申报创业板,首先要考虑是否属于这 12 项负面清单。如果不属于,则可以进行申报;如果属于,则需要进一步论述是否与"三创四新"①的要求相符合。自该规定实施以来,仍然有属于负面清单的企业在创业板

---

① "三创四新"是指企业符合"创新、创造、创意"的大趋势,或者是传统产业与"新技术、新产业、新业态、新模式"深度融合。

进行上市申报，具体举例如下：

①三问家居股份有限公司为全球中大型零售商和中高端品牌商提供特色家用纺织品、家居服饰和特色面料产品，具体包括客厅场景的靠垫、毯子、披巾，卧室场景的床品、浴袍、睡衣，以及家居休闲服、运动休闲服、配饰等。公司于2020年12月申报创业板，经过三轮反馈之后于2021年9月首发上会。按照证监会行业分类指引，公司招股书披露主营业务所处行业为"批发业"，根据国家统计局国民经济行业分类（GB/T 4754—2017），公司所属行业为批发业（分类代码：F51），细分行业为纺织、服装及家庭用品批发（分类代码：F513）。在三轮反馈过程中创业板定位均被提问，发行人也进行了相应的回答，最终获得了审核通过。

②三羊马（重庆）物流股份有限公司是一家主要通过公铁联运方式为汽车行业和快速消费品行业提供综合服务的第三方物流企业。公司于2020年7月申报创业板，经过三轮反馈后在2020年11月主动撤回材料，并于当年12月转报主板，在2021年9月16日的发审委会议上首发上市申请的审核结果为通过。按照证监会行业分类指引，公司所处行业为"交通运输、仓储和邮政业"，属于负面清单行业，但是根据《国民经济行业分类》（GB/T4754—2017），公司所处行业为"G5810多式联运"，且"多式联运"为《新产业新业态新商业模式统计分类（2018）》（国统字〔2018〕111号）界定的"三创四新分类"，故从行业分类和定位上符合创业板规定。

③浙江优全护理用品科技股份有限公司主要从事非织造材料和护理用品的研发、生产和销售，是集两者于一体化、具有产业链整合优势的生产企业。公司致力于为下游护理用品生产商及品牌商提供品质化、多样化、功能化的非织造材料和护理用品。公司于2020年10月申报创业板，经过三轮问询，均被提问了是否符合创业板定位的问题。

④深圳市金照明科技股份有限公司是一家集规划、设计、实施及运维于一体的城市照明综合服务提供商，主营业务包括照明统筹设计及建设、照明产品及信息平台定制与销售和照明设计。公司于2020年7月申报创业板，经过两轮反馈后在2021年4月主动撤回材料，并于当年6月重新申报转战主板市场。公司所处行业为"建筑业"下的"建筑装饰、装修和其他建筑业"中细分的"建筑装饰和装修业"，行业代码为E501，按照证监会行业分类指引可以判断属于负面清单行业。两轮反馈均涉及对是否符合"三创四新"的

提问。

⑤江苏鸿基节能新技术股份有限公司致力于地基基础及既有建筑维护改造的设计和施工。地基基础包括桩基施工、基坑支护、地基处理和边坡支护等;既有建筑维护改造包括隔震加固、结构补强、整体移位、纠偏、顶升/迫降、地下空间开发利用和文物保护等。公司于2020年7月申报创业板,经过三轮反馈在2021年3月上会被否决。按照证监会行业分类指引,公司所处行业为"建筑业",属于负面清单行业,被否决原因包括了发行人未能充分证明掌握并熟练运用行业通用技术属于传统产业与新技术深度融合,也未能充分证明既有建筑维护改造属于新业态。

综上案例,可以看到证监会对属于负面清单行业企业的上市审核仍保持一个较为严格的尺度,大多数均无法审核通过,但部分公司由于符合"三创四新"的定位而得以通过,需要在反馈中详细论述相关理由来证明。因此,企业在选择板块定位的时候要有清晰的自我认知,如果无法避免负面清单行业,则可以通过做大经营规模择时选择主板上市。

(3)发行市盈率。发行市盈率的高低决定了企业上市能一次性募集多少资金。由于目前主板发行仍采取核准制,发行市盈率存在隐性天花板,即不超过23倍,但是由于全面注册制进度的不断推进,未来发行定价也一定会实现全面的市场化。目前已经有2家主板上市的企业的发行市盈率突破了23倍,分别是中金公司(601995.SH)和京沪高铁(601816.SH),这说明主板发行制度有向注册制演变的趋势。

科创板和创业板的发行市盈率没有限制,而且发行制度采取注册制,通过市场询价的方式确定发行价格,从理论上可以获得高于23倍的发行市盈率。从数据统计来看,从2020年8月创业板开始实行注册制以来,平均市盈率达到了27.46倍,中位数为24.85;科创板的平均市盈率为61.40,中位数为48.67。显然,科创板的发行市盈率要普遍高于创业板,但具体情况也要视公司而定,包括所属行业、成长性等,也存在一些特殊的企业比如科创板第五套标准未盈利企业不存在发行市盈率。总之,在满足一定条件的情况下选择科创板进行上市能够获得较高的发行溢价和预期。

(4)审核速度和过会率。从审核速度看,科创板和创业板规定了明确的审核时限并严格执行。2020年12月4日,上交所发布《上海证券交易所科创板股票发行上市审核规则(2020年修订)》,明确审核时限为自受理发行上市申请文件之日起,交易所审核和中国证监会注册的时间总计不超过 3 个月,进一步加快了审核的节奏。此外,最新版本的《创业板股票发行上市审核规则》也明确深交所审核和证监会注册的时间总计不超过 3 个月,发行人及其保荐人、证券服务机构回复问询不超过 3 个月,更加细化了审核环节的具体时限和工作安排。而就主板和中小板①而言,并没有相关的规定来限定审核的时长,平均排队时间在 1 年以上,但为了解决"堰塞湖"的问题,监管部门在严把关口的同时提高了审核效率,排队积压情况得到了一定的缓解。

从过会率来看,各个板块的过会率都保持在比较高的水平。首先是科创板,自 2019 年 6 月开板以来,总计审核公司 463 家,通过 428 家,通过率为 92.44%;其次是创业板,锋尚世纪在 2020 年 7 月 13 日迎来创业板注册制首审,截至 2021 年 9 月 30 日,总计审核公司 364 家,通过 352 家,通过率为 96.70%;最后是主板和中小板,自 2020 年 1 月至 2019 年 9 月 30 日,总计审核 260 家,通过 235 家,通过率为 90.38%。因此,在过会审核确定性上都是比较高的,这基于中介机构对于企业上市问题的自查效果明显,注册制下对于信息披露的完整性、真实性、有效性提出了更高的要求,才减少了在监管环节出现被否决的结果,同时也提醒了企业在尽调和辅导阶段就要做到配合中介机构的相关工作,从而降低失败的风险。

综上所述,准备在境内上市的中小企业若满足科创板和创业板的要求,可优先选择这两个板块,总体上代表了经济发展的转型方向。如果企业的科技性较强,选择在相关标的较少的科创板上市会体现自身的价值和稀缺性,可以获得更高的估值和发行市盈率,募集到更多的资金来投入研发、生产、经营活动。若不满足科创板和创业板的要求,但已经具备了盈利规模,可以申报主板中小板,根据企业所属区域的便利性选择上交所主板还是深交所主板。随着全面注册制的推行,主板注册制指日可待,对于企业的上市包容性将有所增加。在以上条件均不具备的情况下,可考虑在北交所上市,具体要求和制度详见本书第一章第二节。

2)港股市场上市

(1)上市方式。中国注册的企业,可通过资产重组,经所属主管部门、国有资产管理部门(只适用于国有企业)及中国证监会审批,组建在中国注册

---

① 2021 年 4 月 6 日开始,深市主板与中小板正式实施两板合并,中小板由此成为历史。

的股份有限公司,即可申请在联交所发行 H 股。

(2)上市板块及条件。香港交易所目前有两个板块:主板和创业板。二者的上市条件对比如表1.8所示。

表 1.8 香港主板和创业板的上市条件比较

条件类别	香港主板	香港创业板
市场目的	目的众多,包括为较大型、基础较佳以及具有盈利记录的公司筹集资金	为有主营业务增长的公司筹集资金
盈利要求	采用"盈利测试"标准:上市前 3 个财政年度合计盈利 5 000 万港元(最近 1 年须达 2 000 万港元,再之前 2 年合计 3 000 万港元);采用"市值/收入"标准的,最近 1 个财政年度的收入至少为 5 亿港元;采用"市值/收入/现金流量测试"标准的,最近 1 个年度的收入至少为 5 亿港元,且前 3 个财政年度来自营运业务的现金流入至少 1 亿港元	无盈利要求
营业记录	不少于 3 个财政年度	须显示公司有紧接递交上市申请前 24 个月的"活跃业务记录",如营业额、总资产或上市时市值超过 5 亿港元,发行人可以申请将"活跃业务记录"减至 12 个月
主营业务	并无有关具体规定,但实际上,主营业务的盈利必须符合最低盈利的要求	须主要经营 1 项业务而非 2 项或多项不相干的业务,不过,涉及主营业务的周边业务是容许的
业务目标声明	并无有关规定,但申请人须列出一项有关未来计划及展望的概括说明	须载列申请人的整体业务目标,并解释公司如何计划于上市那个财政年度的余下时间及其后 2 个财政年度内达至该目标

（续表）

条件类别	香港主板	香港创业板
最低市值	采用"盈利测试"标准,新申请人预期在上市时市值不低于 2 亿港元;采用"市值/收入/现金流量测试"标准的,上市时市值至少为 20 亿港元;采用"市值/收入测试"标准的,上市时市值至少为 40 亿港元	无具体规定,但实际上在上市时不能少于 4 600 万港元;期权、权证或类似权利,上市时市值须达 600 万港元
最低公众持股	25%(如发行人市值超过 40 亿港元,则最低可降低为 10%;如发行人预期市值超过 100 亿港元,可酌情降至 15%～25%)	若公司在上市时的市值不超过 40 亿港元,则最低公众持股量须为 25%,涉及金额至少须达 3 000 万港元;若公司在上市时的市值超过 40 亿港元,则最低公众持股量须为 20%或使公司在上市时由公众人士持有的股份的市值至少达 10 亿港元的较高百分比。上述的最低公众持股量规定在任何时候均须符合。期权、权证或类似权利(权证)至少占到已发行权证数量的 25%
股东人数	于上市时最少须有 100 名股东,而每 100 万港元的发行额须由不少于 3 名股东持有	于上市时公众股东至少有 100 名。如公司只能符合 12 个月"活跃业务记录"的要求,于上市时公众股东至少有 300 名
管理层、拥有权或控制权	至少前 3 个财政年度的管理层维持不变;至少经审计的最近 1 个财政年度的拥有权和控制权维持不变	除非在联交所接纳的特殊情况下,否则申请人必须于活跃记录期间在基本上相同的管理层及拥有权下运营

（3）上市流程。上市流程有以下几个阶段。

第一阶段：委任上市保荐人、中介机构（会计师、律师、资产评估师等），确定大股东上市要求落实初步的销售计划。

第二阶段：制定上市方案并启动上市准备，进行审慎调查、评估和重组架构等工作,准备相关申报文件和材料,保荐人草拟售股章程;向中国证监会提交 H 股上市申请和要求的文件,取得中国证监会的受理函("小路条")。

第三阶段:递交香港上市文件予联交所审批;预备推广资料;邀请包销商;确定发行价;包销团分析员简介、编写公司研究报告并定稿。

第四阶段:取得中国证监会关于 H 股上市申请的批准("大路条");联交所聆讯批准上市申请;预路演,正式路演;公开招股、定价及分配;挂牌上市。

3)中国境内企业在境外上市的主要形式

根据发行主体、证券种类、上市方式等可以进行各种分类,中国境内企业在境外上市的主要形式基本上可以归纳为直接上市、间接上市和其他方式,其中间接上市为中国境内企业境外上市采取的主要形式。直接上市与间接上市的主要区别如表 1.9 所示。

表 1.9 直接上市与间接上市的主要区别

	直接上市	间接上市
含义	以境内公司的名义向境外证券主管部门机构提出发行股票的申请,并同时在境外证券市场申请挂牌上市	境内企业在境外注册公司、境外公司以收购等方式控制境内公司的资产,最后将境外公司通过境外交易所上市
发行人	中国境内注册的股份有限公司	境内自然人实际控制的开曼等境外主体
流通股	仅 H 股部分具有上市地位,内资股无法流通,大股东难以在二级市场套现	公司整体拥有上市地位,全部为流通股,大股东可在禁售期后自由买卖股票
审批要求	需中国证监会国际部和境外上市监管机构审批;审批流程较复杂	无须中国证监会国际部审批;审批流程简单
境外资本市场再融资	上市后境外资本市场再融资仍受境内监管机构监管	上市后境外资本市场再融资不受境内监管机构审批

其他方式包括存托凭证和可转换债券等。存托凭证①,是境内公司为使其股票在境外流通,将一定数额的股票委托中间机构(通常为银行)保管。由保管银行通知境外的存托银行在当地发行代表该股份的存托凭证,之后

---

① 存托凭证(depository receipts),又称存卷收据或存股证。

存托凭证便开始在境外证券交易所或柜台市场交易。可转换债券,是指债券持有人在一定条件下可按照发行时约定的价格将债券转换成公司的普通股票的债券。

2. 红筹企业

红筹股这一概念诞生于 20 世纪 90 年代初期的香港股票市场。香港和国际投资者把在境外注册、在香港上市的那些带有中国内地概念的股票称为红筹股。

2018 年 3 月 30 日,《国务院办公厅转发证监会关于开展创新企业境内发行股票或存托凭证试点若干意见的通知》(国办发〔2018〕21 号)(简称《通知》)发布。《通知》中所称红筹企业,是指注册地在境外、主要经营活动在境内的企业。

红筹架构下,境内股权、业务和资产需注入境外实体,并通过境外实体(而非境内实体)实现在境外上市。根据境外实体对境内资产、业务等的不同控制方式,红筹架构可分为"股权控制"模式和"协议控制"模式(即通常所说的"VIE 架构")。

(1)股权控制模式。创始人和有关投资人在海外离岸地(多在开曼群岛)设立特殊目的公司作为上市主体(即境外融资主体),境外融资主体直接或间接(如通过香港子公司)在境内新设外商独资企业(即 WFOE)作为运营实体开展业务,或以并购方式将境内运营实体的股权或资产置于境外融资主体的控制之下(见图 1.5)。

(2)协议控制模式(VIE)。创始人和有关投资人先后设立境外融资主体、香港子公司(如有)、WFOE,并由 WFOE 与境内运营实体(通常为持有有关资质、牌照的运营主体,且其股东一般均为境内自然人或企业,即OPCO)签署一系列控制协议(通常包括资产购买协议、独家服务协议、股权质押协议、表决权委托协议/委托书等),使境外融资主体得以间接实际控制OPCO,并由此实现对 OPCO 财务数据的并表(见图 1.6)。

1)A 股市场上市

《通知》的发布标志着创新企业境内发行股票或存托凭证试点正式启动。试点企业应当是符合国家战略、掌握核心技术、市场认可度高,属于互联网、大数据、云计算、人工智能、软件和集成电路、高端装备制造、生物医药等高新技术产业和战略性新兴产业,且达到相当规模的创新企业。同时已

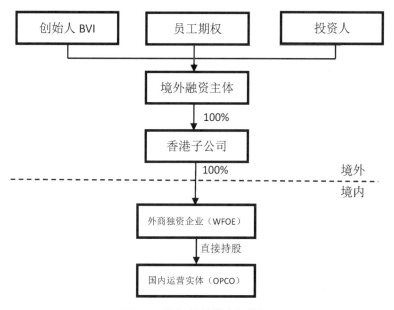

图 1.5　股权控制模式架构图

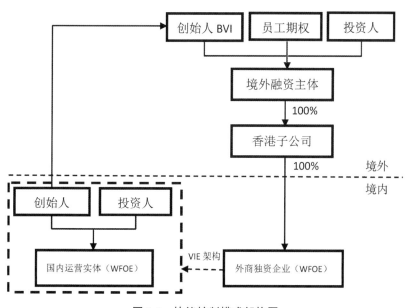

图 1.6　协议控制模式架构图

在境外上市的大型红筹企业,市值不低于 2 000 亿元人民币;尚未在境外上

市的创新企业(包括红筹企业和境内注册企业),最近 1 年营业收入不低于
30 亿元人民币且估值不低于 200 亿元人民币,或者营业收入快速增长,拥有
自主研发、国际领先技术,在同行业竞争中处于相对优势地位。

2020 年 4 月证监会发布《关于创新试点红筹企业在境内上市相关安排
的公告》,将已在境外上市红筹企业的市值要求调整为"二选一",即市值不
低于 2 000 亿元人民币或市值 200 亿元人民币以上,且拥有自主研发、国际
领先技术,科技创新能力较强,在同行业竞争中处于相对优势地位,进一步
降低了上市门槛;同年,上交所发布《关于红筹企业申报科创板发行上市有
关事项的通知》,明确红筹企业申报科创板相关事项、信息披露要求及持续
监管规定,在沿用科创板规定的同时,对红筹企业的上市条件进行了调整,
使得红筹企业在科创板上市具备了实操依据。

截至 2021 年 9 月 30 日,科创板有 4 家红筹架构企业上市发行,1 家企
业报送证监会注册,2 家在审,2 家撤回材料,具体情况如表 1.10 所示。

表 1.10 A 股的红筹架构企业审核概况

代码	公司名称	审核状态	发行日期	上市标准	科创产业	拟募集资金(亿元)
688728.SH	格科微	已发行	2021.8.18	红筹股上市标准二	新一代信息技术产业	69.60
689009.SH	九号公司	已发行	2020.10.29	红筹股上市标准二	高端装备制造产业	20.77
688981.SH	中芯国际	已发行	2020.7.16	红筹股上市标准二	新一代信息技术产业	200
688396.SH	华润微	已发行	2020.2.27	红筹股上市标准二	新一代信息技术产业	30
A21007.SH	百济神州	报送证监会	—	红筹股上市标准二	生物医药产业	200
A21411.SH	诺诚健华	已受理	—	红筹股上市标准二	生物医药产业	40
A21255.SH	敏实集团	已回复	—	红筹股上市标准一	新能源汽车	65

虽然目前红筹企业回归 A 股的公司数量不多,但是监管部门对红筹企业上市扩容的意愿逐渐增强。2021 年 9 月 17 日,证监会发布《关于扩大红筹企业在境内上市试点范围的公告》,将试点企业范围从互联网、大数据、云计算、人工智能、软件和集成电路、高端装备制造、生物医药等 7 个行业,进一步扩展至"新一代信息技术、新能源、新材料、新能源汽车、绿色环保、航空航天、海洋装备等高新技术产业和战略性新兴产业等 14 个行业"。未来预计将会有更多的红筹企业回归。随着不断探索回归之路,这些红筹企业也将会为中国资本市场带来新的活力。

2)港股市场上市

红筹企业在联交所上市条件及流程同其他企业相同,上文已有所论述,不再赘述。港股市场红筹股和 H 股对比最明显的特点就是上市申请及再融资不需要中国证监会的审批,灵活度较高,但内地企业在境外注册的红筹企业仍然受到中国政府的法规监管。主要法律规范如下:

(1)国家外汇管理局在 2015 年 2 月 13 日发布的《关于进一步简化和改进直接投资外汇管理政策的通知》(汇发〔2015〕13 号)(简称 13 号文)。

(2)国家外汇管理局于 2014 年 7 月 14 日发布的《国家外汇管理局关于境内居民通过特殊目的公司境外投融资及返程投资外汇管理有关问题的通知》(汇发〔2014〕37 号)(简称 37 号文),同时废止 2005 年 11 月 1 日实施的汇发〔2005〕75 号(简称 75 号文)。

(3)国家外管局 2011 年 5 月 27 日发布了《境内居民通过境外特殊目的公司融资及返程投资外汇管理操作规程》(汇发〔2011〕19 号)(简称 19 号文)。

第二章

注册制下企业上市审核要点

第一节　注册制之重大问题审核问答①

一、法律问题

（一）关于发行人的主体资格

1. 公司持续经营起算时间的计算

发行条件规定"发行人是依法设立且持续经营 3 年以上的股份有限公司"。有限责任公司按原账面净资产折股整体变更为股份有限公司的，持续经营时间可以从有限责任公司成立之日起计算。如有限公司以经评估的净资产折股设立股份公司，视同新设股份公司，业绩不可连续计算。

《创业板首次公开发行股票注册管理办法（试行）》中规定的"最近 1 年"以 12 个月计，"最近 2 年"以 24 个月计，"最近 3 年"以 36 个月计。

2. 控股股东、实际控制人位于国际避税区且持股层次复杂的企业申请上市

发行条件规定"控股股东和受控股股东、实际控制人支配的股东所持发行人的股份权属清晰"。对于控股股东、实际控制人设立在国际避税区且持股层次复杂的，保荐人和发行人律师应当对发行人设置此类架构的原因、合法性及合理性、持股的真实性、是否存在委托持股、信托持股、是否有各种影响控股权的约定、股东的出资来源等问题进行核查，说明发行人控股股东和受控股股东、实际控制人支配的股东所持发行人的股份权属是否清晰，以及发行人如何确保其公司治理和内控的有效性，并发表明确意见。

（二）关于重大违法行为的判断

最近 3 年内，发行人及其控股股东、实际控制人在国家安全、公共安全、生态安全、生产安全、公众健康安全等领域，存在以下违法行为之一的，原则上视为重大违法行为：被处以罚款等处罚且情节严重；导致严重环境污染、重大人员伤亡、社会影响恶劣等。

---

① 信息来源：《上海证券交易所科创板股票发行上市审核问答》（2019 年 3 月 3 日由上海证券交易所发布）、《上海证券交易所科创板股票发行上市审核问答（二）》（2019 年 3 月 24 日由上海证券交易所发布）、《深圳证券交易所创业板股票首次公开发行上市审核问答》（2020 年 6 月 12 日由深圳证券交易所发布）。

有以下情形之一且中介机构出具明确核查结论的,可以不认定为重大违法:违法行为显著轻微,罚款数额较小;相关规定或处罚决定未认定该行为属于情节严重;有权机关证明该行为不属于重大违法。但违法行为导致严重环境污染、重大人员伤亡、社会影响恶劣等并被处以罚款等处罚的,不适用上述情形。

发行人合并报表范围内的各级子公司,若对发行人主营业务收入或净利润不具有重要影响(占比不超过5%),其违法行为可不视为发行人本身存在相关情形,但其违法行为导致严重环境污染、重大人员伤亡或社会影响恶劣的除外。

如被处罚主体为发行人收购而来,且相关处罚于发行人收购完成之前执行完毕,原则上不视为发行人存在相关情形。但发行人主营业务收入和净利润主要来源于被处罚主体或违法行为社会影响恶劣的除外。

最近3年内无重大违法行为的起算时点,从刑罚执行完毕或行政处罚执行完毕之日起计算。

(三)关于董事、监事、高级管理人员及核心技术人员的稳定性

发行人应当根据企业生产经营需要和相关人员对企业生产经营发挥的实际作用,确定核心技术人员范围,并在招股说明书中披露认定情况和认定依据。原则上,核心技术人员通常包括公司技术负责人、研发负责人、研发部门主要成员、主要知识产权和非专利技术的发明人或设计人、主要技术标准的起草者等。

对发行人的董事、高级管理人员及核心技术人员是否发生重大不利变化的认定,应当本着实质重于形式的原则,综合两方面因素分析:一是最近2年内的变动人数及比例,在计算人数比例时,以上述人员合计总数作为基数;二是上述人员离职或无法正常参与发行人的生产经营是否对发行人生产经营产生重大不利影响。

变动后新增的上述人员来自原股东委派或发行人内部培养产生的,原则上不构成重大不利变化。发行人管理层因退休、调任等原因发生岗位变化的,原则上不构成重大不利变化,但发行人应当披露相关人员变动对公司生产经营的影响。

如果最近2年内发行人上述人员变动人数比例较大或上述人员中的核

心人员发生变化,进而对发行人的生产经营产生重大不利影响的,应视为发生重大不利变化。

(四)关于员工持股计划、期权激励计划的要求

1. 首发申报前实施员工持股计划

1)首发申报前实施员工持股计划的要求

发行人首发申报前实施员工持股计划的,应当体现增强公司凝聚力、维护公司长期稳定发展的导向,建立健全激励约束长效机制,有利于兼顾员工与公司的长远利益,为公司的持续发展夯实基础。原则上应当符合下列要求:

(1)发行人实施员工持股计划,应当严格按照法律、法规、规章及规范性文件要求履行决策程序,并遵循公司自主决定、员工自愿参加的原则,不得以摊派、强行分配等方式强制实施员工持股计划。

(2)参与持股计划的员工,与其他投资者权益平等,盈亏自负,风险自担,不得利用知悉公司相关信息的优势,侵害其他投资者的合法权益。

(3)员工入股应主要以货币出资,并按约定及时足额缴纳。按照国家有关法律法规,员工以科技成果出资入股的,应提供所有权属证明并依法评估作价,及时办理财产权转移手续。

(4)发行人实施员工持股计划,可以通过公司、合伙企业、资产管理计划等持股平台间接持股,并建立健全持股在平台内部的流转、退出机制,以及股权管理机制。

(5)参与持股计划的员工因离职、退休、死亡等原因离开公司的,其间接所持股份权益应当按照员工持股计划的章程或相关协议约定的方式处置。

2)员工持股计划穿透计算的"闭环原则"

员工持股计划符合以下要求之一的,在计算公司股东人数时,按一名股东计算;不符合下列要求的,在计算公司股东人数时,穿透计算持股计划的权益持有人数。

(1)员工持股计划遵循"闭环原则"。员工持股计划不在公司首次公开发行股票时转让股份,并承诺自上市之日起至少 36 个月的锁定期。发行人上市前及上市后的锁定期内,员工所持相关权益拟转让退出的,只能向员工持股计划内员工或其他符合条件的员工转让。锁定期后,员工所持相关权益拟转让退出的,按照员工持股计划章程或有关协议的约定处理。

(2)员工持股计划未按照"闭环原则"运行的。员工持股计划应由公司员工持有,依法设立、规范运行,且已经在基金业协会依法依规备案。

2. 首发申报前制定、准备在上市后实施的期权激励计划

发行人存在首发申报前制定、上市后实施的期权激励计划的,应体现增强公司凝聚力、维护公司长期稳定发展的导向。原则上应符合下列要求:

(1)激励对象应当符合上市规则相关规定。

(2)激励计划的必备内容与基本要求、激励工具的定义与权利限制、行权安排、回购或终止行权、实施程序等内容,应参考《上市公司股权激励管理办法》的相关规定予以执行。

(3)期权的行权价格由股东自行商议确定,但原则上不应低于最近1年经审计的净资产或评估值。

(4)发行人全部在有效期内的期权激励计划所对应股票数量占上市前总股本的比例原则上不得超过15%,且不得设置预留权益。

(5)在审期间,发行人不应新增期权激励计划,相关激励对象不得行权。

(6)在制定期权激励计划时应充分考虑实际控制人稳定,避免上市后因期权行权导致实际控制人发生变化。

(7)激励对象在发行人上市后行权认购的股票,应承诺自行权日起3年内不减持,同时承诺上述期限届满后比照董事、监事及高级管理人员的相关减持规定执行。

(五)关于历史上工会、职工持股会持股

1. 工会及职工持股会持股的规范要求

考虑到发行条件对发行人控股权权属清晰的要求,发行人控股股东或实际控制人存在职工持股会或工会持股情形的,应当予以清理。

对于间接股东存在职工持股会或工会持股情形的,如不涉及发行人实际控制人控制的各级主体,发行人不需要清理,但应予以充分披露。

2. 自然人股东人数较多的核查要求

对于历史沿革涉及较多自然人股东的发行人,保荐机构、发行人律师应当核查历史上自然人股东入股、退股(含工会、职工持股会清理等事项)是否按照当时有效的法律法规履行了相应程序,入股或股权转让协议、款项收付凭证、工商登记资料等法律文件是否齐备,并抽取一定比例的股东进行访

谈,就相关自然人股东股权变动的真实性、所履行程序的合法性、是否存在委托持股或信托持股情形、是否存在争议或潜在纠纷发表明确意见。

(六)关于申报前后新增股东

1. 申报前新增股东

对申报前通过增资或股权转让产生的股东,主要考察申报前1年新增的股东,关注发行人新股东的基本情况,产生新股东的原因,股权转让或增资的价格及定价依据,有关股权变动是否为双方真实意思表示,是否存在争议或潜在纠纷,新股东与发行人其他股东、董事、监事、高级管理人员、本次发行中介机构负责人及其签字人员是否存在亲属关系、关联关系、委托持股、信托持股或其他利益输送安排,新股东是否具备法律、法规规定的股东资格。

股份锁定方面,控股股东和实际控制人持有的股份上市后锁定3年;申报前6个月内进行增资扩股的,新增股份的持有人应当承诺:新增股份自发行人完成增资扩股工商变更登记手续之日起锁定3年。在申报前6个月内从控股股东或实际控制人处受让的股份,应比照控股股东或实际控制人所持股份进行锁定。控股股东和实际控制人的亲属所持股份应比照该股东本人进行锁定。

2. 申报后新增股东

申报后,通过增资或股权转让产生新股东的,原则上发行人应当撤回发行上市申请,重新申报。但股权变动未造成实际控制人变更,未对发行人控股权的稳定性和持续经营能力造成不利影响,且符合下列情形的除外:新股东的产生系因继承、离婚、执行法院判决或仲裁裁决、执行国家法律政策要求或由省级及以上人民政府主导,且新股东承诺其所持股份上市后36个月之内不转让、不上市交易(继承、离婚原因除外)。

(七)关于"三类股东"

发行人在新三板挂牌期间形成契约性基金、信托计划、资产管理计划等"三类股东"的,中介机构和发行人应从以下方面核查披露相关信息:

(1)中介机构应核查确认公司控股股东、实际控制人、第一大股东不属于"三类股东"。

(2)中介机构应核查确认发行人的"三类股东"依法设立并有效存续,已纳入国家金融监管部门的有效监管,并已按照规定履行审批、备案或报告程序,其管理人也已依法注册登记。

(3)发行人应当按照首发信息披露准则的要求对"三类股东"进行信息披露。通过协议转让、特定事项协议转让和大宗交易方式形成的"三类股东",中介机构应对控股股东、实际控制人,董事、监事、高级管理人员及其近亲属,本次发行的中介机构及其负责人、高级管理人员、经办人员是否直接或间接在该等"三类股东"中持有权益进行核查并发表明确意见。

(4)中介机构应核查确认"三类股东"已作出合理安排,可确保符合现行锁定期和减持规则要求。

(八)关于历史上存在出资瑕疵或改制瑕疵

1. 历史上存在出资瑕疵

历史上存在出资瑕疵的,应当在申报前依法采取补救措施。保荐机构和发行人律师应当对出资瑕疵事项的影响及发行人或相关股东是否因出资瑕疵受到过行政处罚,是否构成重大违法行为及本次发行的法律障碍,是否存在纠纷或潜在纠纷进行核查并发表明确意见。发行人应当充分披露存在的出资瑕疵事项、采取的补救措施,以及中介机构的核查意见。

2. 历史上存在改制瑕疵

对于发行人是国有企业、集体企业改制而来的或历史上存在挂靠集体组织经营的企业,若改制过程中法律依据不明确、相关程序存在瑕疵或与有关法律法规存在明显冲突,原则上发行人应在招股说明书中披露有权部门关于改制程序的合法性、是否造成国有或集体资产流失的意见。

(九)关于对赌协议

1. 对赌协议①的一般规定

投资机构在投资发行人时约定对赌协议等类似安排的,原则上要求发行人在申报前清理,但同时满足以下要求的可以不清理:一是发行人不作为对赌协议当事人;二是对赌协议不存在可能导致公司控制权变化的约定;三是对赌协议不与市值挂钩;四是对赌协议不存在严重影响发行人持续经营能力或者其他严重影响投资者权益的情形。保荐人及发行人律师应当就对

---

① 对赌协议是投资协议的核心组成部分,是对企业估值的调整,是带有附加条件的价值评估方式,是投资方与融资方在达成融资协议时,对未来的不确定情况进行的一种约定。

赌协议是否符合上述要求发表明确的核查意见。

发行人应当在招股说明书中披露对赌协议的具体内容、对发行人可能存在的影响等,并进行风险提示。

2. 红筹企业对赌协议优先权利特别安排

红筹企业向投资机构发行带有约定赎回权等优先权利的股份或可转换债券(以下统称优先股),发行人和投资机构应当约定并承诺在申报和发行过程中不行使优先权利,并于上市前终止优先权利,转换为普通股。投资机构按照其取得优先股的时点适用相应的锁定期要求。

发行人应当在招股说明书中披露优先股的入股和权利约定情况、转股安排及股东权利变化情况,转股对发行人股本结构、公司治理及财务报表等的影响,股份锁定安排和承诺等,并进行充分的风险提示。

保荐人、发行人律师及申报会计师应当对优先股投资人入股的背景及相关权利约定进行核查,并就转股安排和转股前后股东权利的变化、转股对发行人的具体影响、相关承诺及股份锁定期是否符合要求等发表专项核查意见。

发行人获准发行上市后,应当与投资机构按照约定和承诺及时终止优先权利,转换为普通股。发行人应当在向证券交易所提交的股票或者存托凭证上市申请中,说明转股结果及其对发行人股本结构、公司治理及财务报表等的实际影响。保荐人、发行人律师及申报会计师应当对优先股转股完成情况及其影响进行核查并发表意见。

(十)关于同业竞争

1. 创业板

申请在创业板上市的企业,如存在同业竞争情形,认定同业竞争是否构成重大不利影响时,保荐人及发行人律师应结合竞争方与发行人的经营地域、产品或服务的定位,同业竞争是否会导致发行人与竞争方之间的非公平竞争,是否会导致发行人与竞争方之间存在利益输送,是否会导致发行人与竞争方之间相互或者单方让渡商业机会情形,对未来发展的潜在影响等方面,核查并出具明确意见。竞争方的同类收入或毛利占发行人主营业务收入或毛利的比例达 30% 以上的,如无充分相反证据,原则上应认定为构成重大不利影响。

发行人应当结合目前经营情况、未来发展战略等,在招股说明书中充分披露未来对上述构成同业竞争的资产、业务的安排,以及避免上市后出现重大不利影响的措施。

2. 科创板

申请在科创板上市的企业,如存在同业竞争情形,认定同业竞争是否构成重大不利影响时,保荐机构及发行人律师应结合竞争方与发行人的经营地域、产品或服务的定位,同业竞争是否会导致发行人与竞争方之间的非公平竞争,是否会导致发行人与竞争方之间存在利益输送,是否会导致发行人与竞争方之间出现相互或者单方让渡商业机会的情形,对未来发展的潜在影响等方面,核查并出具明确意见。竞争方的同类收入或毛利占发行人该类业务收入或毛利的比例达30%以上的,如无充分相反证据,原则上应认定为构成重大不利影响。

发行人应在招股说明书中披露以下内容:一是竞争方与发行人存在同业竞争的情况;二是保荐机构及发行人律师针对同业竞争是否对发行人构成重大不利影响的核查意见和认定依据。

(十一)关于资产来自上市公司或经租赁、授权使用

1. 发行人部分资产来自上市公司的关注要点

(1)发行人取得上市公司资产的背景、所履行的决策程序、审批程序与信息披露情况,是否符合法律法规、交易双方公司章程以及证监会和证券交易所有关上市公司监管和信息披露要求,是否存在争议或潜在纠纷。

(2)发行人及其关联方的董事、监事和高级管理人员在上市公司及其控制公司的历史任职情况及合法合规性,是否存在违反竞业禁止义务的情形;上述资产转让时,发行人的董事、监事和高级管理人员在上市公司的任职情况,与上市公司及其董事、监事和高级管理人员是否存在亲属及其他密切关系。如存在上述关系,在相关决策程序的履行过程中,上述人员是否回避表决或采取了保护非关联股东利益的有效措施。

(3)资产转让完成后,发行人及其关联方与上市公司之间是否就上述转让资产存在纠纷或诉讼。

(4)发行人及其关联方的董事、监事、高级管理人员以及上市公司在转让上述资产时是否存在损害上市公司及其中小投资者合法利益的情形。

（5）发行人来自上市公司的资产置入发行人的时间，在发行人资产中的占比情况，对发行人生产经营的作用。

（6）境内外上市公司分拆子公司在科创板上市，是否符合相关规定。

2. 发行人租赁控股股东、实际控制人房产或者商标、专利、主要技术来自控股股东、实际控制人的授权使用的关注要点

对于发行人租赁控股股东、实际控制人房产或者商标、专利、主要技术来自控股股东、实际控制人的授权使用的，交易所通常关注以下方面：相关资产的具体用途，对发行人的重要程度，未投入发行人的原因，租赁或授权使用费用的公允性，是否能确保发行人长期使用，今后的处置方案，等等，并就该等情况是否对发行人资产完整和独立性构成重大不利影响发表明确意见。

如发行人存在以下情形之一的，发行人应当重点关注：

（1）生产型企业的发行人，其生产经营所必需的主要厂房、机器设备等固定资产系向控股股东、实际控制人租赁使用。

（2）发行人的核心商标、专利、主要技术等无形资产是由控股股东、实际控制人授权使用。

（十二）关于实际控制人的认定

1. 实际控制人认定的基本要求

实际控制人是拥有公司控制权的主体。在确定公司控制权归属时，应当本着实事求是的原则，尊重企业的实际情况，以发行人自身的认定为主，由发行人股东予以确认。保荐机构、发行人律师应通过对公司章程、协议或其他安排以及发行人股东大会（股东出席会议情况、表决过程、审议结果、董事提名和任命等）、董事会（重大决策的提议和表决过程等）、监事会及发行人经营管理的实际运作情况的核查，对实际控制人认定发表明确意见。

发行人股权较为分散但存在单一股东控制比例达到30%的情形的，若无相反的证据，原则上应将该股东认定为控股股东或实际控制人。

2. 共同实际控制人

法定或约定形成的一致行动关系并不必然导致多人共同拥有公司控制权的情况，发行人及中介机构不应为扩大履行实际控制人义务的主体范围或满足发行条件而作出违背事实的认定。通过一致行动协议主张共同控制

的,无合理理由的(如第一大股东为纯财务投资人),一般不能排除第一大股东为共同控制人。实际控制人的配偶、直系亲属,如其持有公司股份达到5%以上,或者虽未超过5%但是担任公司董事、高级管理人员并在公司经营决策中发挥重要作用,除非有相反证据,原则上应认定为共同实际控制人。

共同实际控制人签署一致行动协议的,应当在协议中明确发生意见分歧或纠纷时的解决机制。对于作为实际控制人亲属的股东所持的股份,应当比照实际控制人自发行人上市之日起锁定36个月。

3. 实际控制人变动的特殊情形

实际控制人为单名自然人或有亲属关系的多名自然人,实际控制人去世导致股权变动,股权受让人为继承人的,通常不视为公司控制权发生变更。

4. 实际控制人认定中涉及股权代持情形的处理

实际控制人认定中涉及股权代持情况的,发行人、相关股东应说明存在代持的原因,并提供支持性证据。对于存在代持关系但不影响发行条件的,发行人应在招股说明书中如实披露,保荐机构、发行人律师应出具明确的核查意见。如经查实,股东之间知晓代持关系的存在,且对代持关系没有异议,代持的股东之间没有纠纷和争议,则应将代持股份还原至实际持有人。发行人及中介机构通常不应以股东间存在代持关系为由,认定公司控制权未发生变动。对于以表决权让与协议、一致行动协议等方式认定实际控制人的,比照代持关系进行处理。

(十三)关于股票锁定期

发行人控股股东和实际控制人所持股份自发行人股票上市之日起36个月内不得转让。对于发行人没有或难以认定实际控制人的,为确保发行人股权结构稳定,正常生产经营不因发行人控制权发生变化而受到影响,要求发行人的股东按持股比例从高到低依次承诺其所持股份自上市之日起锁定36个月,直至锁定股份的总数不低于发行前A股股份总数的51%。

位列上述应予以锁定51%股份范围的股东,符合下列情形之一的,不适用上述锁定36个月的规定:员工持股计划;持股5%以下的股东;非发行人第一大股东且符合一定条件的创业投资基金股东。其中,"符合一定条件的创业投资基金股东"是指符合《私募基金监管问答——关于首发企业中创业投资基金股东的认定标准》的创业投资基金。

对于存在刻意规避股份限售期要求的,交易所将按照实质重于形式的原则,要求相关股东参照控股股东、实际控制人的限售期进行股份锁定。

(十四)关于发行人与关联方共同投资行为

发行人如存在与其控股股东、实际控制人、董事、监事、高级管理人员及其亲属直接或者间接共同设立公司的情形,交易所主要关注以下事项:

(1)相关公司的基本情况,包括但不限于公司名称、成立时间、注册资本、住所、经营范围、股权结构、最近一年又一期主要财务数据及简要历史沿革。

(2)发行人与上述主体共同设立公司的背景、原因和必要性,发行人出资是否合法合规,出资价格是否公允。

(3)如发行人与共同设立的公司存在业务或资金往来的,还应关注相关交易的交易内容、交易金额、交易背景以及相关交易与发行人主营业务之间的关系。中介机构应当核查相关交易的真实性、合法性、必要性、合理性及公允性,是否存在损害发行人利益的行为。

(4)如公司共同投资方为董事、高级管理人员及其近亲属,中介机构应核查说明公司是否符合《公司法》第148条规定,即董事、高级管理人员未经股东会或者股东大会同意,不得利用职务便利为自己或者他人谋取属于公司的商业机会,自营或者为他人经营与所任职公司同类的业务。

(十五)关于劳务外包

部分首发企业存在将较多的劳务活动交由专门劳务外包公司实施的情况的,交易所主要关注以下方面:

(1)劳务公司的经营合法合规性等情况,比如是否为独立经营的实体,是否具备必要的专业资质,业务实施及人员管理是否符合相关法律法规的规定,发行人与其发生业务交易的背景及是否存在重大风险。

(2)劳务公司是否专门或主要为发行人服务,如存在主要为发行人服务的情形,应关注其合理性及必要性,关联关系的认定及披露是否真实、准确、完整。

(3)中介机构对于该类情形应当从实质重于形式角度按关联方的相关要求进行核查,并特别考虑其按规范运行的经营成果对发行人财务数据的影响,以及对发行人是否符合发行条件的影响。

(4)劳务公司的构成及变动情况,劳务外包合同的主要内容,劳务数量及费用变动是否与发行人的经营业绩相匹配,劳务费用定价是否公允,是否存在跨期核算情形。

二、 财务问题

(一)关于股改时公司存在累计未弥补亏损

部分科创企业因前期技术研发、市场培育等方面投入较大,在有限责任公司整体变更为股份有限公司前,存在累计未弥补亏损。此类发行人可以依照发起人协议,履行董事会、股东会等内部决策程序后,以不高于净资产金额折股,通过整体变更设立股份有限公司的方式解决以前累计未弥补亏损,持续经营时间可以从有限责任公司成立之日起计算。整体变更存在累计未弥补亏损,或者因会计差错更正追溯调整报表而致使整体变更时存在累计未弥补亏损的,发行人可以在完成整体变更的工商登记注册后提交发行上市申请文件,不受运行 36 个月的限制。

(二)关于研发支出资本化

发行人内部研究开发项目的支出,应按照《企业会计准则——基本准则》《企业会计准则第 6 号——无形资产》等相关规定进行确认和计量。研究阶段的支出,应于发生时计入当期损益;开发阶段的支出,应按规定在同时满足会计准则列明的条件时,才能确认为无形资产。

在初始确认和计量时,发行人应结合研发支出资本化相关内控制度的健全性和有效性,对照会计准则规定的相关条件,逐条具体分析进行资本化的开发支出是否同时满足上述条件。在后续计量时,相关无形资产的预计使用寿命和摊销方法应符合会计准则规定,按规定进行减值测试并足额计提减值准备。

(三)关于科研项目相关政府补助

发行人科研项目相关政府补助的非经常性损益列报应当符合以下要求:

1. 会计处理要求

发行人将科研项目政府补助计入当期收益的,应结合补助条件、形式、金额、时间及补助与公司日常活动的相关性等,说明相关会计处理是否符合

《企业会计准则第 16 号——政府补助》的规定。

2. 非经常性损益列报要求

发行人应结合承担科研项目是否符合国家科技创新发展规划,相关政府补助的会计处理方法,补助与公司正常经营业务的相关性,补助是否具有持续性等,说明将政府补助相关收益列入经常性损益而未列入非经常性损益是否符合《公开发行证券的公司信息披露解释性公告第 1 号——非经常性损益》的规定。

（四）关于财务内控

部分企业在提交申报材料的审计截止日前存在财务内控不规范情形,主要包括:为满足贷款银行受托支付要求,在无真实业务支持的情况下,通过供应商等取得银行贷款或为客户提供银行贷款资金走账通道(简称"转贷"行为);为获得银行融资,向关联方或供应商开具无真实交易背景的商业票据,进行票据贴现后获得银行融资;与关联方或第三方直接进行资金拆借;因外销业务结算需要,通过关联方或第三方代收货款(内销业务应自主独立结算);利用个人账户对外收付款项;出借公司账户为他人收付款项;等等。

发行人应当严格按照现行法规、规则、制度的要求对涉及的财务内控不规范情形进行整改或纠正。在提交申报材料前,保荐机构在上市辅导期间,应会同申报会计师、发行人律师,帮助发行人强化内部控制制度建设并执行有效性检查。具体要求可从以下方面把握:

(1)首发企业申请上市成为上市公司,需要建立、完善并严格实施相关财务内部控制制度,保护中小投资者的合法权益。发行人在报告期内作为非上市公司,在财务内控方面存在上述不规范情形的,应通过中介机构上市辅导完成整改或纠正(如收回资金、结束不当行为等措施)和相关内控制度建设,达到与上市公司要求一致的财务内控水平。

(2)对首次申报审计截止日前报告期内存在的财务内控不规范情形,中介机构应根据有关情形发生的原因及性质、时间及频率、金额及比例等因素,综合判断是否构成对内控制度有效性的重大不利影响,是否属于主观故意或恶意行为并构成重大违法违规。

(3)发行人已按照程序完成相关问题整改或纠正的,中介机构应结合此前不规范情形的轻重或影响程度的判断,全面核查、测试并确认发行人整改后的内控制度是否已合理、正常运行并持续有效,出具明确的核查意见。

(4)首次申报审计截止日后,发行人原则上不能再出现上述内控不规范和不能有效执行的情形。

(5)发行人的销售结算应自主独立,内销业务通常不应通过关联方或第三方代收货款,外销业务如确有必要通过关联方或第三方代收货款且能够充分提供合理性证据的,最近1年(期)收款金额原则上不应超过当年营业收入的30%。

(五)关于第三方回款

企业收到的销售回款通常是来自签订经济合同的往来客户,实务中,发行人可能存在部分销售回款由第三方代客户支付的情形,该情形可能影响销售确认的真实性。第三方回款通常是指发行人收到的销售回款的支付方(如银行汇款的汇款方、银行承兑汇票或商业承兑汇票的出票方式或背书转让方)与签订经济合同的往来客户不一致的情况。

1. 第三方回款应当符合的条件

企业在正常经营活动中存在的第三方回款,通常情况下应考虑是否符合以下条件:

(1)与自身经营模式相关,符合行业经营特点,具有必要性和合理性,例如境外客户指定付款等。

(2)第三方回款的付款方不是发行人的关联方。

(3)第三方回款与相关销售收入钩稽一致,具有可验证性,不影响销售循环内部控制有效性的认定,申报会计师已对第三方回款及销售确认相关内部控制的有效性发表明确的核查意见。

(4)能够合理区分不同类别的第三方回款,相关金额及比例处于合理可控范围,最近一期通常不高于当期收入的15%。

2. 可以不纳入第三方回款统计的情形

以下情况可不作为最近一期第三方回款限制比例的统计范围:

(1)客户为个体工商户或自然人,其通过家庭约定由直系亲属代为支付货款,经中介机构核查无异常的。

(2)客户为自然人控制的企业,该企业的法定代表人、实际控制人代为支付货款,经中介机构核查无异常的。

(3)客户所属集团通过集团财务公司或指定相关公司代客户统一对外付款,经中介机构核查无异常的。

(4)政府采购项目指定财政部门或专门部门统一付款,经中介机构核查无异常的。

(5)通过应收账款保理、供应链物流等合规方式或渠道完成付款,经中介机构核查无异常的。

3. 如发行人报告期存在第三方回款,交易所重点关注以下方面:

(1)第三方回款的真实性,是否存在虚构交易或调节账龄的情形。

(2)第三方回款形成收入占营业收入的比例。

(3)第三方回款的原因、必要性及商业合理性。

(4)发行人及其实际控制人、董监高或其他关联方与第三方回款的支付方是否存在关联关系或其他利益安排。

(5)境外销售涉及境外第三方的,其代付行为的商业合理性或合法合规性。

(6)报告期内是否存在因第三方回款导致的货款归属纠纷。

(7)如签订合同时已明确约定由其他第三方代购买方付款,该交易安排是否具有合理原因。

(8)资金流、实物流与合同约定及商业实质是否一致。

(六)关于会计政策、会计估计变更或会计差错更正

发行人在申报前的上市辅导和规范阶段,如发现存在不规范或不谨慎的会计处理事项并进行审计调整的,应当符合《企业会计准则第 28 号——会计政策、会计估计变更和会计差错更正》和相关审计准则的规定,并保证发行人提交首发申请时的申报财务报表能够公允地反映发行人的财务状况、经营成果和现金流量。申报会计师应按要求对发行人编制的申报财务报表与原始财务报表的差异比较表出具审核报告并说明差异调整原因,保荐机构应核查差异调整的合理性与合规性。

同时,报告期内发行人会计政策和会计估计应保持一致性,不得随意变更,若有变更应符合企业会计准则的规定。如无充分、合理的证据表明会计政策或会计估计变更的合理性,或者未经批准擅自变更会计政策或会计估

计的,或者连续、反复地自行变更会计政策或会计估计的,视为滥用会计政策或会计估计。

首发材料申报后,发行人如存在会计政策、会计估计变更事项,应当依据《企业会计准则第 28 号——会计政策、会计估计变更和会计差错更正》的规定,对首次提交的财务报告进行审计调整或补充披露,相关变更事项应符合专业审慎原则,与同行业上市公司不存在重大差异,不存在影响发行人会计基础工作规范性及内控有效性情形。

首发材料申报后,发行人如出现会计差错更正事项,应充分考虑差错更正的原因、性质、重要性与累积影响程度。交易所重点关注:会计差错更正的时间和范围,是否反映发行人存在故意遗漏或虚构交易、事项或者其他重要信息,滥用会计政策或者会计估计,操纵、伪造或篡改编制财务报表所依据的会计记录等情形;差错更正对发行人的影响程度,是否符合《企业会计准则第 28 号——会计政策、会计估计变更和会计差错更正》的规定,发行人是否存在会计基础工作薄弱和内控缺失、相关更正信息是否已恰当披露等问题。

首发材料申报后,如发行人同一会计年度内因会计基础薄弱、内控不完善、必要的原始资料无法取得、审计疏漏等原因,除特殊会计判断事项外,导致会计差错更正累积净利润影响数达到当年净利润的 20% 以上(如为中期报表差错更正则以上一年度净利润为比较基准)或净资产影响数达到当年(期)末净资产的 20% 以上,滥用会计政策或者会计估计,以及因恶意隐瞒或舞弊行为导致重大会计差错更正的,视为发行人在会计基础工作规范及相关内控方面不符合发行条件。

(七)关于尚未盈利或最近一期存在累计未弥补亏损

1. 发行人信息披露要求

尚未盈利或最近一期存在累计未弥补亏损的发行人,应结合行业特点分析并披露该等情形的成因,如:产品仍处于研发阶段,未形成实际销售;产品尚处于推广阶段,未取得客户的广泛认同;产品与同行业公司相比技术含量或品质仍有差距,未产生竞争优势;产品产销量较小,单位成本较高或期间费用率较高,尚未体现规模效应;产品已趋于成熟并在报告期内实现盈利,但由于前期亏损较多,导致最近一期仍存在累计未弥补亏损;其他原因。

发行人还应说明尚未盈利或最近一期存在累计未弥补亏损是偶发性因素还是经常性因素导致。

发行人应充分披露尚未盈利或最近一期存在累计未弥补亏损对公司现金流、业务拓展、人才吸引、团队稳定性、研发投入、战略性投入、生产经营可持续性等方面的影响。

尚未盈利的发行人应当披露未来是否可实现盈利的前瞻性信息,对其产品、服务或者业务的发展趋势、研发阶段以及达到盈亏平衡状态时主要经营要素需要达到的水平进行预测,并披露相关假设基础;存在累计未弥补亏损的发行人应当分析并披露在上市后的变动趋势。披露前瞻性信息时应当声明其假设的数据基础及相关预测具有重大不确定性,提醒投资者进行投资决策时应谨慎使用。

尚未盈利或最近一期存在累计未弥补亏损的发行人,应充分披露相关风险因素,包括但不限于:未来一定期间无法盈利或无法进行利润分配的风险,收入无法按计划增长的风险,研发失败的风险,产品或服务无法得到客户认同的风险,资金状况、业务拓展、人才引进、团队稳定、研发投入等方面受到限制或影响的风险,等等。未盈利状态持续存在或累计未弥补亏损继续扩大的,应分析触发退市条件的可能性,并充分披露相关风险。

尚未盈利或最近一期存在累计未弥补亏损的发行人,应当披露依法落实保护投资者合法权益规定的各项措施;还应披露本次发行前累计未弥补亏损是否由新老股东共同承担以及已履行的决策程序。尚未盈利企业还应披露其控股股东、实际控制人和董事、监事、高级管理人员按照相关规定作出的关于减持股份的特殊安排或承诺。

2. 中介机构核查要求

保荐人及申报会计师应充分核查上述情况,对发行人尚未盈利或最近一期存在累计未弥补亏损是否影响发行人持续经营能力明确发表结论性意见。

(八)关于经销商模式下的收入确认

发行人采取经销商销售模式的,交易所重点关注其收入实现的真实性,包括经销商具体业务模式及采取经销商模式的必要性,经销商模式下收入确认是否符合企业会计准则的规定,经销商选取标准、日常管理、定价机制

（包括营销、运输费用承担和补贴等）、物流（是否直接发货给终端客户）、退换货机制、销售存货信息系统等方面的内控是否健全并有效执行，经销商是否与发行人存在关联关系，对经销商的信用政策是否合理等。

发行人应就经销商模式的相关情况进行充分披露，主要包括：经销商和发行人是否存在实质和潜在关联关系，发行人同行业可比上市公司采用经销商模式的情况，发行人通过经销商模式实现的销售比例和毛利是否显著大于同行业可比上市公司，经销商是否专门销售发行人产品，经销商的终端销售及期末存货情况，报告期内经销商是否存在较多新增与退出情况，经销商是否存在大量个人等非法人实体，经销商回款是否存在大量现金和第三方回款，等等。

出现下述情况时，发行人应充分披露相关情况：发行人通过经销商模式实现的销售毛利率和其他销售模式实现的毛利率的差异较大；给予经销商的信用政策显著宽松于其他销售方式，对经销商的应收账款显著增大；海外经销商毛利率与国内经销商毛利率差异较大。

保荐人、发行人律师及申报会计师应当综合利用电话访谈、合同调查、实地走访、发询证函等多种核查方法，核查发行人报告期内经销商模式下的收入确认原则、费用承担原则及给经销商的补贴或返利情况、经销商的主体资格及资信能力，核查关联关系，结合经销商模式检查与发行人的交易记录及银行流水记录、经销商存货进销存情况、经销商退换货情况。保荐人、发行人律师和申报会计师应对经销商模式下收入的真实性发表明确意见。

（九）关于提交季度报表的时间

发行人财务报告审计截止日至招股说明书签署日之间超过 4 个月的，在刊登招股说明书前，应当参照《关于首次公开发行股票并上市公司招股说明书财务报告审计截止日后主要财务信息及经营状况信息披露指引》规定，提供经审阅的期间季度的财务报表，并在招股说明书中披露审计截止日后的主要财务信息。经审阅的财务报表截止日为最近一个季度末。

同时，发行人应当在招股说明书"重大事项提示"中补充披露下一报告期业绩预告信息，主要包括年初至下一报告期末营业收入、扣除非经常损益前后净利润的预计情况、同比变化趋势及原因等。若前述财务信息与财务报告审计截止日或上年同期相比发生较大变化的，应当披露变化情况、变化原因及由此可能产生的影响。

（十）关于企业合并

对于同一控制下的企业合并，发行人应严格遵守相关会计准则规定，详细披露合并范围及相关依据，对特殊合并事项予以重点说明。

1. 总体要求

（1）发行人企业合并行为应按照《企业会计准则第 20 号——企业合并》相关规定处理。其中，同一控制下的企业合并，参与合并的企业在合并前后均受同一方或相同的多方最终控制且该控制并非暂时性的。

根据《〈企业会计准则第 20 号——企业合并〉应用指南》的解释，"同一方"是指对参与合并的企业在合并前后均实施最终控制的投资者。"相同的多方"通常是指根据投资者之间的协议约定，在对被投资单位的生产经营决策行使表决权时发表一致意见的两个或两个以上的投资者。"控制并非暂时性"是指参与合并的各方在合并前后较长的时间内受同一方或相同的多方最终控制。较长的时间通常指一年以上（含 1 年）。

（2）根据《企业会计准则实施问题专家工作组意见第 1 期》解释，通常情况下，同一控制下的企业合并是指发生在同一企业集团内部企业之间的合并。除此之外，一般不作为同一控制下的企业合并。

（3）在对参与合并企业在合并前控制权归属认定中，如存在委托持股、代持股份、协议控制（VIE 模式）等特殊情形，发行人应提供与控制权实际归属认定相关的充分事实证据和合理性依据，中介机构应对该等特殊控制权归属认定事项的真实性、证据充分性、依据合规性等予以审慎判断、妥善处理和重点关注。

2. 红筹企业协议控制下合并报表编制的信息披露与中介机构核查要求

《企业会计准则第 33 号——合并财务报表》第 7 条规定："合并财务报表的合并范围应当以控制为基础确定"；第 8 条规定："投资方应在综合考虑所有相关事实和情况的基础上对是否控制被投资方进行判断。"

部分按相关规定申请境内发行上市的红筹企业，如存在协议控制架构或类似特殊安排，将不具有持股关系的主体（简称被合并主体）纳入合并财务报表合并范围，在此情况下，发行人应：

（1）充分披露协议控制架构的具体安排，包括协议控制架构涉及的各方法律主体的基本情况、主要合同的核心条款等。

(2)分析披露被合并主体的设立目的,被合并主体的相关活动以及如何对相关活动作出决策,发行人享有的权利是否使其目前有能力主导被合并主体的相关活动,发行人是否通过参与被合并主体的相关活动而享有可变回报,发行人是否有能力运用对被合并主体的权利影响其回报金额,投资方与其他各方的关系。

(3)结合上述情况和会计准则规定,分析披露发行人合并依据是否充分,详细披露合并报表编制方法。保荐人及申报会计师应对上述情况进行核查,就合并报表编制是否合规发表明确意见。

三、业务问题

(一)关于持续盈利能力

发行人持续经营能力受到影响的判断标准包括:

(1)发行人所处行业受国家政策限制或国际贸易条件影响存在重大不利变化风险。

(2)发行人所处行业出现周期性衰退、产能过剩、市场容量骤减、增长停滞等情况。

(3)发行人所处行业准入门槛低、竞争激烈,相比竞争者,发行人在技术、资金、规模效应方面等不具有明显优势。

(4)发行人所处行业上下游供求关系发生重大变化,导致原材料采购价格或产品售价出现重大不利变化。

(5)发行人因业务转型的负面影响导致营业收入、毛利率、成本费用及盈利水平出现重大不利变化,且最近一期经营业绩尚未出现明显好转趋势。

(6)发行人重要客户本身发生重大不利变化,进而对发行人业务的稳定性和持续性产生重大不利影响。

(7)发行人由于工艺过时、产品落后、技术更迭、研发失败等原因导致市场占有率持续下降,重要资产或主要生产线出现重大减值风险,主要业务停滞或萎缩。

(8)发行人多项业务数据和财务指标呈现恶化趋势,短期内没有好转迹象。

(9)对发行人业务经营或收入实现有重大影响的商标、专利、专有技术以及特许经营权等重要资产或技术存在重大纠纷或诉讼,已经或者未来将对发行人财务状况或经营成果产生重大影响。

（二）关于科创板"最近 3 年累计研发投入占最近 3 年累计营业收入的比例不低于 15%"中"研发投入"的认定及研发相关内控的要求

1. 研发投入认定

研发投入为企业研究开发活动形成的总支出。研发投入通常包括研发人员工资费用、直接投入费用、折旧费用与长期待摊费用、设计费用、装备调试费、无形资产摊销费用、委托外部研究开发费用、其他费用等。

本期研发投入为本期费用化的研发费用与本期资本化的开发支出之和。

2. 研发相关内控要求

发行人应制定并严格执行研发相关内控制度,明确研发支出的开支范围、标准、审批程序以及研发支出资本化的起始时点、依据、内部控制流程。同时,应按照研发项目设立台账归集核算研发支出。发行人应审慎制定研发支出资本化的标准,并在报告期内保持一致。

（三）关于科创板"发行人应当主要依靠核心技术开展生产经营"的理解与适用

科创板上市审核要求的发行人应当主要依靠核心技术开展生产经营,是指企业的主要经营成果来源于依托核心技术的产品或服务。一是发行人能够坚持科技创新,通过持续的研发投入积累形成核心技术;二是发行人主要的生产经营能够以核心技术为基础,将核心技术进行成果转化,形成基于核心技术的产品(服务)。如果企业核心技术处于研发阶段,其主要研发投入均应当围绕该核心技术及其相关的产品(服务);三是核心技术的判断主要结合发行人所处行业的国家科技发展战略和政策、整体技术水平、国内外科技发展水平和趋势等因素综合判断。

（四）关于客户集中度较高

发行人存在客户集中度较高情形的,交易所重点关注该情形的合理性、客户的稳定性和业务的持续性。

对于非因行业特殊性、行业普遍性导致客户集中度偏高的,发行人应充分考虑该单一大客户是否为关联方或者存在重大不确定性客户;该集中是否可能导致其未来持续经营能力存在重大不确定性。

对于发行人由于下游客户的行业分布集中而导致的客户集中具备合理性的特殊行业(如电力、电网、电信、石油、银行、军工等行业),发行人应与同行业可比上市公司进行比较,充分说明客户集中是否符合行业特性,发行人与客户的合作关系是否具有一定的历史基础,是否有充分的证据表明发行人采用公开、公平的手段或方式独立获取业务,相关的业务是否具有稳定性以及可持续性,并予以充分的信息披露。

针对因上述特殊行业分布或行业产业链关系导致发行人客户集中的情况,应当综合分析考量以下因素的影响:一是发行人客户集中的原因,与行业经营特点是否一致,是否存在下游行业较为分散而发行人自身客户较为集中的情况及其合理性;二是发行人客户在其行业中的地位、透明度与经营状况,是否存在重大不确定性风险;三是发行人与客户合作的历史、业务稳定性及可持续性,相关交易的定价原则及公允性;四是发行人与重大客户是否存在关联关系,发行人的业务获取方式是否影响独立性,发行人是否具备独立面向市场获取业务的能力。

四、 其他问题

(一)关于"发行人应当符合科创板定位"的理解与把握

《上海证券交易所科创板股票发行上市审核规则》规定,上海证券交易所对发行上市进行审核。审核事项包括三个方面:一是发行人是否符合发行条件;二是发行人是否符合上市条件;三是发行人的信息披露是否符合要求。在对上述事项进行审核判断时,将关注发行人是否符合科创板的定位。

发行人进行自我评估时,应当尊重科技创新规律、资本市场规律和企业发展规律,并结合自身和行业科技创新实际情况,准确理解、把握科创板的定位,重点考虑以下因素:

(1)所处行业及其技术发展趋势与国家战略的匹配程度。

(2)企业拥有的核心技术在境内与境外发展水平中所处的位置。

(3)核心竞争力及其科技创新水平的具体表征,如获得的专业资质和重要奖项、核心技术人员的科研能力、科研资金的投入情况、取得的研发进展及其成果等。

(4)保持技术不断创新的机制、技术储备及技术创新的具体安排,依靠核心技术开展生产经营的实际情况等。

（二）关于《上海证券交易所科创板股票上市规则》中上市标准的选择适用和变更

为增强科创板的包容性，《上海证券交易所科创板股票上市规则》以市值为中心，结合净利润、营业收入、研发投入和经营活动产生的现金流量等财务指标，设置了多套上市标准。其中，第 2.1.2 条规定了通用上市标准，第 2.1.3 条规定了红筹企业适用的上市标准，第 2.1.4 条规定了具有表决权差异安排的发行人适用的上市标准。

1. 发行人应当选择一项具体上市标准

根据《上海证券交易所科创板股票发行上市审核规则》相关规定，发行人申请股票首次公开发行并在科创板上市的，应当在相关申请文件中明确说明所选择的一项具体上市标准，即第 2.1.2 条中规定的五项标准之一。红筹企业应选择第 2.1.3 条规定的标准之一。具有表决权差异安排的发行人应选择第 2.1.4 条规定的标准之一。

发行人应当结合自身财务状况、公司治理特点、发展阶段以及上市后的持续监管要求等因素，审慎选择适当的上市标准。

2. 发行人申请上市标准变更的处理

科创板股票上市委员会召开审议会议前，发行人因更新财务报告等情形导致不再符合申报时选定的上市标准，需要变更为其他标准的，应当及时向交易所提出申请，说明原因并更新相关文件；不再符合任何一项上市标准的，可以撤回发行上市申请。

（三）关于《深圳证券交易所创业板股票上市规则》中上市标准选择后的变更

创业板上市委员会召开审议会议前，发行人因更新财务报告等情形导致不再符合申报时选定的上市标准，需要变更为其他标准的，应当及时向交易所提出申请，说明原因并更新相关文件。不再符合任何一项上市标准的，可以撤回发行上市申请。

（四）关于市值指标的选择

发行人在提交发行上市申请时，应当明确所选择的具体上市标准，保荐机构应当对发行人的市值进行预先评估，并在《关于发行人预计市值的分析

报告》中充分说明发行人市值评估的依据、方法、结果以及是否满足所选择
上市标准中的市值指标的结论性意见等。保荐机构应当根据发行人的特
点、市场数据的可获得性及评估方法的可靠性等,谨慎、合理地选用评估方
法,结合发行人报告期外部股权融资情况、可比公司在境内外市场的估值情
况等进行综合判断。

在初步询价结束后,发行人预计发行后总市值不满足所选择的上市标
准的,应当根据《上海证券交易所科创板股票发行与承销实施办法》的相关
规定中止发行。对于预计发行后总市值与申报时市值评估结果存在重大差
异的,保荐机构应当向上海证券交易所说明相关差异情况。

(五)关于部分申请科创板上市的企业尚未盈利或最近一期存在累计
未弥补亏损情形的信息披露要求

1. 原因分析

尚未盈利或最近一期存在累计未弥补亏损的发行人,应结合行业特点
分析并披露此等情形的成因,如:产品仍处研发阶段,未形成实际销售;产品
尚处于推广阶段,未取得客户广泛认同;产品与同行业公司相比技术含量或
品质仍有差距,未产生竞争优势;产品产销量较小,单位成本较高或期间费
用率较高,尚未体现规模效应;产品已趋于成熟并在报告期内实现盈利,但
由于前期亏损较多,导致最近一期仍存在累计未弥补亏损;其他原因。发行
人还应说明尚未盈利或最近一期存在累计未弥补亏损是偶发性因素还是经
常性因素导致。

2. 影响分析

发行人应充分披露尚未盈利或最近一期存在累计未弥补亏损对公司现
金流、业务拓展、人才吸引、团队稳定性、研发投入、战略性投入、生产经营可
持续性等方面的影响。

3. 趋势分析

尚未盈利的发行人应当披露未来是否可实现盈利的前瞻性信息,对其
产品、服务或者业务的发展趋势、研发阶段以及达到盈亏平衡状态时主要经
营要素需要达到的水平进行预测,并披露相关假设基础;存在累计未弥补亏
损的发行人应当分析并披露在上市后的变动趋势。披露前瞻性信息时应当
声明其假设的数据基础及相关预测具有重大不确定性,提醒投资者进行投

资决策时应谨慎使用。

4. 风险因素

尚未盈利或最近一期存在累计未弥补亏损的发行人,应充分披露相关风险因素,包括但不限于:未来一定期间无法盈利或无法进行利润分配的风险,收入无法按计划增长的风险,研发失败的风险,产品或服务无法得到客户认同的风险,资金状况、业务拓展、人才引进、团队稳定、研发投入等方面受到限制或影响的风险等。未盈利状态持续存在或累计未弥补亏损继续扩大的,应分析触发退市条件的可能性,并充分披露相关风险。

5. 投资者保护措施及承诺

尚未盈利或最近一期存在累计未弥补亏损的发行人,应当披露依法落实保护投资者合法权益规定的各项措施,还应披露本次发行前累计未弥补亏损是否由新老股东共同承担以及已履行的决策程序。尚未盈利企业还应披露其控股股东、实际控制人和董事、监事、高级管理人员、核心技术人员按照相关规定作出的关于减持股份的特殊安排或承诺。

(六)关于尚未在境外上市的红筹企业适用上市标准中关于"营业收入快速增长"规定的具体标准把握

尚未在境外上市的红筹企业申请在创业板上市,适用《深圳证券交易所创业板股票发行上市审核规则》和《深圳证券交易所创业板股票上市规则》中关于"营业收入快速增长"规定的,应当符合下列标准之一:

(1)最近1年营业收入不低于人民币5亿元的,最近3年营业收入复合增长率10%以上。

(2)最近1年营业收入低于人民币5亿元的,最近3年营业收入复合增长率20%以上。

(3)受行业周期性波动等因素影响,行业整体处于下行周期的,发行人最近3年营业收入复合增长率高于同行业可比公司同期平均增长水平。

处于研发阶段的红筹企业和对国家创新驱动发展战略有重要意义的红筹企业,不适用"营业收入快速增长"上述要求。

(七)关于信息披露豁免

发行人有充分依据证明拟披露的某些信息涉及国家秘密、商业秘密的,发行人及其保荐人应当在提交发行上市申请文件或问询回复时,一并提交关于信息豁免披露的申请文件(以下简称豁免申请)。

1. 豁免申请的内容

发行人应在豁免申请中逐项说明需要豁免披露的信息,认定国家秘密或商业秘密的依据和理由,并说明相关信息披露文件是否符合招股说明书准则及相关规定要求,豁免披露后的信息是否对投资者决策判断构成重大障碍。

2. 涉及国家秘密的要求

发行人从事军工等涉及国家秘密业务的,应当符合以下要求:

(1)提供国家主管部门关于发行人申请豁免披露的信息为涉密信息的认定文件。

(2)提供发行人全体董事、监事、高级管理人员出具的关于首次公开发行股票并上市的申请文件不存在泄密事项且能够持续履行保密义务的声明。

(3)提供发行人控股股东、实际控制人对其已履行和能够持续履行相关保密义务出具的承诺文件。

(4)在豁免申请中说明相关信息披露文件是否符合《军工企业对外融资特殊财务信息披露管理暂行办法》及有关保密规定。

(5)说明内部保密制度的制定和执行情况是否符合《保密法》等法律法规的规定,是否存在因违反保密规定受到处罚的情形。

(6)说明中介机构开展军工涉密业务咨询服务是否符合国防科技工业管理部门等军工涉密业务主管部门的规定。

(7)对审核中提出的信息豁免披露或调整意见,发行人应相应回复、补充相关文件的内容,有实质性增减的,应当说明调整后的内容是否符合相关规定,是否存在泄密风险。

3. 涉及商业秘密的要求

发行人因涉及商业秘密提出豁免申请的,应当符合以下要求:

(1)发行人应当建立相应的内部管理制度,并明确相关内部审核程序,审慎认定信息豁免披露事项。

(2)发行人的董事长应当在豁免申请文件中签字确认。

(3)豁免披露的信息应当尚未泄漏。

4. 中介机构核查要求

保荐人及发行人律师应当对发行人信息豁免披露符合相关规定、不影响投资者决策判断、不存在泄密风险出具专项核查报告。申报会计师应当对发行人审计范围是否受到限制、审计证据的充分性、豁免披露相关信息是否影响投资者决策判断出具核查报告。

第二节　科创板审核经典案例

一、 未盈利企业、红筹企业及差异表决权架构企业申报案例

科创板相对于主板而言,为企业设立了多元包容的发行上市条件,综合考虑了预计市值、收入、净利润、研发投入、现金流等因素,不要求企业在上市前必须盈利,允许特殊股权结构企业、红筹企业上市。截至 2021 年 8 月 31 日,已有 19 家未盈利企业、2 家特殊股权结构企业、4 家红筹企业在科创板上市。

在科创板上市案例中,泽璟制药(688266)、君实生物(688180)、和辉光电(688538)、金迪克(688670)都尚未实现盈利,采用了第五套上市标准申请上市并注册成功。华润微(688396)、中芯国际(688981)、九号公司(689009)、格科微(688728)均为注册地在境外、主要经营活动在境内的红筹企业,满足《上海证券交易所科创板股票上市规则》第 2.1.3 条设立的上市标准并成功上市。依据《上海证券交易所科创板股票上市规则》第 2.1.4 条和第五节"表决权差异安排"的规定,优刻得(688158)设置了共同实际控制人 5 倍的特别表决权,以实现对公司的经营管理以及对需要股东大会决议的事项具有绝对控制权。精进电动同样设置了特别表决权,根据该安排,公司控股股东北翔新能源所持股份每股拥有的表决权数量为其他股东(包括本次公开发行对象)所持股份每股拥有的表决权的 10 倍。根据公司现行有效的公司章程,通过设置特别表决权,北翔新能源持有公司 65.13% 的表决权,公司实际控制人余平通过北翔新能源、赛优利泽和 Best E-Drive 合计控制 67.47% 的表决权。九号公司(689009)则是结合了表决权差异、VIE 架构、CDR 发行的红筹企业,根据公司章程安排,对于提呈股东大会的决议案,A 类普通股持有人每股可投 1 票,而 B 类股份持股人每股可投 5 票。

二、 报告期内业绩大幅下滑的申报案例

上海证券交易所允许科创板上市公司出现业绩大幅下滑的情形,并要求其根据自身特点,强化对业绩波动、行业风险、公司治理等相关事项的针对性信息披露。优刻得(688158)、龙腾光电(688055)、路德环境(688156)和瑞晟智能(688215)等科创板发行人依照《上海证券交易所科创板股票上市规则》第8.2.3条的规定,在其年度报告中对年度净利润或营业收入同比下降50%以上的具体原因进行了解释,并就其持续经营能力是否存在重大风险进行了分析。

三、存在对赌条款的申报案例

"对赌条款"是指投资方与融资方在达成股权性融资协议时,为解决交易双方对目标公司未来发展的不确定性、信息不对称以及代理成本而设计的包含了股权回购、现金补偿、股权补偿等对未来目标公司的估值进行调整或者回购退出的条款,《九民纪要》对"对赌条款"的法律有效性及实施的可能性进行了积极的解释,但同时对对赌的执行进行了限制,比如与公司对赌的,应以公司减资为前提。

对于目前存在对赌的拟上市企业,应当如何把握监管的尺度?根据2019年中国证监会发行监管部发布的《首发业务若干问题解答》的规定,并结合最近审核的情况来看,监管机构对拟上市企业的股权和经营不允许存在重大不确定因素,如果对赌条款不满足"可以不清理"的条件,则会要求企业在上市前清理对赌条款。

股东间的对赌协议一直是主板IPO审核过程中的红线,证券监管部门对股东特殊权利安排持有比较明确的否定态度。随着实践中对赌条款履行情况的日渐丰富,兼顾上市前投资人和上市后公众股东的权益,监管部门对于对赌协议的态度也根据对赌条款的具体内容而细化区分,而不再一律禁止。2019年3月上海证券交易所(简称上交所)发布《上海证券交易所科创板股票发行上市审核问答(二)》,其中第10条首次明确满足一定条件的对赌协议,可以于申报前不进行清理。

经查询已经在科创板完成注册的企业信息,以终止对赌协议的方式完成对赌协议的清理,加快推进上市进程,仍是大多数企业的选择。绝大多数企业于申报前股东之间即已签署了关于终止对赌协议的相关文件,或对赌

条款本身即约定于公司在科创板上市的申请被受理之日起自动终止,比如艾迪药业(688488)、芯朋微(688508)等。实践中亦有部分企业在申请于科创板上市时,股东之间仅约定中止对赌协议,并约定于特定情形发生后,恢复对赌条款的履行,例如皖仪科技(688600)。针对该等"中止对赌"的约定,监管部门在问询函中进一步要求发行人律师结合《上海证券交易所科创板股票发行上市审核问答(二)》第10条的规定,对发行人在相关协议项下的权利、义务和责任进行说明,并说明发行人不属于对赌当事人的充分性,以及中止条款自动恢复是否符合监管要求。皖仪科技案例中,在反馈问询过程中,股东通过在各方之间另行签署全面终止协议的方式而免去了进一步对监管反馈问询的回复,但从问询意见本身进行解读,如果发行人亦作为回购协议的签署主体,虽然发行人本身没有直接承担回购、款项支付等未能上市或业绩不达标的不利后果,但因该等上市或业绩指标都直接指向发行人,因此监管部门仍要求对发行人是否属于对赌当事人进行充分论证。

实践中亦有个别企业,在股东之间仍存在有效的对赌协议的情况下完成了科创板的注册。比如埃夫特(688165)。在该案例中,睿博投资为发行人第五大股东,持有发行人股份的比例为11.61%,并与发行人控股股东签署了《一致行动人协议》。睿博投资于2019年4月12日分别与深创投、红土丝路创投、红土智能创投签署《股份转让协议》,将其所持发行人合计0.33%股份转让给深创投、红土丝路创投、红土智能创投,并约定若发行人未能于交割日起3周年内完成合格IPO(指在国内主板、中小板、创业板、科创板上市),睿博投资予以回购。

在埃夫特首发的法律意见书中,律师认为虽然上述条款仍然有效,可能导致股权结构发生变更,但由于涉及对赌的股份比例仅为0.33%,且发行人和控股股东并非协议当事人,不存在可能导致发行人控制权变更的情形;同时,因为回购条款不与发行人市值挂钩,亦不存在严重影响发行人持续经营能力或者其他严重影响投资者权益的情形。发行人律师认为上述回购安排对发行人本次发行上市不构成实质性障碍。因此,在本案例中,发行人在股东之间存在对赌回购安排的情况下,仍然成功在科创板完成注册。

通过上述案例分析可以看出:科创板注册审核中仍然以要求清理对赌协议为原则,但如果发行人、保荐机构和发行人律师根据上交所的要求详细说明发行人股东之间的对赌协议,能够完全满足《上海证券交易所科创板股票发行上市审核问答（二）》问答 10 中所要求的不清理条件，即：发行人不作为对赌协议当事人；对赌协议不存在可能导致公司控制权变化的约定；对赌协议不与市值挂钩；对赌协议不存在严重影响发行人持续经营能力或者其他严重影响投资者权益的情形，那么股东之间即使存在未清理的对赌协议，亦可以成功完成科创板的注册，且目前已有成功注册案例。

四、报告期内存在重大诉讼的申报案例

晶丰明源（688368）和敏芯电子（688286）在上市时，分别就其新增的重大诉讼在指定信息披露平台进行了公示，说明了案件受理情况和基本案情、诉讼请求、判决结果及执行情况、诉讼案件对发行人的影响等事项。禾迈股份 2021 年 7 月通过科创板上市委员会审核，其在招股说明书和一轮问询中充分披露了未决诉讼的具体情况和案件进展。2020 年 9 月 3 日，极米科技（688696）在报告期间就专利侵权诉讼，与光锋科技（688007）签署专利许可协议和战略合作协议，并于 2021 年 3 月 3 日在科创板成功上市。根据《上海证券交易所科创板股票上市规则》第 9.3.1 条的规定，上市公司应当及时披露重大诉讼、仲裁。根据《科创板首次公开发行股票注册管理办法（试行）》第十二条等相关规定，发行人在发生对其持续经营有重大不利影响的诉讼时，可能对上市构成实质性障碍。

五、涉及商业模式稳定性论证的申报案例

根据《上海证券交易所科创板股票发行上市审核规则》第 3 条的规定，发行人需要满足商业模式稳定的条件。步科股份（688160）在招股说明书中通过说明其核心技术的竞争力、与客户和供应商稳定的合作关系，以及公司整体销售收入的稳定增长，论证了步科股份具有稳定的商业模式。寒武纪（688256）作为一家专注于各类型人工智能芯片产品开发的企业，其公司运营时间较短，业务结构和商业模式处在发展变化中；且人工智能芯片技术仍处于发展的初期阶段，未来公司仍将推出新产品和经营与人工智能芯片相关的新业务。但从核心技术的角度出发，寒武纪认为其未来的商业模式以及收入来源将趋于稳定，2020 年上半年，寒武纪申请了 204 项专利，获得授权的专利有 110 项，其中，发明专利 94 项、实用专利 12 项、外观设计专利 4 项。此外，寒武纪还新获得了 6 项软件著作权、2 项集成电路布图设计。格科微（688728）为全球领先的半导体和集成电路设计企业之一，主营业务为

CMOS 图像传感器和显示驱动芯片的研发、设计和销售。截至 2020 年 3 月 31 日,公司已获得的境内授权专利达到 288 项,境外授权专利 12 项,其中已获授权发明专利共 150 项,均为主营业务产品 CMOS 图像传感器及显示驱动芯片相关技术。且通过不断研发投入对专利进行更新迭代,具有较高的技术壁垒以及较长的生命周期和持续商业化的能力。针对专利,公司建立了完善的专利保护制度。

六、涉及"三类股东"、国有股权设置的申报案例

天智航(688277)共有 137 名股东,其中 39 名为机构股东,上海证券交易所在第二轮问询中要求其对是否存在契约性基金、信托计划、资产管理计划等"三类股东"情形进行说明。经天智航说明并提供相应的资质证书,39 家机构股东有 4 家基金管理人、1 家证券直投子公司的下属机构、19 家私募基金、2 家证券公司直投基金、2 家员工持股平台以及 11 家非私募投资基金公司或有限合伙企业。亿华通(688339)同样被上海证券交易所问及"三类股东"问题,依据《上海证券交易所科创板股票发行上市审核问答》的规定,亿华通在其招股说明书中对其 10 家法人股东和 28 家合伙企业股东的性质及资质进行了充分披露。

天智航和亿华通的股权设置同时涉及国有股权的事项,上海证券交易所对两家企业及其子公司历史沿革中的国有资产流转合规性均进行了问询,要求披露国有资产历次增资入股以及股权转让是否合法合规,是否履行了必要的上级部门审批、评估、转让的程序,以及是否符合《企业国有资产监督管理暂行条例》等相关法律法规的规定。

瑞可达(688800)同样也在上海证券交易所第一轮和第二轮问询中被问及"三类股东"问题,瑞可达股东中存在 5 名"三类股东",其中游马地 5 号、中鼎创富、软财富时代二号为开放式契约型基金,瑞可达通过披露前述"三类股东"形成具体情况、过渡期安排、对持续经营的影响、整改承诺,以此论证其符合相关监管要求。

七、知识产权无法满足研发要求的申报案例

知识产权作为科技型公司核心技术和创新的重要指标,成了众多上市企业的拦路虎。这些企业一是未能通过证监会和上交所的知识产权审核,二是上市过程中遭遇竞争对手的知识产权诉讼阻击。《科创属性评价指引

（试行）》第 1 条即对拟上市企业所需要达到的研发能力提出了一定的要求，比如最近 3 年研发投入占营业收入比例 5%以上等指标。达不到前述指标，或仅从表面而言具有多项专利但是实际上无法满足研发能力的企业，不一定能通过上市委员会的审核。

以珈创生物为例，珈创生物在上市之初，与主营业务收入有关的发明专利有 14 项之多，然而上市委员会通过核查发现其自主研发的只有 4 项。上市委员会基于此高度怀疑珈创生物的自主研发能力，多次要求珈创生物对此作出合理解释，但珈创生物的多次回复都未能让上市委员会满意。最终，珈创生物科创板上市被否。

八、行政处罚较多，内控存在缺陷的申报案例

根据《首次公开发行股票并上市管理办法》的规定，发行人最近 36 个月内不得有违反工商、税收、土地、环保、海关以及其他法律、行政法规，受到行政处罚，且情节严重的情形。《科创板首次公开发行股票注册管理办法（试行）》规定，发行人的董监高不得存在最近 3 年内受到中国证监会行政处罚的情形。

对于 A 股资本市场而言，企业的行政处罚事项可能对项目的成败产生重大影响。在科创板上市案例中，上海康鹏科技股份有限公司（简称"康鹏科技"），曾因公司及其子公司存在较多行政处罚，在审期间频繁出现安全事故和环保违法事项，使重要子公司破产，从而导致公司重要业务及经营业绩大幅下滑，被科创板上市委员会认为不符合《科创板首次公开发行股票注册管理办法（试行）》第 11 条的规定，从而上市失败。

九、涉及同业竞争的申报案例

"同业竞争"是资本运作的"红线"之一，也是监管部门核查的重点。所谓同业竞争，是指公司所从事的业务与其控股股东、实际控制人及其所控制的企业所从事的业务相同或近似，双方构成或可能构成直接或间接的竞争关系。

在同业竞争方面，中国证监会对拟上市的企业的要求是（原则上）禁止同业竞争。拟上市企业如存在同业竞争，应当根据《科创板首次公开发行股票注册管理办法（试行）》《公开发行证券的公司信息披露内容与格式准则第 41 号——科创板公司招股说明书》的有关规定，披露同业竞争的内容：如避

免同业竞争承诺的作出及履行情况,对存在相同、相似业务的,发行人应对是否存在同业竞争做出合理解释以及避免同业竞争有关措施的有效性发表意见。

振华新材(688707)于2021年6月上市时,科创板上市委员会就因为其实际控制人中国振华电子集团有限公司直接及间接控制的企业较多,其中从事和振华新材主营业务相同或相似业务的企业很多,所以对同业竞争的事宜进行了问询,企业的发行人律师论述了振华新材与其同业竞争者之间客户相互独立,业务模式存在区别,不存在客户引流情况,同时承诺已制定避免同业竞争的相关充分、有效、可执行的具体措施,最终被科创板上市委员会认可。

依据《上海证券交易所科创板股票发行上市审核问答》的相关规定,三生国健(688336)、心脉医疗(688016)、西部超导(688122)、威胜信息(688100)、铁建重工(688425)和振华新材(688707)均受到了上海证券交易所关于同业竞争事项的相关问询,通过论证发行人与其实际控制人控制的其他企业之间在主营产品的分类、生产工艺和核心设备、产品的形态和用途、下游客户、技术储备和发展方向等方面存在较大差异,6家企业均认为自身不存在构成重大不利影响的同业竞争并最终成功过会。

十、涉及关联交易的申报案例

《科创板首次公开发行股票注册管理办法(试行)》第12条要求发行人不存在严重影响独立性或者显失公平的关联交易。依据证监会发布的《公开发行证券的公司信息披露内容与格式准则第41号——科创板公司招股说明书》,海尔生物(688139)、石头世纪(688169)、科前生物(688526)、山大地纬(688579)、天微电子(688511)、金迪克(688670)、华依科技(688071)、唯赛勃(688718)在其招股说明书中及相关申报文件中对其报告期内关联方名称、交易内容、交易价格的确定方法、交易金额、占当期营业收入或营业成本的比重、占当期同类型交易的比重及关联交易增减变化的趋势、与交易相关应收应付款项的余额及增减变化的原因,以及上述关联交易是否仍将持续进行等事项进行了充分披露,并说明该等关联交易不存在严重影响公司独立性或显失公平的情形。

十一、涉及反垄断、反不正当竞争行为的申报案例

2021年初,中共中央办公厅、国务院办公厅印发《建设高标准市场体系

行动方案》,主张全面完善公平竞争制度,加强和改进反垄断与反不正当竞争执法,加强新业态领域反垄断规制。在资本市场领域,上市委员会对反不正当竞争行为的审核愈发严格。所谓反不正当竞争,在法律上是指经营者在生产经营活动中,违反本法规定,扰乱市场竞争秩序,损害其他经营者或者消费者的合法权益的行为,主要包括混淆行为、商业贿赂、虚假宣传、侵害商业秘密、不正当有奖销售、商业诋毁、互联网不正当竞争、违反诚信之不正当竞争行为。

对于医药企业而言,仪器及试剂的捆绑销售模式在医疗器械行业中较为普遍,科创板上市委员会近两年在对浩欧博、热景生物、硕世生物的问询中也提到了该问题。这是因为"仪器＋试剂"销售模式主要涉及两个关键问题,即是否构成①《反垄断法》下的强制搭售,及②《反不正当竞争法》下的商业贿赂。

就反垄断而言,企业投放设备的成本必然要通过后续试剂销售收回,则企业前期投放的设备可能被视为后期销售试剂的搭售产品。根据《反垄断法》的规定,禁止具有市场支配地位的经营者滥用市场支配地位,没有正当理由搭售商品,或者在交易时附加其他不合理的交易条件。对于是否构成强制搭售,企业应当适当从企业在目前领域是否具有市场支配地位、仪器和试剂搭配使用具有客观关联性、设备投放与试剂销售属不同的独立协议、企业并未强制经销商或终端客户购买其试剂或设定最低采购限额等方面,来衡量企业目前的销售模式是否违反《反垄断法》的相关规定。

对于商业贿赂而言,"仪器＋试剂"的销售模式下,企业是否构成对医院等终端客户的商业贿赂,主要标准是是否以"明示"方式进行,即是否在合同中明确约定,及是否在财务账簿中如实记录。因此,企业无论以何种形式,均不得以赠予方式将设备投放给终端用户,以赠予之外的其他方式投放的,也应当如实在合同中约定并在财务账簿中记录。

十二、涉及会计差错更正的申报案例

根据《上海证券交易所科创板股票发行上市审核问答(二)》第 16 条规定,首发材料申报后,如发行人同一会计年度内因会计基础薄弱、内控不完善、必要的原始资料无法取得、审计疏漏等原因,除特殊会计判断事项外,导致会计差错更正累积净利润影响数达到当年净利润的 20% 以上(如为中期

报表差错更正则以上一年度净利润为比较基准)或净资产影响数达到当年
(期)末净资产的 20% 以上,以及滥用会计政策或者会计估计并因恶意隐瞒
或舞弊行为导致重大会计差错更正的,应视为发行人在会计基础工作规范
及相关内控方面不符合发行条件。

2019 年 8 月 30 日,证监会发布公告,不予同意恒安嘉新(北京)科技股
份公司首次公开发行股票注册。由此,恒安嘉新成为科创板试点注册制下
IPO 被否的第一单。根据证监会发布的公告,其核心问题是公司对 4 个重大
合同收入确认时点进行调整。证监会认为,"发行人将该会计差错更正认定
为特殊会计处理事项的理由不充分,不符合企业会计准则的要求,发行人存
在会计基础工作薄弱和内控缺失的情形"。

诺泰生物(688076)报告期内曾出现多次前期差错更正,其中一次涉及
25 个科目会计差错更正及追溯调整。诺泰生物通过论证其会计差错更正的
发生原因、对财务报表的影响以及相关内控设计和执行情况、整改效果等,
说明对财务报表不存在重大影响,不存在会计基础工作不规范、内控制度薄
弱的情形。

十三、带股权激励方案申报案例

根据《上海证券交易所科创板股票上市规则》和《上海证券交易所科创
板股票发行上市审核问答》,科创板拟上市公司可以带期权激励方案上市。
格科微(688728)带着期权方案 IPO,上海证券交易所对此问询了其股权激励
方案计划和实施是否符合《审核问答》第 12 号的要求,包括激励对象、激励计
划的必备内容与基本要求、激励工具的定义与权利限制、行权安排、回购或
终止行权、实施程序等。

十四、分拆上市申报案例

从监管层对上市公司分拆上市的审核问询情况来看,独立性、关联交
易、同业竞争、分拆流程的合规性、投资者权益保护等方面是监管关注的重
点。第一,发行人需要具备独立经营能力,这涉及子公司资产、业务、人员、
财务等多个方面。第二,母公司和子公司之间不得存在关联交易、利益输送
风险,需要对上下游关联交易定价公允性等问题作出风险评估。第三,母公
司与子公司之间不得存在同业竞争,需要就业务、供应商、客户等同业竞争
关系作出风险评估。第四,分拆流程要合法合规,必须履行决策、审批等相

关法定程序。第五,分拆上市过程中,不能存在内部交易、虚假信息披露、概念炒作等侵害投资者合法权益的违法违规行为。

厦钨新能(688778)分拆自厦门钨业(600549.SH),于 2021 年 8 月在科创板 IPO 上市。铁建重工(688425)分拆自铁建股份(601186.SH;1186.HK),于 2021 年 6 月在科创板 IPO 上市,为 A 股首单央企分拆子公司上市案例;复旦微电(688385)分拆自港股上市公司上海复旦(01385.HK),于 2021 年 8 月在科创板 IPO 上市。

十五、相关被否案例

【案例 2-1】精英数智

2020 年 9 月 1 日,科创板上市委员会 2020 年第 68 次审议会议否决了精英数智科技股份有限公司的发行上市申请。精英数智科技股份有限公司是一家为煤炭等高危行业提供以自主软件为主的安全生产监测及管理整体解决方案的高新技术企业,产品和服务面向煤矿等高危行业企业、安全监管部门、保险及安全服务机构。

科创板上市委员会在审核中重点关注了如下事项:根据发行人披露,发行人业务主要采用项目服务商模式,项目服务商起到协调客户和发行人关系、顺利推进项目并回款等职能。报告期内发行人向项目服务商支付的项目服务费金额分别为 1 411.94 万元、2 769.52 万元、5 743.10 万元。发行人项目服务费一般以项目毛利率、所属区域的市场竞争情况、市场成熟度和项目实施复杂度为依据确定费用,项目服务费与销售合同金额之间不具有稳定的量化关系。审核重点关注:通过项目服务商协助销售的商业合理性以及与最终达成销售交易价格的关系,相关内控制度是否健全有效,是否存在商业贿赂、利益输送或体外资金循环的情形。

科创板上市委员会审议认为:"发行人未能充分、准确披露项目服务商所提供服务的内容、项目服务费的计费标准及确定方式,与项目服务商合作的相关内部控制不够健全,不符合《科创板首次公开发行股票注册管理办法(试行)》第五条、第十一条的规定;不符合《上海证券交易所科创板股票发行上市审核规则》第十五条、第二十八条的规定。"

【案例 2-2】兴嘉生物

2020 年 11 月 26 日,科创板上市委员会 2020 年第 110 次审议会议否决了长沙兴嘉生物工程股份有限公司的发行上市申请,兴嘉生物成为 2020 年第二家被科创板上市委员会否决的公司。兴嘉生物成立于 2002 年,主要从事矿物微量元素的研发生产,核心技术和产品主要应用于动物营养领域和植物营养领域。

上市委员会会议提出问询的主要问题包括:

(1)请发行人代表:①说明新产品研发及饲喂效果验证的流程;②说明如何区分新产品研发支出的量产产品的成本;③分析发行人所持发明专利与核心技术、主营业务收入的相关性;④说明包括董事长、总经理在内的管理团队成员参与研发项目的情况;⑤结合发行人在审核期间将部分工资支出由研发投入改列为管理费用的情况,说明对研发投入的会计核算是否准确、合理。请保荐代表人发表明确意见。

(2)请发行人代表说明:①经销商的终端销售及期末存货情况,经销商是否根据其终端客户的需求向发行人采购,国外经销商期末库存情况,经销商期末库存水平是否合理;②上述情形是否受到 2020 年新冠肺炎疫情的影响而发生重大变化;③报告期内,是否存在通过放宽信用政策促进销售、利用经销商囤货提前确认收入的情形,发行人披露的各期营业收入是否真实准确。请保荐代表人说明对境外经销商期末存货、报告期内销售收入的核查情况,包括但不限于是否受到疫情影响而未能进行现场访谈,该等情形是否对销售真实性的核查造成不利影响,并发表明确意见。

(3)请发行人代表结合发行人在审核期间修改关于自身行业属性、专利数量等表述的情况,说明发行人是否已按照注册制的要求,对自身的科创板定位进行合理的评价,相关信息披露是否充分、准确。请保荐代表人发表明确意见。

科创板上市委员会审议认为:"发行人的行业归属和多项科创属性指标,包括研发投入和发明专利数量等信息披露前后不一致。发行人在审核期间,曾修改其研发费用中的高管薪酬列支情况,表明其关于研发投入的内部控制存在缺陷。相关信息披露未能达到注册制的要求,不符合《科创板首次公开发行股票注册管理办法(试行)》第五条、第十一条、第三十四条和第三十九条的规定;不符合《上海证券交易所科创板股票发行上市审核规则》第五条、第二十八条的规定。"

【案例 2-3】康鹏科技

2021年3月17日,科创板上市委员会2021年第18次审议会议否决了上海康鹏科技股份有限公司的发行上市申请。上海康鹏科技股份有限公司是一家含氟精细化学品制造商,主营业务为显示材料、新能源电池材料及电子化学品、功能性材料及其他特殊化学品(医药化学品、有机硅材料等)。

上市委员会会议现场问询问题:

(1)根据申请文件,泰兴康鹏与发行人被同一实际控制人控制,前者因委托无资质方处置危险废物构成污染环境罪。请发行人代表说明:①泰兴康鹏上述犯罪行为相关业务与发行人业务是否紧密关联,发行人与其外协定价是否公允,上述模式是否降低了泰兴康鹏和发行人相应的环保成本和风险;②发行人实际控制人是否对泰兴康鹏犯罪行为存在管理或其他潜在责任,此后将泰兴康鹏剥离给张时彦是否存在关联交易非关联化情形;③相关重组及兰州康鹏的业务是否会导致新的环保和安全生产风险,增加相应的成本费用。请保荐代表人发表明确意见。

(2)根据申请文件,发行人报告期及在审期间发生多起安全事故和环保违法事项,导致重要子公司停工停产,进而导致公司重要业务和经营业绩大幅下滑。请发行人代表说明:①衢州康鹏停工停产的原因及标准,是否与事故发生在核心生产环节、受处罚严重程度有关;②发行人及包括衢州康鹏、上海万溯、浙江华晶在内的重要子公司生产技术、安全和环保管理、资质等相关内控是否存在重大缺陷,相关整改是否完毕;③发行人业务是否存在高污染、高环境风险事项及相应的内控措施。请保荐代表人发表明确意见。

(3)根据申请文件,发行人转让万溯众创100%股权的直接目的是转让相关不动产。请发行人代表说明该次交易是否需要缴纳土地增值税,是否存在被追缴风险。请保荐代表人发表明确意见。

科创板上市审核中心在审核问询中重点关注了以下事项:在审核期间发行人重要子公司衢州康鹏连续发生两起安全事故导致长时间停产、子公司浙江华晶由于废气排放问题被衢州生态环境局罚款、衢州康鹏安全事故导致的资产损失和减值及业绩下滑等事项,以及相关事项对发行人内控有效性及持续经营能力的影响。

科创板上市委员会审议认为:"根据申请文件,报告期内发行人及其子公司存在较多行政处罚,在审期间频繁出现安全事故和环保违法事项,导致重要子公司停工停产,进而导致公司重要业务及经营业绩大幅下滑,发行人在内控方面存在缺陷,不符合《科创板首次公开发行股票注册管理办法(试行)》第十一条的规定。"

【案例 2－4】汇川物联

2021 年 3 月 18 日,科创板上市委员会 2021 年第 19 次审议会议否决了福建汇川物联网技术科技股份有限公司的发行上市申请。汇川物联是一家通过自主研发的软、硬件技术,专业为行业质量安全生产远程视频智能监管提供整体解决方案的物联网科技企业。同时,根据客户不同的实际需求,公司还直接向客户销售智能硬件设备和系统集成产品等。

上市委员会会议现场问询问题:

(1)请发行人代表说明:①发行人前财务经理陈剑钗于发行人申报上市期间离职的原因,是否存在离职补偿或其他形式的补偿,以及未提供全部账户流水的原因;②实际控制人与其亲友往来款项中是否存在最终流入发行人客户的情况。请保荐代表人发表明确意见。

(2)请发行人代表说明发行人业务实质与物联网定位是否相符,发行人公司名称使用物联网字样是否会对投资人造成误导。请保荐代表人发表明确意见。

(3)请发行人代表说明申报期受让的专利与发行人的主营业务直接相关的表述是否真实、准确。请保荐代表人发表明确意见。

(4)请发行人代表结合目前的行业监管政策变化,说明发行人的行业空间和市场份额是否具有稳定性,发行人是否具有直接面向市场独立持续经营的能力。请保荐代表人发表明确意见。

科创板上市审核中心在审核问询中重点关注了以下事项:一是发行人物联网行业的认定依据及理由;二是专利与公司核心技术及主营业务的相关性,以及认定技术先进性的依据是否审慎、客观;三是发行人业务集中在福建省内,相关行业政策变化对持续经营的影响。

科创板上市委员会审议认为:"根据申请文件,发行人对其物联网业务实质、核心技术及技术先进性的信息披露不充分、不准确,不符合《科创板首次公开发行股票注册管理办法(试行)》第五条、第三十四条及第三十九条的规定,不符合《上海证券交易所科创板股票上市审核规则》第十五条、第十九条及第二十八条的规定。"

【案例 2－5】珈创生物

2021 年 4 月 29 日,科创板上市委员会 2021 年第 27 次审议会议否决了武汉珈创生物技术股份有限公司的发行上市申请。珈创生物是一家为生物制品企业、医疗机构、科研院所提供细胞建库与保藏、细胞检定、生产工艺病毒去除/灭活验证及相应生物安全评估第三方服务的高新技术企业,目前提供的检测服务为细胞检定、生产工艺病毒去除/灭活验证。

上市委员会会议现场问询问题:

(1)请发行人代表:①结合《中华人民共和国药典》对相关检测工作内容、检测技术原理及方法等的描述,说明发行人主要从事的细胞检定业务的性质、技术通用性及稳定性、相关仪器及设备在其中所起的作用;②对比同行业检测机构,说明发行人所从事的该项业务的主要技术壁垒,分析发行人与同行业可比检测机构在检测技术上是否存在重大差异;③结合发行人部分核心技术专利由外部机构受让取得、发行人的自行研发投入较少、技术人员较少且人数在报告期内发生过较大波动等情况,论证发行人是否具有突出的创新能力。请保荐代表人发表明确意见。

(2)请发行人代表说明:①发行人所持《检验检测机构资质认定证书》(CMA 认证)和《湖北省生物安全实验室备案凭证》(BSL－2)等资质是否为发行人从事主营业务所必备;②鉴于该等资质将于 2022 年到期,一旦无法续期是否将对发行人的持续经营能力造成重大不利影响。请保荐代表人发表明确意见。

(3)请发行人代表说明是否存在将非研发费用计入研发费用的情形,以及研发费用相关的内部控制是否完善。请保荐代表人发表明确意见。

科创板上市审核中心在审核问询中重点关注了以下事项:一是发行人按照《中华人民共和国药典》开展细胞检定等业务,发行人核心技术与《中华人民共和国药典》的关系;二是发行人外购仪器与核心技术的关系;三是发行人外购发明专利及核心技术的具体体现;四是报告期内研发费用和研发人员变动的原因。

科创板上市委员会审议认为:"根据申请文件,发行人未能充分披露核心技术的先进性,相关信息披露不符合《科创板首次公开发行股票注册管理办法(试行)》第五条、第三十九条的规定;不符合《上海证券交易所科创板股票发行上市审核规则》第十五条、第十九条等规定。"

【案例 2－6】赛赫智能

2021 年 7 月 22 日,科创板上市委员会 2021 年第 49 次审议会议否决了赛赫智能设备(上海)股份有限公司的发行上市申请。赛赫智能的主营业务为汽车车身成型系统、总装系统的研发、生产、销售。主要产品包括车身成型系统、车轮装配与检测系统、其他整车总装与整车下线检测系统等三类。

上市委员会会议现场问询问题:

(1)请发行人代表说明是否已向合肥市肥东县人民政府提交关于延后发行人对爱斯伯特出资期限的申请,预计何时可以获得肥东县人民政府的相关批复,是否存在实质性障碍。若无法及时获得上述批复,发行人是否面临丧失对爱斯伯特控制权的风险,以及是否对发行人的经营业绩构成重大不利影响? 请保荐代表人发表明确意见。

(2)请发行人代表说明发行人与兴业银行上海陆家嘴支行所签备忘录的法律效力,发行人获得兴业银行授信是否存在不确定性。同时,根据顾村镇政府及宝山区经济委员会出具的《关于协助申请〈宝山区加快建设上海科创中心针对促进产业高质量发展政策〉的情况说明》,发行人获得相应财政补贴是否具备确定性。如果发行人无法获得兴业银行授信贷款及相应财政补贴,发行人是否会面临重大偿债风险,是否影响发行人的持续经营能力。请保荐代表人发表明确意见。

(3)请发行人代表说明如果其未能按时支付与收购 Expert 相关或有对价的违约责任和法律后果,以及如果 CMBC 并购贷款未能按时偿还,CMBC 行使股份质押权的法律后果,是否存在发行人丧失对相关境外子公司控制权的风险,进而对发行人的持续经营能力产生重大不利影响。请保荐代表人发表明确意见。

(4)请发行人代表说明在《招股说明书》中,对相关子公司股份质押及其风险未在"重大事项提示""风险因素""重大合同"章节进行披露的原因,并说明是否符合《公开发行证券的公司信息披露内容与格式准则第 41 号——科创板公司招股说明书》的信息披露要求。请保荐代表人发表明确意见。

(5)请保荐代表人说明对发行人研发费用归集方面的核查情况,发行人研发投入占比是否符合科创板上市条件,相关信息披露事项是否符合《上海证券交易所科创板股票发行上市审核规则》的要求。

科创板上市审核中心在审核问询中重点关注了以下事项:一是发行人的偿债能力和偿债风险,发行人主要资产均已被质押和抵押;二是发行人研发投入中研发领料和研发人工工时核算的准确性。

科创板上市委员会审议认为:"发行人存在重大偿债风险和重大担保风险,对发行人持续经营构成重大不利影响,不符合《科创板首次公开发行股票注册管理办法(试行)》第十二条第(三)款的规定;同时,发行人有关研发投入核算的信息披露不符合《上海证券交易所科创板股票发行上市审核规则》第二十八条的规定。"

【案例2-7】天地环保

2021年9月3日,科创板上市委员会2021年第63次审议会议否决了浙江天地环保科技股份有限公司的发行上市申请。天地环保主要从事大气污染治理业务及固废处理业务,业务范围包括超低排放及VOCs整体解决方案、船舶脱硫系统研发与制造、脱硫特许经营、固体废弃物综合利用以及催化剂研发与生产、水处理等。从方案咨询、工艺设计、产品研发、组织施工、安装调试,到配套催化剂、环保建材的生产等。

上市委员会会议现场问询问题:

(1)请发行人代表结合具体生产经营模式和细分工序环节说明:报告期固废处理业务收入、脱硫特许经营收入、以总额法确认的与施工分包和船厂改装相关的船舶脱硫系统收入和大气污染治理综合解决方案收入是否属于核心技术相关收入,是否依靠核心技术经营,上述业务所涉技术是否具有先进性。请保荐代表人说明对船舶脱硫系统业务的核查方式,说明《招股说明书》对核心技术先进性及其收入占比的披露是否准确。

(2)根据申请文件,报告期固废处理业务公司向关联方采购粉煤灰及脱硫石膏等固体废弃物金额占同类交易比例为98.03%、99.21%和98.82%,大气污染治理综合解决方案关联销售占同类交易的比例为92.01%、74.25%和73.98%;脱硫特许经营全部为关联电厂服务且报告期委托关联电厂经营。相关业务毛利率高于同类非关联业务或其他可比公司相应毛利率。请保荐代表人对上述交易的公允性及发行人相关业务的独立性发表明确意见。

(3)请发行人代表结合在手订单及执行情况说明:①报告期内发行人船舶脱硫业务收入是否源于限硫令生效实施前后船东抢装带来的阶段性收入,随着限硫令正式实施是否存在持续经营风险;②报告期发行人大气污染治理综合解决方案业务收入持续下滑,VOCs治理市场订单储备较少,无计划承接其他脱硫特许经营项目,上述业务是否存在持续经营风险。请保荐代表人结合行业变化及政策执行情况发表明确意见。

（4）请发行人代表结合浙能迈领船舶脱硫业务 2018 年、2019 年在手订单及执行周期、2019 年和 2020 年实现净利润情况说明：①浙能迈领于 2019 年 6 月实施员工股权激励的评估方法是否适当，价格是否公允，是否涉及国有资产流失及股份支付；②入股价格等相关事项确定程序是否符合国有控股混合所有制企业开展员工持股试点相关规定。请保荐代表人发表明确意见。

科创板上市审核中心在审核问询中重点关注了以下事项：一是技术先进性，公司主要从事大气污染治理业务及固废处理业务，相关技术较为成熟；二是关联交易公允性及相关业务的独立性；三是船舶脱硫业务的稳定性和可持续性。

科创板上市委员会审议认为："根据申请文件，发行人未能充分、合理说明：报告期内固废处理、脱硫特许经营、与施工分包和船厂改装相关的船舶脱硫系统和大气污染治理综合解决方案等业务和经营环节所涉技术是否具有先进性；上述业务所涉关联交易的公允性及相关业务的独立性。发行人本次发行上市申请文件信息披露不符合《科创板首次公开发行股票注册管理办法（试行）》第五条、第三十四条的规定，不符合《上海证券交易所科创板股票发行上市审核规则（2020 年修订）》第二十八条的规定。"

【案例 2－8】吉凯基因

2021 年 9 月 22 日，科创板上市委员会 2021 年第 71 次审议会议否决了上海吉凯基因医学科技股份有限公司的发行上市申请。吉凯基因主要从事靶标发现相关业务，为客户提供靶标筛选及验证服务并同时自主开展靶标筛选验证和新药研发，客户主要为研究型医生以及高等院校、科研院所研究者等；同时，公司也从事医学检测服务业务、科研仪器和耗材销售业务。

上市委员会议现场问询问题：

（1）请发行人代表说明：①发行人提供服务的可替代性；②发行人靶标筛选和验证方面的核心技术是否是行业内常规技术，是否具备较高的技术壁垒；③CHAMP 平台和细胞治疗平台目前研发的产品大部分是否针对常规成熟靶点，发行人的技术优势和相应的研发能力。请保荐代表人对发行人的技术先进性和科技创新能力发表明确意见。

（2）根据申请文件，同行业可比公司的主要客户为制药企业、生物技术公司等,而发行人的主要客户为研究型医生等个人客户。请发行人代表说明:①研究型医生是否国内从事靶标发现研究的主流群体,其采购发行人产品是否涉及买卖数据、数据造假、编造研究过程等医学科研诚信事件;②报告期各期公司销售费用率远高于同行业公司的原因及合理性,报告期第三方回款占营业收入比例在50%以上的原因及合理性。请保荐代表人发表明确意见。

(3)根据申请文件,发行人报告期持续亏损且亏损幅度扩大,毛利率持续下降,期间费用率远高于同行业可比公司。请发行人代表说明:①靶标筛选及验证服务业务收入下降幅度较大的原因;②公司服务的群体特殊且范围有限,公司经营情况改善是否有核心技术和市场空间方面的支撑;③公司2020年12月确认的向普米斯生物转让项目收入是否符合收入确认条件,公司是否符合《科创属性评价指引》对收入及增长率的要求。请保荐代表人对公司的持续经营能力发表明确意见。

科创板上市审核中心在审核问询中重点关注了以下事项:一是发行人拥有的核心技术与行业内常规技术的关系,发行人核心技术是否具有先进性;二是目前发行人靶标筛选和验证业务的主要客户为研究型医生,对相关业务未来市场空间和成长性的影响;三是报告期内持续亏损,发行人未来发展的变化趋势和影响因素。

科创板上市委员会审议认为:"发行人没有充分披露其核心技术是否具有先进性、相关业务的成长性和潜在市场空间及对持续经营能力的影响。不符合《科创板首次公开发行股票注册管理办法(试行)》第五条、第三十四条、第三十九条以及《上海证券交易所科创板股票发行上市审核规则》第十五条、第二十八条等规定的信息披露要求。"

十六、 主动撤回案例

【案例 2-9】微众信科

2021年2月1日,深圳微众信用科技股份有限公司因发行人及其控股股东、实际控制人涉嫌贪污、贿赂、侵占财产、挪用财产或者破坏社会主义市场经济秩序的犯罪,或者涉嫌欺诈发行、重大信息披露违法或其他涉及国家安全、公共安全、生态安全、生产安全、公众健康等领域的重大违法行为,被立案调查或者被司法机关立案侦查,尚未结案,根据《审核规则》第六十四条

（一）的规定，交易所中止①其发行上市审核。

2021年4月15日，深圳微众信用科技股份有限公司因发行人撤回发行上市申请或者保荐人撤销保荐，根据《审核规则》第六十七条，交易所终止②其发行上市审核。

公司作为信用科技服务商，主要提供征信科技、风险决策、信用科技一体化等产品和服务。公司主要为银行业金融机构提供信贷场景下的企业征信报告、信贷风险决策系统、信贷一体化解决方案等信用科技产品和服务，助力银行打造纯信用、线上化、自动化、批量化、智能化的中小微企业信贷产品。同时，公司还为非银行客户提供商业交易场景下的企业认证产品和交易核验产品等信用科技产品。

上市委员会现场问询问题：

（1）请发行人代表说明：①发行人征信业务所应用的数据来自供应商采集方式和来自客户提供方式的比例；②数据采集服务供应商所采集数据的具体要求和主要内容，数据采集服务供应商是否具有国家规定的数据采集资质，数据采集的合法和合规性如何保障；③如有客户提供的数据，其应用是否有相关合规应用和管理的要求，如有，后续如何查验合规性；④对服务对象的资质是否有根据相关法规的验证操作，发行人本身以及向发行人提供数据的机构，获得数据是否存在法律风险。请保荐代表人发表明确意见。

（2）请发行人代表：①结合相关技术指标，说明发行人的技术先进性，并分析发行人运用8项发明专利支撑11项核心技术的合理性；②对照所引用的学术刊物，说明"信用科技"等术语的定义是否准确且为相关国际国内学术界所普遍接受；③结合监管部门最新发布的《网络小额贷款业务管理暂行办法（征求意见稿）》（"征求意见稿"），分析在日益复杂的宏观经济形势下，日趋从紧的金融监管环境是否会对发行人的业务拓展前景乃至持续经营能力构成重大不利影响。请保荐代表人发表明确意见。

（3）发行人实际控制人孙淏添于2019年12月30日签署声明书，明确表示其会在股东大会上对回购减资事项投反对票，致使减资事项无法通过，同时孙淏添会与投资者协商由其承担回购义务，上述声明亦是其在投资协

---

① 中止：暂时停止。
② 终止：完全停止。

议签署之后一贯的意思表示。请发行人代表说明,发行人及其实际控制人孙淏添是否已于签署《股东协议》时,明确告知投资人上述意思表示,且投资人无异议。请保荐代表人发表明确意见。

第三节 创业板审核经典案例

一、 被否案例

【案例 2-10】江苏网进科技股份有限公司

2020 年 11 月 11 日,创业板发行上市审核信息公开网站公布创业板上市 2020 年第 44 次审议会议结果公告,江苏网进科技股份有限公司(以下简称"网进科技")首发申请的审议结果为不符合发行条件、上市条件和信息披露要求。这是创业板改革并试点注册制以来上市委员会会议环节首次出现否决案例。

网进科技的收入主要来源于江苏省内,特别是昆山市,2017 年、2018 年、2019 年和 2020 年 1—6 月网进科技江苏省内营业收入占营业总收入的比例分别为 97.34%、99.26%、99.24%和 92.08%,昆山市内营业收入占营业总收入的比例分别高达 92.38%、96.90%、97.07%和 91.86%。网进科技的销售不仅严重依靠某一地区,更依赖少数客户。根据网进科技的招股说明书,报告期的前五大名客户销售收入及其占营业收入的比重均在 60%左右,分别为 58.71%、66.27%、64.98%和 63.07%,昆山市公安局在报告期内始终是公司的第一大客户。

上市委员会主要关注问题包括:

1. 股东间的资金流水异常

要求公司结合黄玉龙、张亚娟和潘成华之间的股权转让及其资金往来和纳税情况等说明实际控制人的认定理由是否充分,实际控制人所持发行人的股份权属是否清晰,是否符合《创业板首次公开发行股票注册管理办法(试行)》第 12 条的有关规定。

2. 实际控制人地位的认定存疑

网进科技的第一大股东文商旅集团持股比例超过 1/3,并有 2 名来自文商旅集团的人员担任董事,其中 1 名担任公司董事长。文商旅集团为昆山市国有独资企业,报告期公司 90% 以上销售收入来源于昆山市智慧城市建设。对此,上市委员会要求网进科技说明文商旅集团被认定为对公司既无控制权,也无重大影响,仅作为财务投资人的理由是否充分。

3. 收入地域集中,客户集中,供应商集中

(1)公司收入高度集中于昆山。2017 年、2018 年、2019 年及 2020 年一季度,公司江苏省内营业收入占营业总收入的比例分别为 97.34%、99.26%、99.24% 和 92.08%,昆山市内营业收入占营业总收入的比例分别为 92.38%、96.90%、97.07% 和 91.86%,公司的区域市场集中度较高。

(2)客户集中。2017 年度、2018 年度、2019 年度和 2020 年一季度,公司来自前五大客户的销售收入分别为 16 000 万元、25 748 万元、28 343 万元和 2 856 万元,占同期销售收入的比例为 58.71%、66.27%、64.98% 和 63.07%。第一大客户系昆山市公安局,占公司营业收入的比例分别是 21.44%、41.81%、37.73% 和 28.51%。

(3)供应商集中。公司承接的智慧城市建设项目所需设备及材料覆盖面广泛,报告期内,公司向前五大设备及材料供应商采购的金额分别为 3 776 万元、6 627 万元、7 185 万元和 746 万元,占同期营业成本中直接材料总额的比例分别为 37.15%、36.81%、41.10% 和 45.28%,核心供应商较为集中。

【案例 2-11】郑州速达工业机械服务股份有限公司

2021 年 1 月 20 日,创业板上市委员会 2021 年第 5 次审议会议否决了郑州速达工业机械服务股份有限公司的发行上市申请。速达股份是一家从事机械设备全寿命周期管理的服务公司,公司为客户提供机械设备综合后市场服务,并兼顾机械设备前端市场。

上市委员会会议现场问询问题:

(1)请发行人代表进一步说明:①郑煤机对发行人存在重大影响而不构成实际控制的理由;②发行人第一大股东李锡元与贾建国、李优生形成一致行动关系的背景,是否系为避免将郑煤机认定为实际控制人或共同实际控制人而进行的相关安排。请保荐人代表发表明确意见。

(2)报告期内,发行人与郑煤机存在较多关联交易,且客户、供应商存在重叠,发行人为郑煤机客户提供免费的质保期服务,并接受郑煤机派驻的财务人员。请发行人代表进一步说明:①发行人与郑煤机关联交易的定价依据及合理性,相关交易是否公允;②发行人直接面向市场独立获取订单的能

力;③发行人对郑煤机的依赖是否对发行人的持续经营能力构成重大不利影响。请保荐人代表发表明确意见。

(3)根据申报材料,2019年11月发行人变更《关于避免同业竞争的说明及承诺函》,变更后综机公司与发行人在区域及服务定位存在潜在竞争关系。请发行人代表说明综机公司业务开展对发行人可能造成的不利影响。请保荐人代表发表明确意见。

创业板上市审核中心在审核中重点关注了以下事项。一是发行人是否具有直接面向市场独立持续经营的能力。发行人与郑煤机之间存在关联销售和关联采购,部分业务存在依赖郑煤机的情形,发行人未充分说明排除郑煤机影响后,发行人是否仍具有面向市场独立获取订单的能力;发行人为郑煤机客户提供免费质保期服务,未充分说明该项业务的商业合理性及对独立性的影响;郑煤机向发行人派驻财务人员,发行人未合理解释该事项对财务独立性的影响。二是郑煤机控制的综机公司对发行人业务的影响。发行人第二大股东郑煤机持有发行人29.82%的股份,发行人未将其认定为实际控制人。发行人与郑煤机存在较多业务往来,实际控制人中的贾建国、李优生曾在郑煤机任职,郑煤机控制的综机公司2019年及最近一期维修业务收入与毛利均超过发行人主营业务收入与毛利的30%,发行人未充分披露及解释综机公司对其业务是否构成重大不利影响。

创业板上市委员会审议认为:"发行人对是否具有直接面向市场独立持续经营能力、业务及财务等是否独立的相关解释理由不够充分、合理,对综机公司与发行人的业务竞争关系对发行人未来业务开展可持续性造成的影响披露及解释不够充分、合理。发行人不符合《创业板首次公开发行股票注册管理办法(试行)》(以下简称《注册管理办法》)第十二条以及《深圳证券交易所创业板股票发行上市审核规则》(以下简称《审核规则》)第十八条、第二十八条的规定。"

【案例2-12】上海灿星文化传媒股份有限公司

2021年2月2日,创业板上市委员会2021年第9次审议会议否决了上海灿星文化传媒股份有限公司的发行上市申请。灿星文化是一家主营综艺节目制作和产业链开发运营的文化娱乐公司,其代表产品有《中国好声音》《中国新歌声》《蒙面唱将猜猜猜》《中国达人秀》《这!就是街舞》等一系列综艺节目以及旗下艺人的原创音乐作品等。

上市委员会会议现场问询问题：

（1）根据《共同控制协议》，发行人的共同控制人将稳定发行人控制权至上市后36个月。请发行人代表说明上市36个月后如何认定实际控制人，是否会出现控制权变动风险。请保荐人代表发表明确意见。

（2）请发行人代表说明在已经拆除红筹架构的情况下，共同控制人之一田明依然通过多层级有限合伙架构来实现持股的原因。请保荐人代表发表明确意见。

（3）灿星有限成立至红筹架构搭建期间，贺斌等4名中国公民根据美国新闻集团安排持有灿星有限的股权，灿星有限的经营范围包括当时有效的《外商投资产业指导目录》中禁止外商投资的电视节目制作发行和文化（含演出）经纪业务。请发行人代表说明，上述安排是否存在规避相关外商投资规定的情形，相关风险是否已充分披露。请保荐人代表发表明确意见。

（4）2016年发行人收购共同控制人之一田明持有的梦响强音100%的股权，收购价格为20.80亿元，形成商誉19.68亿元。2020年4月，发行人基于截至2019年末的历史情况及对未来的预测，根据商誉追溯评估报告对2016年末商誉减值进行追溯调整，计提减值3.47亿元。请发行人代表说明：①收购价格的公允性；②报告期内未计提商誉减值的原因及合理性；③在2020年4月对2016年末的商誉减值进行追溯调整是否符合企业会计准则的相关规定。请保荐人代表发表明确意见。

（5）截至2020年10月底，发行人作为被告的未决诉讼及仲裁共计8件，累计被请求金额约2.3亿元。请发行人代表说明：①未对上述事项计提预计负债的原因及合理性；②上述事项是否对发行人的核心竞争力和持续经营能力构成重大不利影响。请保荐人代表发表明确意见。

创业板上市审核中心在审核中重点关注了以下事项。一是发行人实际控制人的认定。发行人历史上存在红筹架构的搭建、拆除情形，现有股权架构系映射红筹架构拆除前的结构形成，设计较为复杂。发行人实际控制人包括华人文化天津、田明、金磊及徐向东，前述四方对发行人实施共同控制。黎瑞刚系华人文化天津董事长、总经理、法定代表人，曾任发行人董事长。二是梦响强音商誉减值的会计处理。发行人于2016年3月收购梦响强音，交易对价金额为20.80亿元，形成商誉金额为19.68亿元。梦响强音收购前实际控制人为田明，发行人将本次交易作为非同一控制下企业合并处理。

报告期内,梦响强音未发生商誉减值。2020 年 4 月,发行人聘请评估机构出具商誉追溯评估报告,并根据报告对梦响强音截至 2016 年末的商誉计提减值 3.47 亿元,该项减值损失发生于 2016 年度,不在报告期内。发行人认为,追溯调整系从保护中小投资者利益角度出发并基于审慎原则作出。

创业板上市委员会审议认为:"发行人在拆除红筹架构后,股权架构设计复杂,认定实际控制人的理由不充分、披露不完整,不符合《创业板首次公开发行股票注册管理办法(试行)》(以下简称《注册管理办法》)第六条以及《深圳证券交易所创业板股票发行上市审核规则》(以下简称《审核规则》)第十八条、第二十八条的规定。发行人在 2020 年 4 月基于截至 2019 年末的历史情况及对未来的预测,根据商誉追溯评估报告对收购梦响强音产生的商誉进行追溯调整,并在 2016 年计提减值损失 3.47 亿元,上述会计处理未能准确反映发行人当时的实际情况,不符合《注册管理办法》第十一条以及《审核规则》第十八条的规定。"

【案例 2-13】四川华夏万卷文化传媒股份有限公司

2021 年 3 月 19 日,创业板上市委员会 2021 年第 17 次审议会议否决了四川华夏万卷文化传媒股份有限公司的发行上市申请。华夏万卷是一家以硬软笔书法内容创意为核心的文化企业,主营业务包括字帖图书的策划、内容制作、发行及相关文化用品的开发与销售。

上市委员会会议现场问询问题:

(1)发行人自 2006 年至 2020 年,未经认证或申请流程,在部分产品封面印有"教育部门推荐练字用书"字样。请发行人代表说明:①是否违反相关法律法规的规定,是否属于重大违法行为;②发行人的内控制度是否健全且被有效执行,能够合理保证发行人经营合法合规。请保荐人代表发表明确意见。

(2)报告期内,发行人在部分产品封面印有"教育部门推荐练字用书"字样,发行人及其相关经销商被消费者投诉举报。请发行人代表说明原因及风险。请保荐人代表发表明确意见。

(3)请发行人代表说明与田英章著作权许可使用合同纠纷诉讼再审情况,其结果对发行人持续经营是否存在重大不利影响。请保荐人代表发表明确意见。

创业板上市审核中心在审核问询中重点关注了以下事项。一是发行人自 2006 年至 2020 年,在部分产品封面印有"教育部门推荐练字用书"字样,发行人经营是否合法合规,前述事项是否违反有关部门规定,对字帖图书销量、退库等的影响,是否构成重大违法违规行为;发行人及其相关经销商存在被消费者投诉举报情形,是否会导致后续纠纷或投诉风险。二是发行人与田英章存在著作权许可使用合同纠纷,2021 年 1 月,田英章向最高人民法院申请案件再审,该合同纠纷事项产生的原因、与书家的具体合作模式及相关风险、对发行人财务数据的影响。

创业板上市委员会审议认为:"发行人产品销售涉嫌违法违规,且持续时间较长、涉及金额较大,内部控制未能合理保证发行人经营合法合规,不符合《创业板首次公开发行股票注册管理办法(试行)》(以下简称《注册管理办法》)第十一条,以及《深圳证券交易所创业板股票发行上市审核规则》(以下简称《审核规则》)第十八条的规定。"

【案例 2-14】江苏鸿基节能新技术股份有限公司

2021 年 3 月 25 日,创业板上市委员会 2021 年第 18 次审议会议否决了江苏鸿基节能新技术股份有限公司的发行上市申请。鸿基节能是一家集科研、勘察、设计、施工、检测于一体的高科技综合型企业。公司的主营业务是岩土工程(地基基础类)和基于地基基础的特种工程的设计与施工。

上市委员会会议现场问询问题:

(1)根据申报材料,发行人主营业务包括地基基础、既有建筑维护改造,所处行业为"土木工程建筑业";发行人认为其属于传统产业与新技术、新业态的深度融合,符合创业板定位。请发行人代表:①结合建筑业企业运用《建筑业 10 项新技术(2017 版)》在列新技术开展业务的情况,说明发行人掌握并熟练运用行业通用技术属于传统产业与新技术深度融合的理由;②结合既有建筑维护改造业务的特点、合同签订及对应收入确认情况,说明既有建筑维护改造业务属于新业态的理由,以及相关业务收入占比持续下降的原因;③说明发行人的核心技术和研发优势。请保荐人代表发表明确意见。

(2)请发行人代表说明:①"高性能隔震建筑系列关键技术与工程应用"项目的参与单位和人员,以及发行人董事长在该项目中发挥的作用;②发行人利用该技术实施的工程建设及对应收入确认情况。请保荐人代表发表明确意见。

(3)请发行人代表说明,报告期内经营活动产生的现金流量净额持续低于净利润且曾为负数的原因及合理性。请保荐人代表发表明确意见。

创业板上市审核中心在审核问询中重点关注了以下事项。一是发行人是否符合创业板定位。根据申报材料,发行人所属证监会行业为"土木工程建筑业",属于《深圳证券交易所创业板企业发行上市申报及推荐暂行规定》第四条规定的原则上不支持在创业板发行上市的行业之"(七)建筑业"。审核中心关注发行人是否适应发展更多依靠创新、创造、创意的大趋势,是否与新技术、新产业、新业态、新模式深度融合。二是关注发行人应收账款周转率低于同行业可比公司平均值、逾期应收账款占比较高、经营活动产生的现金流量净额持续低于净利润对发行人持续经营能力的影响。

创业板上市委员会审议认为:"发行人所处行业为'土木工程建筑业',属于《深圳证券交易所创业板企业发行上市申报及推荐暂行规定》第四条规定的原则上不支持在创业板发行上市的行业。发行人未能充分证明掌握并熟练运用行业通用技术属于传统产业与新技术深度融合,也未能充分证明既有建筑维护改造业务属于新业态。同时,《招股说明书》披露的新技术、新业态相关业务收入占比、毛利占比分别从 2017 年度的 51.94%、60.24%下降到 2020 年 1—6 月的 24.94%、29.30%。综上所述,会议认为,发行人不符合《创业板首次公开发行股票注册管理办法(试行)》(以下简称《注册管理办法》)第三条、《深圳证券交易所创业板股票发行上市审核规则》(以下简称《审核规则》)第三条、《深圳证券交易所创业板企业发行上市申报及推荐暂行规定》第二条及第四条的规定。"

【案例 2-15】淄博鲁华泓锦新材料股份有限公司

2021 年 9 月 23 日,创业板上市委员会 2021 年第 60 次审议会议否决了淄博鲁华泓锦新材料股份有限公司的发行上市申请。鲁华泓锦是一家专业从事新型高分子材料研发、生产和销售的高新技术企业。公司通过对裂解碳五、碳九进行精细分离和深加工,研发、生产和销售高性能、高附加值的碳五树脂、加氢树脂、异戊橡胶、锂系弹性体等高分子新材料。

上市委员会会议现场问询问题:

(1)2018 年以来,发行人重要子公司天津鲁华先后受到 4 项涉及生产安全、1 项涉及生态安全的行政处罚,且还有 2 项涉及生态安全的违法违规行为可能受到有关部门的行政处罚。请发行人:①说明上述行为是否构成涉及生产、生态安全的重大违法行为,是否对发行人的持续经营能力产生不利影响;②针对天津鲁华多次出现涉及生产、生态安全的违法违规行为情况,说明发行人生产、生态安全相关内部控制制度是否健全且被有效执行。请保荐人发表明确意见。

(2)报告期各期,发行人向中石化的采购金额占比超过70%,中石化同时是发行人的第一大客户,且中石化下属公司从事与发行人类似业务。发行人对中石化的平均销售毛利率低于其他客户。请发行人:①结合与中石化合作的稳定性和持续性,说明对中石化是否存在重大依赖,是否对发行人的持续经营能力构成重大不利影响;②说明中石化下属公司从事类似业务对发行人业务的影响。请保荐人发表明确意见。

(3)报告期内,发行人实际控制人郭强与其亲属、发行人员工存在大额资金往来。请发行人说明:①相关资金往来的具体情况、原因和合理性;②发行人资金管理相关内部控制制度是否存在较大缺陷,是否存在应披露未披露的重要信息。请保荐人发表明确意见。

(4)发行人因调整期初固定资产减值准备等事项,影响报告期净利润分别为 2 895.77 万元、3 100.23 万元、2 420.25 万元。请发行人说明产生大额减值准备的原因及合理性。请保荐人发表明确意见。

创业板上市审核中心在审核问询中重点关注了以下事项:发行人报告期内存在多项涉及生产安全的行政处罚,在审核期间重要子公司天津鲁华多次出现涉及生态安全的违法违规行为,有关部门对部分违法行为的处罚时间和金额存在不确定性;报告期各期,发行人向中石化的采购金额占比超过70%,中石化同时是发行人的第一大客户,且中石化下属公司从事与发行人类似业务,发行人与中石化合作的稳定性和持续性、是否存在重大依赖,对发行人的持续经营能力构成重大影响;发行人实际控制人与其亲属、发行人员工之间存在大额资金往来。审核中心关注上述事项对发行人内部控制有效性及持续经营能力的影响。

创业板上市委员会审议认为:"发行人重要子公司天津鲁华多次出现涉及生态安全、生产安全的违法违规行为,发行人实际控制人郭强与其亲属、发行人员工存在大额资金往来,且发行人未能充分说明相关资金往来的合理性。发行人未能建立相关的内部控制制度且有效执行,以合理保证发行人合法合规和财务报告的可靠性,不符合《创业板首次公开发行股票注册管理办法(试行)》(以下简称《注册管理办法》)第十一条,以及《深圳证券交易所创业板股票发行上市审核规则》(以下简称《审核规则》)第十八条的规定。"

二、 主动撤回的案例

【案例 2‐16】三羊马(重庆)物流股份有限公司

三羊马(重庆)物流股份有限公司是一家主要通过公铁联运方式为汽车行业和快速消费品行业提供综合服务的第三方物流企业,以物流结点为标准化作业单元,依托铁路长距离、大批量、安全环保的优势,构建起以铁路为核心的多式联运物流网络,为客户提供全方位、一体化的综合物流服务。

2020 年 7 月 7 日,深圳证券交易所受理重庆三羊马的上市申请文件,11 月12 日,重庆三羊马申请撤回发行上市申请文件。在此期间,深圳证券交易所对重庆三羊马展开了三轮审核问询。深圳证券交易所审核关注的主要问题如下:

(1)重庆三羊马开发了数据互联互通供应链管理模式创新。重庆三羊马列示了财务结算系统 V1.0 等 9 项数据互联互通供应链管理模式核心技术,与重庆三羊马招股说明书中披露的 7 项计算机软件著作权无法一一对应,且未披露重庆三羊马执行数据互联互通供应链管理配备的人员具体情况。

深圳证券交易所要求重庆三羊马披露:①9 项数据互联互通供应链管理模式核心技术与无形资产不一致的合理性;②重庆三羊马数据互联互通供应链管理模式的业务实质,其实际承载的无形资产,其执行地点,配备的人员数量、学历、薪酬、从业时长,是否已获取相应证书及资质情况。

(2)重庆三羊马为除国铁集团、中车集团以外中铁特货最大的供应商,亦是中铁特货第一大两端作业供应商。

深圳证券交易所要求重庆三羊马披露:①报告期内中铁特货采购国铁集团、中车集团的服务内容、金额及占中铁特货总采购额比重情况,中铁特货采购重庆三羊马服务内容、金额及占其总采购额比重情况;②对比国铁集团、中车集团与重庆三羊马提供服务内容及上述金额占比情况,披露重庆三羊马以此论证"中铁特货对公司具有依托性"的准确性及合理性。

(3)中集国际物流及其 2 名股东北京中集华通物流有限公司和北京南方中集投资管理有限公司为"中集"文字商标的合法持有人。自 2005 年 9 月公司设立起,重庆三羊马一直使用"中集"字号,以"重庆中集汽车物流股份有限公司"为企业名称,并获得工商登记;重庆三羊马为避免混淆及可能纠纷,于 2019 年 12 月向中集国际物流购买了"中集"文字商标的使用权,其后于 2020 年 1 月更名为"三羊马(重庆)物流股份有限公司"。

深圳证券交易所要求重庆三羊马披露:①重庆三羊马向中集国际物流购买"中集"文字商标使用权的具体过程、谈判情况、授权费金额;②重庆三羊马获取"中集"文字商标授权后,仍然于 2020 年 1 月更名为目前企业名称的原因,是否存在中集国际物流或第三方向重庆三羊马提起商标、商号诉讼、仲裁的事项;③国内上百家物流公司以"中集"字号命名的产生原因,结合工商登记、企业商号、名称相关规定,披露其合理性及合规性。

【案例 2-17】成都武侯高新技术产业发展股份有限公司

成都武侯高新技术产业发展股份有限公司是一家提供产业园区运营与管理服务,致力于为客户提供高端办公场所租赁和综合服务的企业。

2020 年 7 月 6 日,深圳证券交易所受理武侯高新的上市申请文件,11 月 12 日,武侯高新申请撤回发行上市申请文件。在此期间,深圳证券交易所对武侯高新展开了二轮审核问询。深圳证券交易所审核关注的主要问题如下:

(1)关于同业竞争及参股公司。武侯高新称,西部智谷公司、武侯资本控制的其他企业所从事的具体业务与武侯高新业务不具有相似性,不存在上下游关系,但部分相关企业的营业范围包括房屋租赁、物业管理、企业咨询。

深圳证券交易所要求武侯高新:①按照实质重于形式的原则,结合相关企业历史沿革、资产、人员、主营业务等方面与武侯高新的关系,以及业务是否有替代性、竞争性,是否有利益冲突,是否在同一市场范围内销售等,披露相关企业与武侯高新是否构成重大不利影响的同业竞争;②补充披露西部智谷公司、武侯资本控制的其他企业提供的服务与武侯高新提供的服务的对比情况,结合服务的本质与预期达到的目的、提供服务对象等情况披露相关业务是否具有相似性或上下游关系。

(2)关于业务模式。武侯高新主要的招商渠道有五种:武侯高新依据公开信息进行客户挖掘,主动对接目标客户;通过武侯高新网站和第三方平台实现客户导流;以商招商;武侯高新组织社群活动实现营销推广;武侯区政府招商部门信息共享。

深圳证券交易所要求武侯高新:①补充披露五种招商模式实现销售的金额及占比,武侯高新是否存在高度依赖武侯区政府招商部门信息共享进行招商的情形;②补充披露报告期内不同招商模式拓展的前五大客户情况,披露武侯高新是否具有独立开拓客户的资源和能力,是否存在对政府部门的重大依赖;③结合武侯高新业务主要集中于成都市的情形,补充披露武侯高新业务模式是否具有可推广性,是否具备向成都市以外、四川省以外区域扩张的能力。

【案例 2‑18】广东金源照明科技股份有限公司

广东金源照明科技股份有限公司是一家专业从事 LED 移动照明、LED 固定照明、光伏电池组件、LED 封装等产品研发、生产、销售及相关技术服务的高新技术企业。

2020 年 6 月 22 日,深圳证券交易所受理金源照明的上市申请文件,12 月 22 日,金源照明申请撤回发行上市申请文件。在此期间,深圳证券交易所对金源照明展开了三轮审核问询。深圳证券交易所审核关注的主要问题如下:

(1)关于核心竞争力和发展战略。金源照明的主要产品为 LED 移动照明产品、LED 固定照明产品、LED 封装产品及光伏电池组件产品等。金源照明所处的 LED 照明行业企业众多,竞争激烈。报告期内,移动照明产品的销售收入占比逐年下降,LED 封装产品及光伏电池组件产品等销售收入占比逐年上升。

深圳证券交易所要求金源照明:①结合各子行业的行业竞争情况、产品销售区域、相关产品的技术性能与先进性等,真实、准确、客观地披露相较于市场上同质产品和同行业竞争对手,金源照明核心竞争力的具体体现,以及所处的市场地位;②结合各子行业同行业竞争对手在技术、渠道、价格等方面的情况,针对性地披露金源照明与竞争对手相比存在的差距和短板,金源照明的产品和渠道是否面临被替代的风险。

(2)关于第三方回款。报告期内金源照明第三方回款金额较大,分别为 11 737.57 万元、14 506.64 万元和 4 949.10 万元,占营业收入的比例分别为 26.23%、31.79% 和 8.55%。

深圳证券交易所要求金源照明:①补充披露报告期各期第三方回款的

具体情况,包括但不限于原因、必要性、商业合理性、一个客户对应多个回款方的具体情况及变化合理性、主要客户和地区等,2017 年第三方回款金额较大且占营业收入比例较高的原因;②付款第三方为生意伙伴的,补充披露中介机构对该生意伙伴与客户之间代付款项原因、理由、债权债务等对应的商业行为及其合理性核查的具体情况,披露中介机构对第三方代付单位、客户提供的代付账号对应单位与客户的关系、回款对应的收入、相关核查程序的有效性和充分性,披露财务机构代为回款的情形中财务机构是否为金源照明指定或介绍给客户;③补充披露第三方回款的规范情况,包括具体的内控制度、执行情况以及执行效果;④补充披露 2020 年 1—6 月第三方回款的金额及占营业收入的比例。

【案例 2‑19】苏州久美玻璃钢股份有限公司

苏州久美玻璃钢股份有限公司位于苏州市相城区,公司主营业务为玻璃钢管道及其附件的研发、生产与销售,主要产品包括船用玻璃钢管道、脱硫玻璃钢管道、海洋工程耐火玻璃钢管道等管道产品及与其配套的法兰、弯头、三通、异径等附件产品,公司产品属于新型复合材料,性能优良。作为国内领先的玻璃钢管道系统集成商,目前公司产品主要应用于船舶及海洋工程装备制造,为船舶及海洋工程装备的压载水系统、消防系统、脱硫系统、舱底水系统、生活污水系统、冷却水系统、通风系统、电缆保护系统等提供质量稳定可靠的管道系统支持。

2020 年 8 月 19 日,深圳证券交易所受理了苏州久美玻璃钢股份有限公司的上市申请文件,9 月 15 日进行了首轮问询,经过两轮问询,2021 年 3 月 30 日久美股份及保荐人向深交所上交申请撤回文件,于 2021 年 4 月 8 日终止创业板上市审核。深圳证券交易所审核关注的主要问题如下:

(1)关于新三板挂牌与《招股说明书》中的数据不一致。公开信息及申报文件显示,发行人股票于 2015 年 5 月至 2019 年 8 月在股权系统挂牌并公开转让。挂牌期间披露的前五大客户、供应商与本次申报文件披露的情况存在差异,差异原因为会计差错更正和披露口径不一致。

深圳证券交易所要求久美股份披露:请发行人说明本次申报文件披露的前五大客户、供应商与新三板挂牌期间披露情况不一致的具体原因,涉及会计差错的相关整改情况,发行人的财务内控制度是否健全且被有效执行。

(2)关于企业行业前景。2013—2019 年世界及我国三大造船指标处于持续下滑趋势。发行人船用玻璃钢管道及其附件的销量与全球及中国造船完工量理论上应存在匹配关系,但实际走势存在一定差异,发行人船用玻璃钢管道收入下降趋势快于全球及中国造船完工量。

深圳证券交易所要求久美股份披露:①按报告期内发行人船用玻璃钢业务、脱硫玻璃钢业务中新建船业务或改造船业务等业务类型,分别披露各期各类业务的数量、金额及占比,并分析说明变化趋势;②结合"2019 年全球77%的船舶脱硫改造在中国船厂完成"以及中国船舶运力的世界占有率份额等,分析说明中国船厂未来完成全球大部分船舶脱硫改造的趋势是否可持续;③结合"2019 年发行人脱硫玻璃钢管道及其附件实现收入 128 单,约占中国船舶脱硫改造市场的 18.29%",补充披露中国船舶脱硫改造市场中其他提供脱硫玻璃钢管道的主要厂商、产品及经营规模情况,并与发行人进行对比分析。

【案例 2-20】海默尼药业股份有限公司

海默尼药业股份有限公司位于拉萨市(以下简称海默尼),公司为从事药品研发、生产、销售及推广服务的综合性医药企业,从医药销售起步,经过多年积累,建立了规范的运营管理体系,打造了专业的营销团队,拥有了优质的客户资源,并逐步完成了医药全产业链拓展。

2020 年 7 月 8 日,深圳证券交易所受理海默尼药业股份有限公司的上市申请文件,8 月 4 日进行了首轮问询,经过四轮问询,2021 年 4 月 6 日海默尼及保荐人向深交所上交申请撤回文件,于 2021 年 4 月 8 日终止创业板上市审核。深圳证券交易所审核关注的主要问题如下:

(1)自主研发能力存疑。据《招股说明书》显示,2017 年至 2019 年,海默尼的研发费用分别为 72.74 万元、188.59 万元、349.95 万元,分别占营收比例约为 0.17%、0.36%、0.62%。为此,深交所要求其披露主要自有产品均采用委托生产的原因,公司是否具备自主生产相关药品的能力,对主要生产商是否构成依赖。

(2)关于环保违法违规情况。《招股说明书》披露,报告期内发行人子公司重庆海默尼 2018 年因环保问题受到重庆市生态环境局两江新区分局处罚。请发行人:①披露报告期内发行人注销或转让的子公司存续期间是否涉及违法违规行为,是否存在子公司转让后继续与发行人交易的情形,是否存在为发行人承担成本、费用或输送利益情形;②披露发行人主要自产产品产能产量情况与环保投入是否匹配,环保运行费用与污染物排放量是否匹配;③进一步说明发行人对重庆海默尼超标排放所采取的整改措施和内部控制机制,发行人是否已建立了健全的环保内控制度,实际运行是否有效。

(3)关于对赌协议情况。申报文件显示,发行人及创始股东与部分股东于2017年签署了具有对赌性质的股权转让补充协议。请发行人补充披露相关协议是否符合《深圳证券交易所创业板股票首次公开发行人上市审核问答》问题13的规定。请保荐人、发行人律师对上述对赌事项发表明确意见。《深圳证券交易所创业板股票首次公开发行人上市审核问答》问题13内容如下:"13、部分投资机构在投资发行人时约定对赌协议等类似安排的,发行人及中介机构应当如何把握?红筹企业的对赌协议中存在优先权利安排的,应如何进行处理和信息披露?"

第三章

企业上市之中介机构的选择
及上市筹备

第一节　中介机构的选择

一、　股票发行上市过程中企业需要聘请的中介机构

（一）保荐机构（股票承销机构）

保荐机构是为企业上市进行推荐的机构，服务对象是拟上市公司，同时受相关政府部门的监管。在推荐发行人首次公开发行股票前，应当按照发行上市的法律法规对发行人进行辅导准备审核材料，对公开发行的募集文件进行核查，并向上市审核部门出具保荐意见。在发行人证券上市后，保荐机构应当持续督导发行人履行规范运作、信守承诺、信息披露等义务，在注册制下更注重客观、准确、及时、透明的信息公开，为维持市场秩序尽到应尽的责任。

（二）会计师事务所

会计师事务所是在企业上市过程中辅助进行会计、审计、税务等方面业务核查的机构，必须由符合《证券法》规定的会计师事务所承担。在公开发行股票前同企业的财务部门进行对接，按照上市规范对财务报表账目进行检查与审验，主要内容包括审计、验资、盈利预测等，同时也为其提供财务咨询和会计服务。

（三）律师事务所

律师事务所是为企业上市提供专业的法律咨询服务的机构。由于其本身受司法行政机关和律师协会的监督管理，故被聘请的律师事务所有权利和义务辅助保荐机构对各种文件的合法性进行判断，并对发行上市涉及的法律问题出具法律意见。

（四）资产评估机构

资产评估机构是对于无法确定的企业资产包括不动产、动产、无形资产、企业价值或其他经济权益通过科学的方法进行评定、估算的机构，通常在企业上市融资过程中起到公正的作用。资产评估工作通常是由符合《证券法》规定的资产评估机构承担。资产评估具有严格的程序，整个过程一般包括申请立项、资产清查、评定估算和出具评估报告。

二、 中介机构的职责

(一)保荐机构(股票承销机构)的职责

(1)协助企业拟定改制重组方案和设立股份有限公司。

(2)根据《保荐人尽职调查工作准则》的要求对企业进行尽职调查。

(3)对公司主要股东、董事、监事和高级管理人员等进行辅导与专业培训,帮助其了解与股票发行上市有关的法律法规,知悉上市公司及其董事、监事和高级管理人员的法定义务和责任。

(4)帮助企业完善组织结构和内部管理,规范企业行为,明确业务发展目标和募集资金投向等。

(5)组织发行人和中介机构制作发行申请文件,并依法对公开发行申请文件进行全面核查,向上市审核部门尽职推荐并出具发行保荐书及发行保荐工作报告等。

(6)对发行人是否具备持续盈利能力、是否符合法定发行条件作出专业判断,并确保发行人的申请文件和招股说明书等信息披露资料真实、准确、完整、及时。

(7)组织发行人和中介机构对上市审核部门的审核反馈意见进行回复或整改。

(8)负责证券发行的主承销工作,组织承销团承销。

(9)与发行人共同组织路演、询价和定价工作。

(10)在发行人证券上市后,持续督导发行人履行规范运作、信守承诺、信息披露等义务。

(二)会计师事务所的职责

(1)负责企业财务报表审计,并出具三年又一期的审计报告。

(2)负责企业资本验证,并出具有关验资报告。

(3)负责企业盈利预测报告审核,并出具盈利预测审核报告。

(4)负责企业内部控制鉴证,并出具内部控制鉴证报告。

(5)负责核验企业的非经常性损益明细项目和金额。

(6)对发行人主要税种纳税情况出具专项意见。

(7)对发行人原始财务报表与申报财务报表的差异情况出具专项意见。

(8)提供与发行上市有关的财务会计咨询服务。

（三）律师事务所的职责

（1）对改制重组方案的合法性进行论证。

（2）指导股份公司的设立或变更。

（3）对企业发行上市涉及的法律事项进行审查并协助企业规范、调整和完善。

（4）对发行主体的历史沿革、股权结构、资产、组织机构运作、独立性、税务等公司全面的法律事项的合法性进行判断。

（5）对股票发行上市的各种法律文件的合法性进行判断。

（6）协助和指导发行人起草公司章程等公司法律文件。

（7）出具法律意见书。

（8）出具律师工作报告。

（9）对有关申请文件提供鉴证意见。

（四）资产评估机构的职责

企业以实物、知识产权、土地使用权等非货币资产出资设立公司的，应当评估作价、核实资产。国有及国有控股企业以非货币资产出资或者接受其他企业的非货币资产出资，应当遵守国家有关资产评估的规定，委托有资格的资产评估机构和执业人员进行；其他非货币资产出资的评估行为，可以参照执行。

企业申请公开发行股票涉及资产评估的，应聘请符合《证券法》规定的资产评估机构承担，资产评估工作一般包括资产清查、评定估算、出具评估报告。

三、选择中介机构

企业和中介机构是双向选择的，最终能否达到上市的目的取决于双方合作的效率高低。对于企业来说，作为被服务方，在选择中介机构时应该注意以下几个方面：

一是中介机构的执业能力、执业经验和执业质量。首先，企业应该考察中介机构和项目团队近期的业绩实力，了解该机构和团队是否有从事过类似于本企业或相同行业的项目，完成情况如何，从客观反映执业的相关经验和能力；其次，随着注册制在科创板和创业板的逐步推行，市场透明度和包容性的提高更加考验保荐机构的 IPO 定价能力，因此，有比较强的研究能力、资产配置能力的综合性券商，在企业的发行定价及后续公司企业价值维护方面能提供更好的服务。以医药行业为例,平均发行市盈率在 50 倍左右,这一数值要远远高于其他行业,此时选择一个研究能力强、声誉高的医药研究组的保荐机构,将会有助于挖掘公司的内在价值,进而维护股东的利益。

表 3.1　2020 年医药行业最佳分析师团队获奖名单

新财富最佳分析师		新浪金麒麟最佳分析师		水晶球最佳分析师	
排名	医药行业获奖团队	排名	医药行业获奖团队	排名	医药行业获奖团队
第一名	兴业证券	第一名	海通证券	第一名	海通证券
第二名	海通证券	第二名	兴业证券	第二名	兴业证券
第三名	国盛证券	第三名	广发证券	第三名	开源证券
第四名	长江证券	第四名	国盛证券	第四名	国盛证券
第五名	广发证券	第五名	长江证券	第五名	长江证券

二是中介机构之间能够进行良好的合作。股票发行上市是发行人以及各中介机构群策群力的结果,各方中介机构之间的协同合作将有利于项目的推进。企业要对中介机构之间的关系进行理性的判断,确保各方在进场后能够各司其职,同时认清需求,结合自身特点匹配相应的中介机构,最终取得一加一大于二的效果。

三是中介机构项目负责人的选择。中介机构的项目负责人这一角色在辅导上市过程中起着承上启下的重要作用。在和中介机构的项目负责人进行沟通时,要选择适合自身的上市路径和方案,保持双方的目标和方向一致,观察是否能与其建立稳定的合作伙伴关系,以及负责人驱动各方资源的能力和对公司勤勉尽责的态度。

四是费用。通常来说,知名度高、实力强的中介机构会要价更高,但也不要盲目相信"品牌效应",要结合自身情况,在企业控制发行上市成本的条件下,选择更优质的中介机构,可以把最近 6 个月已经发行上市的企业中介费用作为收费标准的参考依据。

第二节　团队的组建和准备工作

一、组建企业内部上市团队

由于上市工作非常复杂,具有涉及面广、工作量大和周期长的特点,准备上市的企业必须调配专门的人才,成立专门的组织机构来从事这项工作。企业一般应成立上市领导小组和上市工作小组。

(一)组建上市领导小组

上市领导小组一般由3～7人组成,应该包括股东代表、主要董事会成员、主要高管成员,主要职责是负责企业整个上市进程中所有重大问题的决策,领导、指挥上市工作小组实施上市工作计划,圆满完成上市工作。其中高管成员主要包括:

(1)董事会秘书。董事会秘书作为拟上市公司的高级管理人员,在公司选择中介机构、企业改制设立、申请及报批、发行上市等各环节中起着关键作用,其专业素质和职业操守直接影响企业上市工作的成功与否。

其主要职责为:熟悉公司基本情况,协助选择中介机构,了解上市审核流程和政策,熟悉资本市场知识;协调和配合券商、律师、会计师事务所等中介机构,负责公司上市前辅导工作的组织与协调,办理相关辅导备案手续并准备相关备案材料;公司上市涉及税务、土地、环保、工商、海关等各个主管政府部门,负责与相关部门的沟通与协调,还要取得当地主管上市工作的政府机关如金融办、证监局的支持;负责组织和筹备董事会、监事会和股东大会,准备会议资料、签字决议等,督促建立公司治理相关制度;其他相关工作,如协助制定公司募集资金投资方案,协调媒体关系等。

(2)证券事务代表。证券事务代表一般是上市公司或公司在筹备上市工作时才设立的岗位,隶属于董事会秘书领导的证券事务部,职责范围多同董事会秘书,一般是协助董事会秘书履行职责,负责企业上市过程中各项细节工作的操办。证券事务代表应当参加交易所组织的董事会秘书资格培训并取得董事会秘书资格证书。

其主要职责为:协助董事会秘书协调公司内部各部门的关系,确保对公司经营、管理、财务、投资决策等方面信息的及时掌握;协助董事会秘书协调与投资者及证券监管部门的关系,负责公司信息披露的具体操作,促使公司在各方面实现规范运作;负责准备、起草、管理并报送公司董事会及股东大会等的各类文件资料;对公司上市具体存在的问题进行分析,协调中介机构解决具体问题。

(3)财务总监。财务总监作为企业的高级管理人员及企业财务报告的

111

直接负责人,在企业上市过程中扮演着重要的角色。财务总监不仅要了解企业上市的财务规范要点和上市监管审核重点,确保公司的财务和税务规范,还要熟悉企业的融资渠道,协助公司做出正确的投资决策。

其主要职责为:协助公司建立规范的财务会计制度;协调公司内外部关系,配合中介机构准备及提供 IPO 申报过程中的相关财务资料;监督和管理公司和下属公司的财务状况,全面负责会计核算、财务管理和税收筹划,及时发现相关问题,监督公司资金运作等;全面了解证券市场规范运作基本要求,根据公司情况制定财务战略,保证与公司发展战略的一致性,作出正确的投、融资决策。

(二)组建上市工作小组

上市工作小组是上市领导小组下属的日常工作机构,一般由总经办、人事行政部门、财务部门及其他相关部门各选派 3~5 人组成。上市工作小组在上市领导小组的领导下开展上市的各项具体工作,主要包括配合上市顾问、券商、律师、会计师、评估师等中介机构工作,按照要求提供详尽资料,完成各机构安排的各项工作。

二、 上市的准备工作

(一)选择中介机构

股票发行上市一般需要聘请以下中介机构:保荐机构(通常也是承销机构)、会计师事务所、律师事务所、资产评估机构。

(二)中介机构尽职调查

中介机构向企业提交尽职调查提纲,企业根据提纲要求提供文件资料。中介机构通过尽职调查,全面了解企业各方面的情况,确定改制方案。尽职调查是为了保证向投资者提供全面、真实、完整的招股资料,也是制作申报材料的基础,需要企业全力配合。企业内部根据各中介机构的要求所提供的文件需安排专人进行保管,最好制作为扫描文件存档,有利于提高日后申报过程中的效率。

尽职调查的范围包括母公司、控股子公司、对企业生产经营业绩具有重大影响的非控股子公司。其内容主要包括企业成立以来的合法性、业务状况以及发展前景,具体包括以下 9 个方面:

(1)发行人基本情况调查。发行人基本情况调查包括:对企业最初设立登记以及持续经营过程中的改制与设立情况、发行人历史沿革情况、发起人和股东的出资情况、重大股权变动情况、重大重组情况、主要股东情况、员工情况、发行人独立情况、内部职工股(如有)情况、商业信用情况等是否合法合规进行核查。

(2)发行人业务与技术调查。发行人业务与技术调查包括:发行人行业情况及竞争状况、采购情况、生产情况、销售情况、核心技术人员、技术与研发等情况。

(3)高管人员调查。高管人员调查包括:高管人员任职情况及任职资格、高管人员的经历及行为操守、高管人员胜任能力、高管人员薪酬及兼职情况、报告期内高管人员变动、高管人员是否具备上市公司高管人员的资格、高管人员持股及其他对外投资等情况。

(4)财务与会计调查。财务与会计调查包括:财务报告及相关财务资料、会计政策和会计估计、评估报告、内控鉴证报告、财务比率分析、销售收入、销售成本与销售毛利、期间费用、非经常性损益、货币资金、应收款项、存货、对外投资、固定资产、无形资产、投资性房地产、主要债务、资金流量、或有负债、合并报表的范围、纳税情况、盈利预测等情况。

(5)同业竞争与关联交易调查。同业竞争与关联交易调查包括:同业竞争情况、关联方及关联交易情况。

(6)组织结构与内部控制调查。组织结构与内部控制调查包括:公司章程及其规范运行情况、组织结构和股东大会、董事会和监事会运作情况、独立董事制度及其执行情况、内部控制环境、业务控制、信息系统控制、会计管理控制、内部控制的监督情况。

(7)业务发展目标调查。业务发展目标调查包括:发展战略、经营理念和经营模式、历年发展计划的执行和实现情况、业务发展目标、募集资金投向与未来发展目标的关系。

(8)募集资金运用调查。募集资金运用调查包括:历次募集资金使用情况、本次募集资金使用情况、募集资金投向产生的关联交易。

(9)风险因素及其他重要事项调查。风险因素及其他重要事项调查包括:风险因素、重大合同、诉讼和担保情况、信息披露制度的建设和执行情况、中介机构执业情况。

(三)中介机构协调会

中介机构经过尽职调查阶段对公司的了解,发行人与保荐机构将召集所有中介机构参加中介机构协调会。协调会由保荐机构主持,就发行上市的重大问题,如股份公司设立方案、资产重组方案、股本结构、财务审计、资产评估、土地评估、盈利预测等事项进行讨论。协调会将根据工作进展情况不定期召开。首次中介机构协调会的召开,标志着中介机构正式进场,改制工作拉开序幕。

(四)各中介机构开展工作

根据协调会所决定的工作进程,确定各中介机构工作的时间表。各中介机构按照时间表开展工作,主要包括对初步方案的进一步分析,财务审计、资产评估及各种法律文件的起草工作。

企业筹建工作基本完成后,向注册地市场监管局提出正式申请设立股份有限公司。根据《公司法》第 79 条的规定,设立股份有限公司,应有 2 人以上 200 人以下为发起人,其中必须有半数以上的发起人在中国境内有住所。股份有限公司注册资本的最低限额为人民币 500 万元。法律、行政法规对股份有限公司注册资本的最低限额有较高规定的,从其规定。股份有限公司采取发起设立方式设立的,注册资本为在公司登记机关登记的全体发起人认购的股本总额。公司全体发起人的首次出资额不得低于注册资本的 20%,其余部分由发起人自公司成立之日起 2 年内缴足。在缴足前,不得向他人募集股份。发起人、认股人缴纳股款或者交付抵作股款的出资后,除未按期募足股份、发起人未按期召开创立大会或者创立大会决议不设立公司的情形外,不得抽回资本。

企业还需提交以下文件(具体请参考注册地市场监管局要求):公司设立申请书、主管部门同意公司设立意见书、企业名称预核准通知书、发起人协议书、公司章程、公司改制可行性研究报告、资金运作可行性研究报告、资产评估报告、资产评估确认书、土地使用权评估报告书、国有土地使用权评估确认书、发起人货币出资验资证明、固定资产立项批准书、3 年财务审计及未来 1 年业绩预测报告。

(五)召开创立大会

注册地市场监管局对上述有关材料进行审查论证,审批企业是否具备注册股份公司的条件,公司组织召开创立大会,选举产生董事会和监事会。在创立大会召开后 30 天内,公司组织向注册地市场监管局报送批准设立股份公司的文件、公司章程、验资证明等文件,申请设立登记。注册地市场监管局在 30 日内作出是否准予设立股份有限公司的决定,符合设立条件的公司将获得营业执照。

（六）辅导阶段

在取得营业执照之后,股份公司依法成立,按照证券监管部门的有关规定,拟公开发行股票的股份有限公司在提出股票发行申请前,均须由具有主承销资格的证券公司进行辅导。辅导内容主要包括以下方面：

（1）对公司董事、监事、高级管理人员及持有 5% 以上(含 5%)股份的股东(或其法人代表)进行《公司法》《证券法》等有关法律法规的培训。通过培训公司核心人员以及主要股东,帮助其理解和明确发行上市有关的法律法规以及相关政策。

（2）协助公司按照《公司法》的规定建立起符合上市公司要求的法人治理结构并使其规范运行,包括制定符合上市要求的公司章程,规范公司组织结构,完善内部决策和控制制度以及激励约束机制等。

（3）对公司在设立、改制重组、股权设置、资产评估、资本验证等方面进行尽职核查。辅导机构需要全方位核查企业在股份公司设立、改制重组、股权设置和转让、增资扩股、资本验证等方面是否合法。

（4）督促公司实现独立运营,做到业务、资产、人员、财务、机构独立完整,主营业务突出。

（5）辅导机构将规范公司关联方、关联关系以及关联交易的概念和界定标准,关联交易的会计处理规定和方法,关联交易的信息披露标准等问题。

（6）协助发行人建立健全财务管理体系,增强有关人员的诚信意识和责任意识,杜绝财务虚假情形。

（7）协助发行人建立健全符合上市公司要求的信息披露制度。进行上市公司信息披露专题培训,包括上市公司信息披露制度、信息披露的内容和格式、信息披露的相关责任等。

（8）协助公司形成明确的业务发展目标和未来发展计划。辅导机构将与公司董事、监事、高级管理人员进行充分讨论,结合行业发展趋势,确定公司的发展目标以及实施计划。

辅导工作开始前 10 个工作日内,辅导机构应当向派出机构提交以下材料:辅导机构及辅导人员的资格证明文件(复印件),辅导协议,辅导计划,拟发行公司基本情况资料表,最近两年经审计的财务报告(资产负债表、损益表、现金流量表等)。辅导协议应明确双方的责任和义务。辅导费用由辅导双方本着公开、合理的原则协商确定,并在辅导协议中列明,辅导双方均不得以保证公司股票发行上市为条件。辅导计划应包括辅导的目的、内容、方式、步骤、要求等内容,辅导计划要切实可行。

三、 企业上市流程

企业上市流程如图 3.1 所示。

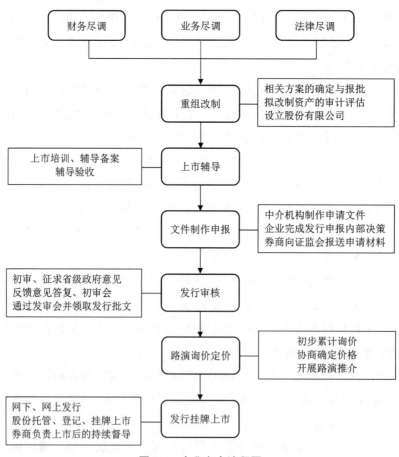

图 3.1　企业上市流程图

第四章

企业上市之尽职调查

　　尽职调查贯穿企业上市的整个过程。中介机构通过初步尽职调查,判断上市的可行性,经过初步了解后,进一步与企业洽谈,签订相关服务协议;进入正式调查阶段,中介机构经过全面的正式尽职调查发现问题,并就发现的问题召开中介协调会与企业进行深度沟通、讨论,确定最终上市方案;在企业上市推进过程中,项目组成员通过不断深入项目亦会进一步发现问题,并就相关问题进行补充尽职调查,直至企业申报上市。

　　尽职调查不是简单地如实提供尽调材料,重点在于通过中介机构尽职调查清单了解熟悉中介机构需要这些材料的真正用途。公司的实际控制人以及董事会秘书、财务总监、主管业务和技术的副总等人员均是中介机构开展尽职调查的关键人物。

第一节　尽职调查的目的和程序

一、尽职调查的目的

企业上市尽职调查的目的主要包括以下四点:

(1)确定企业是否具备较为全面的上市条件。

(2)为引进战略投资者或者引入私募融资奠定相应的基础。

(3)为中介机构是否推荐公司上市提供初步评价资料。

(4)为企业改制重组提供决策依据。

二、尽职调查的程序

　　尽职调查最关键的是制定详细的尽职调查计划,对调查内容、调查程序、调查执行人、时间进度及文件管理等做出规划。有组织、有计划的尽职调查将提高调查的效率、效果。

　　在作出尽职调查规划以后,一般会执行以下流程:

(1)根据企业的实际情况,确定各项调查内容的重要性水平,编制并讨论《尽职调查问卷》。

(2)进行尽职调查前的动员会,培训企业相关人员。

(3)发放尽职调查问卷,执行相应的尽职调查程序。

　　尽职调查的方式一般包括以下几种:

(1)问卷调查。

(2)函证。

(3)访谈。

(4)实地走访。

(5)交叉验证复核。

(6)召开协调会讨论。

(7)网络查询(企业上市常用互联网查询网站见本书附录3)。

(8)其他合适的调查方式。

第二节 历史沿革的核查

企业上市尽职调查对历史沿革的核查,包括公司设立及历次股权变动情况、历年工商登记等相关资料的核查;对历年业务经营情况记录、年度报告的核查;对股东情况及股东出资情况的核查需重点关注是否存在出资不实、抽逃出资行为。

无论是主板、科创板还是创业板,均要求发行人的注册资本已足额缴纳,发起人或者股东用作出资的资产的财产权转移手续已办理完毕。申报前,发行人的注册资本的缴纳应符合上述要求。

发行人股东存在未全面履行出资义务、抽逃出资等情形的,或在出资方式、比例、程序等方面存在瑕疵的,应当在申报前依法采取补缴出资、补充履行相关程序等补救措施。

一、 对历次出资的核查

核查拟上市公司及其子公司历次出资是否已经到位,若历次出资以货币方式出资,则应核查该出资是否有银行流水及资金证明;若历次出资以固定资产或者无形资产出资,则应核查固定资产或者无形资产的权属证明和评估报告。

其中,对于无形资产出资,还需要核查是否存在职务发明、权属纠纷和出资不实的情形,如所出资的无形资产与公司实际经营是否具有钩稽关系,所出资无形资产是否给公司带来任何经济收益,等等。

二、 对历次股权转让的核查

核查拟上市公司及其子公司历次股权转让是否履行了法定的决策程序,股权转让款是否已经支付,税务部门是否出具了完税证明,转让方和受让方是否存在股权纠纷或者其他代持或者信托的安排。如公司历史上频繁转让股权的,要核查具体转让原因。

三、 对是否存在代验资行为的核查

实践中,有些公司在创业初期存在找中介机构进行代验资的情形,也有一些从事特殊行业的公司,存在为了满足相关法律规定,以使注册资本达到从事某些行业的标准或者为了参与某些项目的招投标而找推荐机构进行代验资的情形。该等情形涉嫌虚假出资,大部分企业在财务上处理该等问题时,验资进来的现金很快转给中介机构提供的关联公司,而拟上市公司在财务报表上以应收账款长期挂账处理。如果拟上市公司的账上长期挂大额应收非经营业务的款项,则表示该公司可能存在代验资的行为。

四、 对股东是否存在抽逃出资的核查

抽逃出资是公司股东通过制作虚假财务报表虚增利润进行分配或者虚构债权债务关系、利用关联关系等将出资转出去的行为。

根据《最高人民法院关于适用〈中华人民共和国公司法〉若干问题的规定(三)(2014 修正)》,抽逃出资具体包括以下几种情形:

(1)制作虚假财务会计报表虚增利润进行分配。

(2)通过虚构债权债务关系将其出资转出。

(3)利用关联交易将出资转出。

(4)其他未经法定程序将出资抽回的行为。

但是,拟上市公司存在长期挂应收股东借款,或者大股东长期占用公司资金的情况的,一般不认定为股东抽逃出资。

五、 对自然人股东的核查

对于历史上涉及人数较多自然人股东的情况,需重点关注其股权变动是否存在争议或潜在纠纷。对于历史沿革涉及较多自然人股东的发行人,保荐机构、发行人律师应当核查历史上自然人股东入股、退股(含工会、职工持股会清理等事项)是否按照当时有效的法律法规履行了相应程序,入股或

股权转让协议、款项收付凭证、工商登记资料等法律文件是否齐备,并抽取一定比例的股东进行访谈,从而就相关自然人股东股权变动的真实性、所履行程序的合法性、是否存在委托持股或信托持股情形、是否存在争议或潜在纠纷发表明确意见。发行人以定向募集方式设立股份公司的,中介机构应以有权部门就发行人历史沿革的合规性、是否存在争议或潜在纠纷等事项的意见作为其发表意见的依据,并获取省级人民政府就前述事项出具的确认意见。

对于自然人股东股权变动存在争议或潜在纠纷的,保荐机构、发行人律师应就相关纠纷对发行人股权清晰稳定的影响发表明确意见;发行人应当提出明确、可行的解决措施,并在招股说明书中进行披露。

关于中介机构对历史上自然人股东的核查比例,审核中进行如下区分处理:

(1)若相关自然人股东入股、退股均按照当时有效的法律法规履行了相应程序,入股或股权转让协议、款项收付凭证、工商登记资料等法律文件齐备,则保荐机构、发行人律师应对相关自然人股东股权变动的真实性、程序合法性、是否存在纠纷等进行书面核查,并抽取一定比例的股东进行访谈,访谈比例应不低于待核查股东人数及待核查股份总数的30%。

(2)若相关自然人股东入股、退股的法律程序存在瑕疵,或相关法律文件不齐备,则保荐机构、发行人律师应对相关自然人股东股权变动的真实性、程序合法性、是否存在纠纷等进行书面核查。

六、对股东穿透的核查

2021年2月5日证监会发布的《监管规则适用指引——关于申请首发上市企业股东信息披露》(以下简称《指引》)堪称重磅,尤其其中关于IPO申报前入股(以下简称"突击入股")锁定期的规定,在众多拟IPO企业及投资者中一石激起千层浪。我们整理了《指引》对目前"突击入股"锁定期要求及核查要求的影响,以供参考。

1. "突击入股"锁定期

现行"突击入股"与《指引》规定锁定期主要差别如表4.1所示:

表 4.1　现行规定与《指引》对锁定期的差别

	入股时间	入股方式	锁定期要求
现行规定	IPO 申报前 6 个月内	增资扩股	自发行人完成增资扩股工商变更登记之日起锁定 36 个月
		从控股股东、实际控制人或需要锁定 36 个月的股东处受让股份	股票上市之日起锁定 36 个月
		从其他股东处受让股份	无特殊要求,一般为股票上市之日起锁定 12 个月
《指引》规定	IPO 申报前 12 个月内的新增股东		所持新增股份自取得之日起 36 个月内不得转让

由此可见,不仅新增股东入股时间从 IPO 申报前 6 个月内大幅提前到 12 个月内,同时,即使从非控股股东、实际控制人处受让的股份也将受限于额外的 36 个月锁定期。

尽管如此,与现行规则类似,"突击入股"锁定期的 36 个月起始时间为取得新增股份之日(通常即工商变更之日)。结合 IPO 申报、审核及发行实际所需的时间,"突击入股"股份在上市后实际锁定的期间一般也缩短为 2 年左右,高于法定的 12 个月锁定期,但低于控股股东、实际控制人的 36 个月锁定期。

但是,我们也注意到,现行规定中,申报前 6 个月内从控股股东、实际控制人或需要锁定 36 个月的股东处受让股份的,自股票上市之日起锁定 36 个月,但按《指引》规定,似乎可以自取得新增股份之日起锁定 36 个月,存在比原先锁定期更短的可能性。

2.《指引》新增核查要求

对于申报前一年新增股东,现行的《首发业务若干问题解答》《深圳证券交易所创业板股票首次公开发行上市审核问答》《上海证券交易所科创板股票发行上市审核问答(二)》(以下合称《审核问答》)均提出了详细的核查要求,《指引》延续了该等核查规定,并未提出更高的要求。但是《指引》对拟上市企业股东的核查,提出了部分额外的要求,主要包括:

(1)发行人历史沿革中存在股份代持等情形的,应当在提交申请前依法解除,并在《招股说明书》中披露形成原因、演变情况、解除过程、是否存在纠纷或潜在纠纷等。

(2)发行人申报时需要出具并披露专项承诺,说明发行人直接或间接股东中是否存在禁止持股的主体,是否存在中介机构(或其负责人、高级管理人员、经办人员),以及是否存在以发行人股权进行不当利益输送的情况。

(3)发行人股东的股权架构为两层以上且为无实际经营业务的公司或有限合伙企业的,如该股东入股交易价格明显异常,中介机构应当对该股东层层穿透核查到最终持有人,并说明是否存在代持、禁止持股、不当利益输送或中介机构(或其负责人、高级管理人员、经办人员)直接或间接持有发行人股份的情形。

(4)私募投资基金等金融产品持有发行人股份的,发行人应当披露金融产品纳入监管的情况。

(5)中介机构发表核查意见应当全面深入核查包括但不限于股东入股协议、交易对价、资金来源、支付方式等客观证据。

3. 发行人股东的信息披露义务

我们注意到《指引》中提出:"发行人及其股东应当及时向中介机构提供真实、准确、完整的资料,积极全面配合中介机构开展尽职调查,依法履行信息披露义务。"同时,"发行人股东存在涉嫌违规入股、入股交易价格明显异常等情形的,证监会和证券交易所可以要求相关股东报告其基本情况、入股背景等,并就反洗钱管理、反腐败要求等方面征求有关部门意见,共同加强监管。"

我们一般认为发行人的小股东(非控股股东、实际控制人、非兼任董事、监事、高管等具有明确信息披露义务的股东)一般不构成《证券法》意义下的"信息披露义务人"。上述规定是否也将发行人小股东列为信息披露义务人,以致其承担更多的法律责任,我们希望能在未来的监管实践中进一步澄清。另外,现行实践中监管部门对发行人小股东的监管抓手相对较小,主要通过中介机构核查的方式开展,《指引》明确了监管部门可以直接要求相关股东报告情况,增加了监管方式和手段,会如何影响审核实践有待进一步观察。

2021年2月《监管规则适用指引——关于申请首发上市企业股东信息披露》实施以来,证监会督促市场主体按照规定规范股东入股行为,取得了积极的效果。但在具体执行过程中,一些中介机构出于免责目的扩大核查范围,存在有些持股主体无法穿透核查、个别持股比例极少的股东也要核查等现象,增加了企业负担。要尽量量化重要性原则,对于持股较少、不涉及违法违规"造富"等情形的,中介机构实事求是出具意见后可以正常推进审核。同时,也要纠正中介机构核查工作中存在的免责式、简单化的不良倾向。证监会发言人作出上述表态后 20 天,沪、深交易所就股东穿透核查做出了《关于进一步规范股东穿透核查的通知》,以避免免责式、简单化的核查。对于持股较少、不涉及违法违规"造富"等情形的,保荐机构会同发行人律师实事求是发表意见后,可不进行穿透核查。对于"持股较少"的情形,沪深交易所明确称,原则上,直接间接持有发行人股份数量少于 10 万股或持股比例低于 0.01%的,可认定为持股较少。

第三节　独立性的核查

一、基本规定

企业上市应当遵循"五独立、五分开"的基本公司治理准则,具体而言如表 4.2 所示:

表 4.2　"五独立、五分开"公司治理准则

人员	独立	发行人的总经理、副总经理、财务负责人和董事会秘书等高级管理人员不在控股股东、实际控制人及其控制的其他企业中担任除董事、监事以外的其他职务,不在控股股东、实际控制人及其控制的其他企业领薪;发行人的财务人员不在控股股东、实际控制人及其控制的其他企业中兼职
	分开	
资产	独立	生产型企业具备与生产经营有关的主要生产系统、辅助生产系统和配套设施,合法拥有与生产经营有关的主要土地、厂房、机器设备以及商标、专利、非专利技术的所有权或者使用权,具有独立的原料采购①和产品销售②系统;非生产型企业具备与经营有关的业务体系及主要相关资产
	分开	

---

① 采购是指购买物资(或接受劳务)及支付款项等相关活动。
② 销售是指企业出售商品(或提供劳务)及收取款项等相关活动。

（续表）

财务	独立	发行人已建立独立的财务核算体系,能够独立作出财务决策,具有规范的财务会计制度和对分公司、子公司的财务管理制度;发行人未与控股股东、实际控制人及其控制的其他企业共用银行账户
	分开	
业务	独立	主板:发行人的业务独立于控股股东、实际控制人及其控制的其他企业,与控股股东、实际控制人及其控制的其他企业间不存在同业竞争①或者显失公平的关联交易。
	分开	创业板、科创板:发行人与控股股东、实际控制人及其控制的其他企业间不存在对发行人构成重大不利影响的同业竞争,不存在严重影响独立性或者显失公平的关联交易
机构	独立	发行人已建立健全内部经营管理机构,独立行使经营管理职权,与控股股东和实际控制人及其控制的其他企业间不存在机构混同的情形
	分开	

就业务独立而言,此前,同业竞争是 A 股 IPO 的红线,只要有就构成障碍。随着科创板、创业板实施注册制改革,同业竞争问题的监管口径发生了变化,审核部门对同业竞争采取了有限容忍态度,即不得存在对发行人构成重大不利影响的同业竞争。

对于是否构成同业竞争的判断,监管机构采取了实质认定的原则,要求核查认定"竞争"时,结合相关企业历史沿革、资产、人员、主营业务(包括但不限于产品服务的具体特点、技术、商标商号、客户、供应商等)等方面与发行人的关系,以及业务是否有替代性、竞争性,是否有利益冲突等,判断是否对发行人构成竞争。对于同业竞争是否构成"重大不利影响",监管机构要求保荐机构及发行人律师结合竞争方与发行人的经营地域、产品或服务的定位,是否会导致发行人与竞争方之间存在利益输送、是否会导致让渡商业机会情形等方面进行核查并发表明确意见。

二、 注册制下企业 IPO 解决同业竞争案例

1. 心脉医疗(688016)

心脉医疗的主营业务是主动脉及外周血管介入医疗器械的研发、生产和销售;心脉医疗的控股股东微创医疗控制的其他主体,主营业务包括骨科

---

① 同业竞争的"同业"是指竞争方从事与发行人主营业务相同或相似的业务。

医疗器械业务、心律管理医疗器械业务、电生理医疗器械业务、外科医疗器械业务等。

在心脉医疗的案例中,审核部门对同业竞争问题进行了两轮问询。根据心脉医疗的回复,心脉医疗与微创医疗其他业务分部的主营业务及主要产品不存在竞争关系或相互替代关系,主要理由如下:

①产品的分类界定不同,心脉医疗主要产品为胸主动脉覆膜支架、腹主动脉覆膜支架、术中支架产品,与微创医疗其他业务分部产品分属不同的产品类别;②产品主要适应证、治疗方法、对应科室存在显著区别;③对不同医疗器械的采购需求由不同医院科室独立发起;④技术和行业准入壁垒使得心脉医疗与微创医疗其他业务分部均难以进入对方市场;⑤心脉医疗的球囊扩张导管产品与微创医疗的球囊扩张导管产品不存在同业竞争,心脉医疗与微创医疗的球囊扩张导管产品均为介入治疗手术中使用的辅助类介入器械,系配合各自治疗类器械使用,心脉医疗与微创医疗的球囊扩张导管产品存在本质区别;⑥心脉医疗具有独立完整的业务体系和面向市场的自主经营能力。心脉医疗与直接和间接控股股东其他业务分部在产品和应用领域上存在显著差异,未来发展方向也显著不同,双方不存在能够互相或单方让渡商业机会的情形。

2. 西部超导(688122)

西部超导主要从事高端钛合金材料和低温超导材料的研发、生产和销售。作为西北有色金属研究院控股的两家公司,西部超导和西部材料实际控制的西部钛业公司的主营业务都是钛制品行业,存在较大的同业竞争风险。西部超导曾计划在上海证券交易所上市,并于 2013 年 8 月正式进入证监会 IPO 初审程序,后于 2014 年 7 月申请终止 IPO 审查。随着科创板政策的落地以及相关配套措施的跟进,西部超导于 2019 年 4 月 25 日正式申请科创板上市并被上海证券交易所受理,并于 79 天后成功注册。

在申请科创板上市的相关文件中,西部超导认为,西部超导与西部钛业虽然都从事钛合金材料业务,但两者在生产工艺和核心设备、产品的形态和用途、下游客户、技术储备和发展方向等方面均存在较大差异,两家公司之间不存在实质性竞争关系,具体而言:①产品的生产工艺和核心设备不同,双方均不具备生产对方产品的能力;②产品形态、用途不同,相互间不存在替代关系;③主要客户群体存在差异;④技术储备不同;⑤业务定位和发展方向不同;⑥两家公司的毛利率、净利率的差异较大。

3. 威胜信息(688100)

威胜信息与其控股股东威胜集团均属于与电相关的 C 类制造业。威胜信息的主营产品为电监测终端、水气热传感终端、通信网关、通信模块,以及电、水、气、热等智慧能源管理,智慧消防、智慧路灯等应用管理系统;威胜集团的产品为电能表及其配套产品。

上海证券交易所对威胜信息的同业竞争事项进行了多轮问询。威胜信息从下列角度论述其与控股股东及其他关联方之间的相似业务不构成同业竞争:①发行人与关联方的相关产品在应用领域、产品功能、核心技术特点、行业竞争格局和发展趋势等方面均存在本质区别,不存在可替代性和竞争关系;②发行人独立拥有生产经营相关的资产;③发行人与控股股东及其关联方之间不存在共用渠道和资源的情形;④从经营场所、技术工艺、监测安装环节、独立研发能力等方面看,不存在同业竞争;⑤控股股东与其关联方、发行人各产品在电网集团的销售模式不同;⑥经营地域存在一定重合具有合理商业背景,是由于电力系统的特殊性导致;⑦部分客户重叠是由于下游行业高度集中特点所致;⑧部分供应商重合是由于可供选择的供应商有限,发行人与关联方基于供应链配套、物流及时性及售后服务有效性之考量所致。

第四节　主要资产权属、债权债务、重大合同的核查要点

一、主要资产的权属核查

主要资产的核查涉及土地、房产、知识产权及其他生产设备等固定资产的权属核查。其中,土地包括国有出让土地、集体建设用地、集体土地,知识产权包括专利、商标、软件著作权等。

二、主要债权债务的核查

对于公司主要债权债务的核查重点在于核查公司正在履行的借款合同,包括银行融资和其他方式的融资,实际控制人通过其他方式融资后进入上市主体的合同。

三、 重大合同核查

公司的重大合同包括采购合同、销售合同,尤其是与前十大客户和供应商相关的合同。对公司重大合同的核查主要关注以下几点:

(1)重点核查合同中是否有对客户的重大依赖,以及厘定公司收入确认的相关条款。合同中所描述的业务模式与公司说明的业务模式是否一致,重点确定该合同规定的模式属于经销还是代理,是否存在商业特许等情形。

(2)重点核查是否存在关键性技术许可合同。

(3)核查是否存在重大战略合作合同。

(4)核查发行人是否存在票据融资的情况。

(5)核查实际控制人是否存在对外大额担保情形。

第五节　重大诉讼、仲裁和行政处罚以及生产经营、 业务资质合规性核查

一、 重大诉讼、仲裁和行政处罚核查

对于公司涉及的重大诉讼、仲裁和行政处罚的核查重点关注:

(1)重点核查公司作为被告的重大诉讼,涉及产品质量的诉讼,涉及关键性技术的知识产权侵权或者权属纠纷诉讼等。

(2)确认公司是否存在被市场监督、税务、环保、土地、安全生产、海关、外汇等主管部门施加的情节严重的行政处罚。

二、 生产经营的合规性核查

对于生产经营的合规性核查主要涉及市场监督管理部门、药品监督管理部门和安全生产监督管理部门。其中,市场监督管理部门主要对广告的合规性、市场监管的合规性进行规制;药品监督管理部门主要对药品、医疗器械、化妆品及这些产品相关的广告等进行核查;安全生产监督管理部门主管安全生产和相关的政策法规工作。

三、 业务经营资质核查

业务经营资质的核查主要核查公司的业务是否涉及行政许可或其他资质,如商业特许资质、安全生产许可、增值电信资质、特种设备资质以及其他

行业许可资质。

第六节　企业员工与劳动人事情况核查

一、劳动合同

核查公司劳动合同签订的情况,是否存在应签订劳动合同而未签订的情形。

二、用工情况

公司是否存在劳务派遣①的情况。如有劳务派遣,则核查是否符合劳务派遣的三性(临时性、辅助性、替代性),是否超过员工总数的 10%,是否存在规避高新技术企业关于员工学历构成条件的情形。

三、社会保险、公积金

拟上市公司应当率先履行社会责任,规范办理社会保险和住房公积金的缴存手续,努力提高缴存比例。发行人在申报前应尽可能为符合条件的全体员工按规定办理社会保险和住房公积金缴存手续。

发行人报告期内存在应缴未缴社会保险和住房公积金情形的,应在招股说明书中披露社会保险和公积金应缴未缴的具体情况及形成原因,制定并披露切实可行的整改措施。对前述事项应取得发行人及其子公司所在地相关主管部门出具的无违法违规证明文件。发行人应对存在的补缴风险进行揭示,并披露明确的应对方案,如由控股股东、实际控制人承诺承担因发行人未按规定缴纳社会保险或住房公积金被相关主管部门要求补缴的义务或被处以罚款的相关经济责任等。

此外,还应核查公司是否存在委托第三方机构代缴社保和住房公积金的情形。

四、员工工资

核查员工工资支付情况,是否为了避税而存在现金发放或者由实际控

---

　①　劳务派遣是指由劳务派遣机构与派遣劳工订立劳动合同,把劳动者派向其他用工单位,再由用工单位向派遣机构支付一笔服务费用的一种用工形式。用工单位只能在临时性、辅助性或者替代性的工作岗位上使用被派遣劳动者。公司应当严格控制劳务派遣用工数量,使用的被派遣劳动者数量不得超过其用工总量(自主用工＋劳务派遣用工)的 10%。

制人个人通过银行转账部分发放的情形。

五、 核心技术人才或管理人员

核查核心技术人才或者管理人才履职情况、诚信记录、犯罪记录等,核查是否存在与原单位存在竞业禁止、保密安排等情形。

六、 劳动纠纷

核查公司是否存在因劳动合同履行及社保、公积金缴纳等情形引致的劳资纠纷。

第七节 对企业财务和税务情况的尽职核查

一、 企业财务情况核查

核查要点:企业财务管理是否规范,是否建立了内控制度,财务部门是否独立于控股股东,财务制度是否健全,企业的资金管理、收入确认、成本费用核算、工资发放及社保缴纳、银行账户开立及使用是否合规等。

1. 收入确认核查

常见问题:收入确认按照收付实现制;收入以开具发票点确认;收入以发货时点确认;收入确认原始凭证不完整,缺少发货单、运输物流单、验收单、合同等资料;与客户和代理商结算不及时,退货处理入账不及时,导致收入提前或滞后;收入入账不完整,存在账外收入;第三方回款;等等。

规范要求:按照企业业务特点,选择恰当的收入确认原则,合理确定收入确认时点;全面梳理销售业务台账与开票台账,以及与销售收入确认有关的出库单、验收单、发票等原始单据,按照已选择的收入确认原则调整原账面确认收入;建立销售业务相关内部控制,按照准则的要求进行账务处理;申报期内所有营业收入纳入报表,未纳税收入补交税金;第三方回款资金全部汇缴至企业财务,未来业务全部通过企业自有账户结算。

【案例4-1】江苏新瀚新材料股份有限公司:第三方收取销售款被质疑内控不规范

深圳证券交易所审核问询函询问问题:客户所属集团存在通过集团财务公司付款、指定相关公司代客付款情形,分别披露对应金额及占比;各类回款方与签订合同方的关系,各期回款金额及占收入比例;第三方回款的原因、必要性及商业合理性,发行人及关联方与第三方回款的支付方是否存在关联关系或其他利益安排。请保荐人、申报会计师核查并发表明确意见,并对发行人第三方回款的真实性及销售确认相关内部控制有效性发表明确意见。

2. 成本核算核查

常见问题:生产资料没有记录或与实际不符,资产账实不符,价格核算错误;采用收付实现制核算成本,造成已有偿付义务但未开票成本未计入报表;没有开展料工费的归集与分配,或核算较为粗放,没有细化到产品或项目进行归集,分产品、分项目的成本无法合理归集。

规范要求:对存货采用实地盘点核实数量,适时完整记录生产投入产出,结合业务特点采用加权平均法或个别计价法核算金额;按照产品或项目归集实际成本,准确进行料工费的归集与分配;建立健全材料采购、存货与成本内部控制体系以及成本核算体系。

【案例4-2】卓越新能(688196):IPO审核要求对产品成本进行定量分析

请发行人:①结合自身的生产工艺流程,说明营业成本的核算及结转方法是否符合企业会计准则的相关规定;②结合各产品的化学反应方程式、固定资产产能和利用率变动情况,逐项分析单位直接材料金额和数量、单位直接人工和单位制造费用的变化情况及原因;③说明主要产品的产能及计算方式,粗甘油混合物是生物柴油生产过程中的副产物,结合报告期内两个产品的产量说明副产品与产成品的关联性和副产品的财务核算方法;④说明水、电力、煤炭和生物柴油的耗用量与发行人产能和产量之间的匹配关系,各期单位耗用量是否存在显著差异并定量分析差异形成原因;⑤说明甲醇、液氯和过氧化氢等危险化学品采购数量、耗用量和发行人产量之间的对应匹配关系;⑥说明发行人及其子公司之间的产能及产量情况。

3. 职工薪酬核查

常见问题:通过股东或第三方发放工资,报销费用抵工资,个税计缴不足;通过股东或出纳个人的卡发放工资;社保计缴人员范围不足;社保计缴标准不足;等等。

规范要求:如实反映工资支出情况,足额计缴个税;对符合条件的员工建立社保和住房公积金制度;存在历史上欠缴的,控股股东及其实际控制人承诺承担相关义务。

4. 费用列支核查

常见问题:费用列支不足;费用列支异常偏高;通过由经销商或他方代垫营销费用,将部分费用以其他应收款挂账等形式减少营销费用;为获取高新技术资格将其他费用计入研发支出;开发支出资本化依据不充分;未根据贷款实际使用情况恰当进行利息资本化。

规范要求:按照权责发生制规定,真实、足额列支各项费用;准确归集研发支出;严格遵守会计准则,审慎进行开发支出资本化;准确核算利息支出。

【案例 4-3】柳州欧维姆机械股份有限公司:咨询费过高被质疑不真实

发行人报告期内销售费用率大大高于同行业上市公司,其中,业务费用占销售费用的比例为 27%~38%。请发行人代表说明向相关咨询类公司支付业务费的比例,报告期每年接受业务费的咨询类公司数量;柳州市浩荣劳务服务有限公司作为一家建筑劳务分包企业,柳州微风科技服务有限公司作为一家 2016 年新设的互联网咨询相关企业,发行人向两者采购技术咨询服务的具体内容及合理性。

5. 长期资产核查

常见问题:资产权属不清晰,资产账实不符;购买设备未取得合法票据;未取得土地权属证明;厂房建设手续不全;不动产建设未实施工程造价决算,不办理法定登记手续;投资设立多个公司造成会计主体相互混淆,个人收支与公司收支不分。

规范要求:规范投资业务,确保未来采购的资产权属清晰、入账合规;完善不动产建设审批手续,取得权属证明;及时办理工程造价决算及法定登记手续;定期进行资产盘点,确保账实相符。

6. 融资业务核查

常见问题:出资不实或抽逃出资;非货币性出资未经验资和评估;出资方式不符合规定,以非货币性出资替代货币出资;无形资产、固定资产等实物出资资产权属不清晰,资产权利存在缺陷,或未办理财产转移手续;股权出资未进行评估,作价依据不充分;利用关联企业开具没有真实交易背景的银行承兑汇票,贴现后套取银行信贷资金;银行贷款供应商或其他第三方转贷①;找非正规机构办理票据贴现。

规范要求:出资不实或抽逃出资的,补足出资;历史上出资不规范的,补办相关手续或者补充出资;停止不规范的开具汇票行为;停止找供应商或其他第三方转贷;到正规机构办理票据贴现;完善内部控制。

7. 关联交易②核查

常见问题:交易依据不充分,缺相关合同及确认;定价不公允;关联方界定不完整;会计处理不当;交易程序不规范;交易以调节利润为目的;实质关联方非关联化。

规范要求:关联交易定价公允,消除不必要关联交易,减少关联交易比例,杜绝侵占上市主体利益情形出现。

【案例 4-4】蒙泰高新(300876):关联交易被问询

公司自设立以来,一直租赁中海化纤、粤海化纤的房屋作为其经营场地。2016 年 12 月,中海化纤将其租赁给蒙泰股份的厂房增资至其全资子公司海汇投资,粤海化纤将其租赁给蒙泰股份的厂房增资至其全资子公司华海投资。2017 年 5 月,蒙泰股份收购海汇投资和华海投资全部股权,收购完成后,蒙泰股份独立拥有生产经营厂房,不再租赁中海化纤和粤海化纤的厂房。

上市审核部门要求:①进一步说明关联交易(包括经常性关联交易和偶发性关联交易)的必要性、合理性,并通过综合对比交易条件、第三方价格等因素,进一步论证交易价格是否公允并说明核查过程,提供核查依据;②说明报告期内是否存在关联方为发行人支付成本、费用或采用不公允的交易价格向发行人提供经济资源的情形;③补充披露发行人报告期内资产重组情况,逐项说明被重组企业重组时的主营业务,重组前一年的经营业绩及财务情况,主要资产、负债的内容,重组定价的依据,发行人及被重组企业的会计处理情况,被重组企业重组后的主营业务情况,经营业绩及财务情况,要求保荐机构和会计师核查重组定价的公允性和历次会计处理的合规性。要

---

① 为满足贷款银行受托支付要求,在无真实业务支持的情况下,通过供应商等取得银行贷款资金的走账通道。

② 关于关联方认定,公司应当按照《公司法》《企业会计准则》和中国证监会、证券交易所的相关规定认定并披露。

求保荐机构、申报会计师核查前述事项并发表明确意见。

8. 会计核算基础核查

常见问题：原始凭证保持不完整或者丢失；更改原始或记账凭证无依据，说明随意、更改频繁；会计记录及事项不清，经手会计人员离职后无法了解具体情况；与客户、供应商等往来款项长期不对账，导致时间久、差异大，无法核对清楚；存在大量大额银行存款未达账；投资长期挂账其他应收、在建工程；长期投资核算方法不正确，或不反映收益/损失，股权投资差额及商誉①处理不恰当；投资关系不清晰、无合同、无被投资单位出资证明；费用及款项长期挂账等。

规范要求：加强会计基础建设，配备足额会计人员，规范财务管理，提升企业会计核算水平与财务管理能力；按照准则的要求，基于业务的事实进行正确的会计处理。

【案例 4-5】广东申菱环境系统股份有限公司：因会计处理不合理收到交易所审核函

2020 年 7 月 3 日，深圳证券交易所受理申菱环境的创业板 IPO 申报材料。深圳证券交易所在审核过程中下发〔2020〕010853 号审核函，要求申菱环境及其保荐机构、律师、会计师对申菱环境应收账款等问题进行核查。

申菱环境应收账款周转率低于可比公司，主要由于申菱环境产品包括数据服务类、工业类、特种类、公共建筑及商用类，主要客户分布于信息通信、电力、化工、交通、核电、军工与航天、VOCs 治理、公共建筑、科研院校等行业，相比于数据空调，申菱环境产品中其他类型的空调客户回款相对较慢。深圳证券交易所要求申菱环境补充披露：①不同类型空调在结算政策、客户类型等方面存在的差异；②不同类型空调对应客户的应收账款周转率，分析回款速度存在差异的原因。

9. 会计政策及估计核查

常见问题：会计政策不符合会计准则；固定资产、在建工程、无形资产折旧及摊销方法、年限、残值率不当或经常变更；利息资本化不符合准则要求；停工损失资本化；试运行期间会计核算不正确；在建工程转固时点不当，折

---

① 商誉是非同一控制下企业合并过程中形成的，所支付的对价与被并购标的资产公允价值之间的差额。

旧起始时点不合准则要求;固定资产后续支出资本化依据不充分;开发支出资本化依据或条件不充分;非专利技术是否能确定受益年限;摊销/减值测试;资本性支出与收益性支出划分不清等。

规范要求:结合企业业务特点,选择会计政策与会计估计,并由董事会批准,一经选定,不得随意变更。除非法律或会计准则等行政法规、规章有要求,以及这种改变可以提供更可信、更相关的会计信息。

【案例 4 - 6】中科星图(688568):收入确认政策不符合会计准则被要求更改招股书

公司 IPO 申报材料中披露的系统设计开发业务和数据分析应用服务收入确认政策:按合同约定提交项目成果并取得客户确认的初验报告时,按照合同金额的 95% 确认项目收入;达到合同约定的最终验收条件并取得客户确认的终验报告时,按照合同金额的 5% 确认项目收入;对于未约定初验阶段或未取得验收报告的项目,在终验时按照合同金额确认 100% 收入。

经交易所问询后,公司收入确认政策修改为:按合同约定提交项目成果并取得客户确认的初验报告时,按照合同金额的 100% 确认项目收入;并按照初验时已发生的全部成本及预提终验阶段的成本金额之和确认项目成本,公司按照初验确认收入的 5% 预提终验阶段的成本并确认预计负债;项目终验阶段发生成本时冲销已计提的预计负债。

10. 关联方资金占用核查

常见问题:资金被控股股东、实际控制人及其控制的企业以借款、代偿债务、代垫款项或者其他方式占用;年度中间占用,年末归还;通过交易事项虚构、交易价格非公允、货款长期拖延结算等方式占用资金;通过中间环节,以委托贷款的形式间接向大股东提供资金;委托实施项目;利用开具无真实交易背景的银行承兑汇票并且贴现等方式取得资金,体外运营,为大股东及其关联方长期占用资金提供便利条件;对股东、实际控制人及其关联方提供担保。

规范要求:关联方归还全部占用资金,并支付资金占用费;撤销所有对关联方担保;杜绝被关联方侵占资金情形。

【案例 4 - 7】浙江日发纺织机械股份有限公司:因资金占用收到交易所审核函

2020 年 6 月 29 日,深圳证券交易所受理日发纺织的创业板 IPO 申报材料。2020年12月18日,深圳证券交易所上市审核中心出具〔2020〕010655号审核函,认为日发纺织向控股股东日发集团提供借款5 000万元且未收取费用的情形构成控股股东非经营性资金占用,要求日发纺织、律师、申报会计师对资金占用事项进行逐项落实。

11. 内部控制制度核查

常见问题:缺乏系统规范的管理制度。中小企业普遍缺乏系统规范的业务管理制度和流程。有的企业在改制时,在一些关键控制环节建立了内控制度和业务流程,但运作过程中,还应加强管理制度的系统规范性,并注重完善和提高执行能力;缺乏监督、检查、分析评价机制。如实行预算管理制度的企业,在年度经营过程中未定期进行预算执行分析,致使在预算执行过程中偏差较大,责任划分和量化不明确,控制功能未能有效发挥。企业还应重视事前控制和事中控制;缺乏人力资源管理机制和完善的绩效考核制度;无视与员工的关系。如签订不规范的劳动合同,员工养老统筹费用欠缴,以至于出现员工劳动补偿纠纷等。一旦出现上述情况,将对企业上市产生负面影响。

规范要求:良好的企业内控制度要求目标明确、措施有效、执行顺畅、监督到位、效果明显、效益显著。对自身内控制度的建立和执行情况,企业可以从以下两个维度展开自查:检查现有内控制度的框架、内容、流程设计是否符合企业的实际和经营特点,是否关注到本企业的重点业务单位、重要业务事项、重大风险领域和关键的岗位及环节,是否存在照抄照搬其他公司而与实际经营活动脱节的现象;企业现有内部制度是否已下发执行,员工对制度的了解、掌握程度,制度的执行是否列入绩效考核,企业及其所属各单位、部门及职工对制度的执行是否到位,是否存在"重制度、轻执行,重程序、轻效率"的现象。

【案例4-8】恒安嘉新(北京)科技股份公司:存在内控缺失问题

恒安嘉新分别于2018年12月28日和29日签订了4个提供解决方案业务的重大合同。上述合同均于当年签署初次验收报告,恒安嘉新于当年确认收入13 682.84万元,产生的净利润为7 827.17万元。多轮问询之后,恒安嘉新以谨慎性为由调整了收入确认时间,并将调整事项作为特殊会计事项进行披露。

2019年8月26日,中国证监会对恒安嘉新首次公开发行股票作出不予注册的决定。中国证监会认为恒安嘉新将该"会计差错更正"认定为"特殊会计处理事项"的理由不充分,不符合企业会计准则的要求。同时,公司还存在另一项会计差错更正没有按照招股说明书更正事项进行披露。恒安嘉新存在会计基础工作薄弱和内控缺失的情形。

二、 企业税务核查

核查要点:公司及其控股子公司执行的税种、税率是否符合现行法律、法规和规范性文件的要求;若公司享受优惠政策、财政补贴等政策,该政策是否合法、合规、真实、有效;公司纳税是否规范,是否存在核定征税的情形;公司及其子公司是否存在税务处罚的情形等。

1. 会计政策、会计估计变更及会计差错影响利润的涉税处理

因合理规划拟上市企业会计政策、会计估计而影响申报期间损益,应按申报报表各期利润总额以适用税率计算所得税。

会计差错导致常见税务问题:收入入账不完整,成本结转不配比,应资本化的支出费用化,虚增费用等情形导致损益不真实,企业所得税计缴不正确;研发费用列支范围不适当,所得税加计扣除不正确;不符合高新技术企业认证条件,适用税率不正确;采用核定征税方式。

规范要求:遵照企业会计准则和税法规定,准确核算各期利润,并按照适用税率计缴企业所得税;准确归集研发支出并确定加计扣除金额;严格遵守高新技术企业认证条件,对不符合条件的不适用所得税优惠税率。

2. 高新技术企业税收优惠

中国在税制改革中支持高新技术企业,高新技术企业的产品(服务)属于《国家重点支持的高新技术领域》,这与创业板市场优先考虑新能源、新材料、生物医药、电子信息、环保节能、现代服务等领域的政策导向相吻合。如果企业符合国家高新技术产业导向并有相应技术的,应争取认定为高新技术企业,可降低10%的企业所得税税负。

3. 未分配利润、盈余公积、资本公积转增资本个人股东需要缴纳个人所得税

根据税收法律法规规定,公司用资本公积、未分配利润转增股本的,个人股东应计缴个人所得税。对于符合缓缴条件的,应及时与税务局沟通办理缓缴个人所得税手续。

《国家税务总局关于印发〈征收个人所得税若干问题的规定〉的通知》（国税发〔1994〕89号）规定："关于派发红股的征税问题：股份制企业在分配股息、红利时，以股票形式向股东个人支付应得的股息、红利（即派发红股），应以派发红股的股票票面金额为收入额，按利息、股息、红利项目计征个人所得税。"

《财政部、国家税务总局关于将国家自主创新示范区有关税收试点政策推广到全国范围实施的通知》（财税〔2015〕116号）规定："非上市及未挂牌的中小高新技术企业以未分配利润、盈余公积、资本公积向个人股东转增股本时，可在不超过5个公历年度内（含）分期缴纳。"

4. 个人非货币性资产出资税收优惠政策

（1）个人所得税。《财政部、国家税务总局关于个人非货币性资产投资有关个人所得税政策的通知》（财税〔2015〕41号）规定："个人以非货币性资产投资，属于个人转让非货币性资产和投资同时发生。对个人转让非货币性资产的所得，应按照'财产转让所得'项目，依法计算缴纳个人所得税；纳税人一次性缴税有困难的，可合理确定分期缴纳计划并报主管税务机关备案后，自发生上述应税行为之日起不超过5个公历年度内（含）分期缴纳个人所得税。本通知所称非货币性资产，是指现金、银行存款等货币性资产以外的资产，包括股权、不动产、技术发明成果以及其他形式的非货币性资产。"

（2）土地增值税。《财政部、国家税务总局关于继续实施企业改制重组有关土地增值税政策的通知》（财税〔2018〕57号）规定："单位、个人在改制重组时以房地产作价入股进行投资，对其将房地产转移、变更到被投资的企业，暂不征土地增值税。"

5. 企业合并相关税收优惠政策

部分公司在上市改制前需实施股权架构的调整，会涉及企业合并问题，相关的税收成本系重点考虑事项。国家在企业合并方面有一系列税收优惠政策：

1）增值税

《国家税务总局关于纳税人资产重组有关增值税问题的公告》（国家税务总局公告2011年第13号）规定："纳税人在资产重组过程中，通过合并、分立、出售、置换等方式，将全部或者部分实物资产以及与其相关联的债权、负债和劳动力一并转让给其他单位和个人，不属于增值税的征税范围，其中涉及的货物转让,不征收增值税。"

2）城建税及教育费附加

不征或免征增值税的同时,不征或免征城建税及教育费附加。

3）契税

《财政部、国家税务总局关于进一步支持企业事业单位改制重组有关契税政策的通知》（财税〔2015〕37 号）规定:"同一投资主体内部所属企业之间土地、房屋权属的划转,包括母公司与其全资子公司之间、同一公司所属全资子公司之间、同一自然人与其设立的个人独资企业、一人有限公司之间土地、房屋权属的划转,免征契税。"

4）印花税

《财政部、国家税务总局关于企业改制过程中有关印花税政策的通知》（财税〔2003〕183 号）规定:"以合并或分立方式成立的新企业,其新启用的资金账簿记载的资金,凡原已贴花的部分可不再贴花,未贴花的部分和以后新增加的资金按规定贴花。"

5）土地增值税

《财政部、国家税务总局关于继续实施企业改制重组有关土地增值税政策的通知》（财税〔2018〕57 号）规定:"二、按照法律规定或者合同约定,两个或两个以上企业合并为一个企业,且原企业投资主体存续的,对原企业将房地产转移、变更到合并后的企业,暂不征土地增值税。三、按照法律规定或者合同约定,企业分设为两个或两个以上与原企业投资主体相同的企业,对原企业将房地产转移、变更到分立后的企业,暂不征土地增值税。"

6）企业所得税

《财政部、国家税务总局关于企业重组业务企业所得税处理若干问题的通知》（财税〔2009〕59 号）规定:"五、企业重组同时符合下列条件的,适用特殊性税务处理规定:(一)具有合理的商业目的,且不以减少、免除或者推迟缴纳税款为主要目的。(二)被收购、合并或分立部分的资产或股权比例符合本通知规定的比例。(三)企业重组后的连续 12 个月内不改变重组资产原来的实质性经营活动。(四)重组交易对价中涉及股权支付金额符合本通知规定比例。(五)企业重组中取得股权支付的原主要股东,在重组后连续 12 个月内,不得转让所取得的股权。"

"六、企业重组符合本通知第五条规定条件的,交易各方对其交易中的股权支付部分,可以按以下规定进行特殊性税务处理:(一)企业债务重组确认的应纳税所得额占该企业当年应纳税所得额50%以上,可以在5个纳税年度的期间内,均匀计入各年度的应纳税所得额。企业发生债权转股权业务,对债务清偿和股权投资两项业务暂不确认有关债务清偿所得或损失,股权投资的计税基础以原债权的计税基础确定。企业的其他相关所得税事项保持不变。(二)股权收购,收购企业购买的股权不低于被收购企业全部股权的75%,且收购企业在该股权收购发生时的股权支付金额不低于其交易支付总额的85%,可以选择按以下规定处理:1.被收购企业的股东取得收购企业股权的计税基础,以被收购股权的原有计税基础确定。2.收购企业取得被收购企业股权的计税基础,以被收购股权的原有计税基础确定。3.收购企业、被收购企业的原有各项资产和负债的计税基础和其他相关所得税事项保持不变。(三)资产收购,受让企业收购的资产不低于转让企业全部资产的75%,且受让企业在该资产收购发生时的股权支付金额不低于其交易支付总额的85%,可以选择按以下规定处理:1.转让企业取得受让企业股权的计税基础,以被转让资产的原有计税基础确定。2.受让企业取得转让企业资产的计税基础,以被转让资产的原有计税基础确定。(四)企业合并,企业股东在该企业合并发生时取得的股权支付金额不低于其交易支付总额的85%,以及同一控制下且不需要支付对价的企业合并,可以选择按以下规定处理:1.合并企业接受被合并企业资产和负债的计税基础,以被合并企业的原有计税基础确定。2.被合并企业合并前的相关所得税事项由合并企业承继。3.可由合并企业弥补的被合并企业亏损的限额=被合并企业净资产公允价值×截至合并业务发生当年年末国家发行的最长期限的国债利率。4.被合并企业股东取得合并企业股权的计税基础,以其原持有的被合并企业股权的计税基础确定。"

"十一、企业发生符合本通知规定的特殊性重组条件并选择特殊性税务处理的,当事各方应在该重组业务完成当年企业所得税年度申报时,向主管税务机关提交书面备案资料,证明其符合各类特殊性重组规定的条件。企业未按规定书面备案的,一律不得按特殊重组业务进行税务处理。"

《财政部、国家税务总局关于促进企业重组有关企业所得税处理问题的通知》(财税〔2014〕109号)对财税〔2009〕59号进行了调整:第6条第(二)项中有关"股权收购,收购企业购买的股权不低于被收购企业全部股权的

75%"规定调整为"股权收购,收购企业购买的股权不低于被收购企业全部股权的50%";第6条第(三)项中有关"资产收购,受让企业收购的资产不低于转让企业全部资产的75%"规定调整为"资产收购,受让企业收购的资产不低于转让企业全部资产的50%"。

7)个人所得税

国家税务总局《合并过程中被合并企业存在未分配利润,是否要缴纳个人所得税》(2011年3月9日发布)规定:"按照《财政部、国家税务总局关于企业重组业务企业所得税处理若干问题的通知》(财税〔2009〕59号)规定,符合特殊重组业务的企业合并,根据《国家税务总局关于发布〈企业重组业务企业所得税管理办法〉的公告》(国家税务总局公告2010年第4号)规定,被合并方不需要进行清算。在会计账务处理中,被合并方资产、负债、所有者权益中有关数据,基本上按原账面数额移植到合并方企业,在此过程中'未分配利润'没有发生分配行为,不需征收个人所得税;如果在免税重组过程中,合并方账务处理时对'未分配利润'做了转增股本处理,需要征收个人所得税。"

6. 非上市公司股权激励优惠政策

《财政部、国家税务总局关于完善股权激励和技术入股有关所得税政策的通知》(财税〔2016〕101号)规定:"非上市公司授予本公司员工的股票期权、股权期权、限制性股票和股权奖励,符合规定条件的,经向主管税务机关备案,可实行递延纳税政策,即员工在取得股权激励时可暂不纳税,递延至转让该股权时纳税;股权转让时,按照股权转让收入减除股权取得成本以及合理税费后的差额,适用'财产转让所得'项目,按照20%的税率计算缴纳个人所得税。"

新三板挂牌公司适用上述规定。

7. 技术成果投资入股优惠政策

《财政部、国家税务总局关于完善股权激励和技术入股有关所得税政策的通知》(财税〔2016〕101号)规定:"选择技术成果投资入股递延纳税政策的,经向主管税务机关备案,投资入股当期可暂不纳税,允许递延至转让股权时,按股权转让收入减去技术成果原值和合理税费后的差额计算缴纳所得税。"

第八节　互联网企业网络审查准备措施

2021年7月16日,国家网信办会同公安部、国家安全部、自然资源部、交通运输部、税务总局、市场监管总局等部门联合进驻滴滴出行科技有限公司(以下简称"滴滴出行"),开展网络安全审查,而这距离7月2日网络安全审查办公室发布公告对"滴滴出行"启动网络安全审查只有两周。

网络安全审查近期已成为互联网企业面对的重大问题,尤其是对于部分已经在国外上市的网络运营者而言,将网络安全审查称为"生死劫"也并不为过。然而,《国家安全法》《网络安全法》《网络安全审查办法》中对网络安全审查的审核关注要点的规定均较为原则。此外,2021年9月1日生效的《数据安全法》,以及正处于征求意见过程中的《网络安全审查办法(修订草案征求意见稿)》虽然对于审核关注要点的归纳有所深化,但总体而言仍属于原则性规范,缺乏可操作性。

结合相关法律法规,国家网信部门的公告、通报内容以及实践总结,下面对于网络安全审查的要点进行总结,并对国外上市企业的应对措施予以归纳。

一、审查关注要素概述

(一)《国家安全法》的审查要素

7月2日,网络安全审查办公室发布关于对"滴滴出行"启动网络安全审查的公告,公告说明审查目的是"为防范国家数据安全风险,维护国家安全,保障公共利益",且实施网络安全审查的法律依据之一为《国家安全法》。

《国家安全法》第25条规定:"国家建设网络与信息安全保障体系,提升网络与信息安全保护能力,加强网络和信息技术的创新研究和开发应用,实现网络和信息核心技术、关键基础设施和重要领域信息系统及数据的安全可控;加强网络管理,防范、制止和依法惩治网络攻击、网络入侵、网络窃密、散布违法有害信息等网络违法犯罪行为,维护国家网络空间主权、安全和发展利益。"此外,第59条规定:"国家建立国家安全审查和监管的制度和机制,对影响或者可能影响国家安全的外商投资、特定物项和关键技术、网络信息技术产品和服务、涉及国家安全事项的建设项目,以及其他重大事项和活动,进行国家安全审查,有效预防和化解国家安全风险。"

由此可以看出,在《国家安全法》层面,网络安全审查的审查对象主要是影响或者可能影响国家安全的网络信息技术产品和服务,审查重点关注的是网络信息技术产品和服务的国家安全性,主要涉及网络与信息安全保障体系、保护能力,关键基础设施和重要领域信息系统及数据的安全可控,以及国家网络空间的主权、安全和发展利益。

（二）《网络安全法》的审查要素

在7月2日网络安全审查办公室发布的关于对"滴滴出行"启动网络安全审查的公告中,其实施网络安全审查的另一法律依据即为《网络安全法》。

《网络安全法》第35条规定:"关键信息基础设施的运营者采购网络产品和服务,可能影响国家安全的,应当通过国家网信部门会同国务院有关部门组织的国家安全审查。"此条是对《国家安全法》的细化,将"网络信息技术产品和服务"限定为关键信息基础设施的运营者采购网络产品和服务活动,在《网络安全审查办法》中,该规定内容得以进一步细化,也是本次对"滴滴出行"实施网络安全审查直接适用的一项具体制度。

在《网络安全法》层面,网络安全审查的被审查主体为关键信息基础设施的运营者,审查所针对的行为是关键信息基础设施的运营者采购网络产品和服务,审查重点关注关键信息基础设施运营者采购的网络产品和服务一旦遭到破坏、丧失功能或者数据泄露,对国家安全、国计民生、公共利益的危害。

（三）《网络安全审查办法（修订草案征求意见稿）》的审查要素

在7月2日对"滴滴出行"启动网络安全审查的公告中,网络安全审查办公室实施网络安全审查的具体制度依据是《网络安全审查办法》（2020年6月1日施行,以下简称《办法》）。2021年7月10日,国家互联网信息办公室发布《网络安全审查办法（修订草案征求意见稿）》（以下简称《征求意见稿》）,其第10条对《办法》中规定的网络安全审查过程中需要重点关注的因素予以调整,主要新增对数据处理活动、国外上市的评估,以及（五）和（六）款的考虑因素,具体而言,"网络安全审查重点评估采购活动、数据处理活动以及国外上市可能带来的国家安全风险,主要考虑以下因素:

1.产品和服务使用后带来的关键信息基础设施被非法控制、遭受干扰或破坏的风险；

2. 产品和服务供应中断对关键信息基础设施业务连续性的危害；

3. 产品和服务的安全性、开放性、透明性、来源的多样性，供应渠道的可靠性以及因为政治、外交、贸易等因素导致供应中断的风险；

4. 产品和服务提供者遵守中国法律、行政法规、部门规章情况；

5. 核心数据、重要数据或大量个人信息被窃取、泄露、毁损以及非法利用或出境的风险；

6. 国外上市后关键信息基础设施，核心数据、重要数据或大量个人信息被国外政府影响、控制、恶意利用的风险；

7. 其他可能危害关键信息基础设施安全和国家数据安全的因素。"

尽管上述规定相对《国家安全法》和《网络安全法》已进行细化，但总体上仍较为原则，对于企业而言，如何主动申请网络安全审查或者被动应对网络安全审查机构发起的网络安全审查？目前仍存在较多的认知误区。对此，我们针对不同主体分别需要应对的审查事项予以归纳，如表 4.3 所示。

表 4.3　不同主体需要应对的审查事项

	关键信息基础设施运营者	数据处理者
采购活动	(1)产品和服务使用后带来的关键信息基础设施被非法控制、遭受干扰或破坏的风险； (2)产品和服务供应中断对关键信息基础设施业务连续性的危害； (3)产品和服务的安全性、开放性、透明性、来源的多样性，供应渠道的可靠性以及因为政治、外交、贸易等因素导致供应中断的风险； (4)产品和服务提供者遵守中国法律、行政法规、部门规章情况	如构成关键信息基础设施运营者，适用(1)～(4)项
数据处理活动	(5)核心数据、重要数据或大量个人信息被窃取、泄露、毁损以及非法利用或出境的风险	(5)核心数据、重要数据或大量个人信息被窃取、泄露、毁损以及非法利用或出境的风险
国外上市	(6)国外上市后关键信息基础设施，核心数据、重要数据或大量个人信息被国外政府影响、控制、恶意利用的风险	(6)国外上市后关键信息基础设施，核心数据、重要数据或大量个人信息被国外政府影响、控制、恶意利用的风险

（续表）

	关键信息基础设施运营者	数据处理者
其他因素	(7)其他可能危害关键信息基础设施安全和国家数据安全的因素	(7)其他可能危害关键信息基础设施安全和国家数据安全的因素

综上可以看出,对于关键信息基础设施运营者而言,网络安全审查所关注的要素是最为全面的,包括上述 7 项审查事项。对于普通数据处理者而言,审查关注要素则为后 3 项。需要说明的是,虽然 7 项考虑要素的规定比较完善,但是上述考虑要素的分类方式并不清晰,也缺乏一定的可操作性。

二、 网络安全审查的 5 项要点分析

经研究与分析归纳,我们认为网络安全审查的要点主要包含以下 5 个方面:

(一)产品和服务的技术安全性、可靠性、兼容性

1. 技术安全性

产品和服务的技术安全性主要体现在第(1)项和第(3)项考虑因素中,具体而言,为"(1)产品和服务使用后带来的关键信息基础设施被非法控制、遭受干扰或破坏的风险"和"(3)产品和服务的安全性"。

此处关于安全性的要求主要是产品和服务本身的技术安全性要求,强调技术带来的可接受风险程度,将产品和服务使用后带来的设施被非法控制、遭受干扰或破坏的风险作为红线。值得注意的是,《征求意见稿》延续《办法》的表述,第 1 条规定制度的目的是为了确保关键信息基础设施供应链安全,维护国家安全,故网络安全审查不仅关注技术安全性,更侧重核心供应链安全和关键信息基础设施的自主可控。

2. 备份系统或方案的可靠性或可实施性

产品和服务的可靠性主要体现在第(2)项考虑因素中,具体为"产品和服务供应中断对关键信息基础设施业务连续性的危害"。

将产品和服务的连续供应作为审查考虑的重要因素,可以视为其可靠性对关键信息基础设施业务连续性的影响。此外,产品和服务的供应中断可能是由于客观原因造成的,因此,可将其列入备份系统或备份解决方案问题,因缺乏替代方案或备份方案且供应中断而导致业务中断的,可能因危害

较大而带来较高的国家安全风险。

3. 产品和服务的兼容性

产品和服务的兼容性主要体现在第(3)项考虑因素中,具体为"产品和服务的开放性、透明性、来源的多样性"。

由于在诸多核心技术领域,我国对于境外供应商的依赖度较高,来源过于集中。一旦受到其他因素影响而断供,对于网络安全与正常运营将带来巨大冲击。因此,通过产品和服务的开放性、透明性、来源的多样性进行规定,并作为审查的重要内容,有利于促成企业选择多元产品和更为开放透明的渠道,通过企业的选择,可以进一步培育多元化的供应链。

(二)供应商的可靠性

1. 供应商自身的可靠性

供应商自身的可靠性主要体现在第(3)项和第(4)项考虑因素中,具体为"(3)供应渠道的可靠性"和"(4)产品和服务提供者遵守中国法律、行政法规、部门规章情况"。

从某种意义上讲,"供应渠道的可靠性"并不是传统意义上的网络安全技术审核标准,而是一个供应链安全的标准,不仅有利于国际间网络信息技术的均衡分布与合理流动,也有利于国内相关网络产品及服务提供者的长期发展。

对于供应商自身可靠性的规定可以与商务部的不可靠实体清单制度相对应。2020年9月19日,商务部正式公布施行《不可靠实体清单规定》,是我国首个具有贸易管制与制裁性质的黑名单制度。根据《不可靠实体清单规定》第7条,工作机制根据调查结果,综合考虑对中国国家主权、安全、发展利益的危害程度,对中国企业、其他组织或者个人合法权益的损害程度,是否符合国际通行经贸规则,以及其他应当考虑的因素,作出是否将有关外国实体列入不可靠实体清单的决定,并予以公告。因此,供应商的可靠性判断可以将是否可能或已被列入不可靠实体清单作为重要考虑因素(参见《网络安全审查办法》解读,吴卫明)。此外,根据商务部2021年1月9日发布的《阻断外国法律与措施不当域外适用办法》,违反国务院商务主管部门发布的不得承认、不得执行、不得遵守有关外国法律与措施的禁令,应视为供应商不符合可靠性要求。

遵守中国法律法规、行政规章的情况,应主要从对于供应链的非商业性损害予以考虑,不宜扩大适用。如果是与供应链安全或网络安全无关的违法违规事项,则不宜作为认定供应商不可靠的依据。

(二)供应商法律管辖地政策的可靠性

供应商法律管辖地政策的可靠性主要体现在第(3)项考虑因素中,具体为"因为政治、外交、贸易等因素导致供应中断的风险"。

近年来,我国的网络设备与服务领域面临着巨大的不确定性,对于国家安全形成了一定的压力。例如,美国政府对于纳入"实体清单"的中国企业或其他机构,在采购美国相关网络产品或服务时设置了诸多审查或限制,而这些限制往往与政治、外交、贸易冲突等背景紧密相关。供应商所在法律管辖地的政策情况,也是影响其可靠性的重要因素。

(三)数据分级分类包含体系的可靠性

1. 核心数据

第(5)项规定了核心数据被窃取、泄露、毁损以及非法利用的风险,将其作为针对数据处理活动的重要考虑因素之一。

我国《数据安全法》于 2021 年 6 月 10 日经第十三届全国人民代表大会常务委员会第二十九次会议审议通过,并于 2021 年 9 月 1 日起施行。此次将核心数据、重要数据被窃取、泄露、毁损以及非法利用或出境的风险作为考虑因素,也是对《数据安全法》的"数据安全审查制度"和"数据分类分级保护制度"予以落地的重要措施。

根据《数据安全法》第 21 条第 2 款,"关系国家安全、国民经济命脉、重要民生、重大公共利益等数据属于国家核心数据,实行更加严格的管理制度"。相对于重要数据,国家对核心数据的管理要求更加严格,但具体何为核心数据,有待后续由相关部门进一步明确。

2. 重要数据

第(5)项规定了重要数据被窃取、泄露、毁损以及非法利用的风险,将其作为针对数据处理活动的重要考虑因素之一。

根据《数据安全法》第 21 条,国家数据安全工作协调机制统筹协调有关部门制定重要数据目录,加强对重要数据的保护;各地区、各部门应当按照数据分类分级保护制度,确定本地区、本部门以及相关行业、领域的重要数据具体目录,对列入目录的数据进行重点保护。

关于重要数据的概念,现有生效法律中并未作出明确界定。《个人信息和重要数据出境安全评估办法(征求意见稿)》中规定,重要数据是指"与国家安全、经济发展,以及社会公共利益密切相关的数据,具体范围参照国家有关标准和重要数据识别指南"。《数据安全管理办法(征求意见稿)》规定,重要数据是指"一旦泄露可能直接影响国家安全、经济安全、社会稳定、公共健康和安全的数据,如未公开的政府信息,大面积人口、基因健康、地理、矿产资源等。重要数据一般不包括企业生产经营和内部管理信息、个人信息等"。此外,目前重要数据目录也尚未确定,仍需持续关注国家、所处地区、主管部门、行业制定重要数据具体目录的相关动态。

3. 大量个人信息

第(5)项规定了大量个人信息被窃取、泄露、毁损以及非法利用的风险,将其作为针对数据处理活动的重要考虑因素之一。

从前述各《征求意见稿》中对重要数据的定义可以看出,重要数据并不包含个人信息。因此,在规定了将核心数据、重要数据被窃取、泄露、毁损以及非法利用的风险以外,仍需考虑大量个人信息的相关风险。值得注意的是,《征求意见稿》中并未对"大量"进行限定,如该《征求意见稿》通过,对于"大量个人信息"的数量认定将取决于执法过程中相关部门的自由裁量。

(四)数据出境的合规性

第(5)项考虑因素规定了核心数据、重要数据或大量个人信息非法出境的风险。

针对与网络安全审查密切相关的数据出境要求,《数据安全法》规定了重要数据出境评估制度(第31条)和数据出口管制措施(第25条)。

关于重要数据出境评估制度,关键信息基础设施的运营者在中华人民共和国境内运营中收集和产生的重要数据的出境安全管理,适用《中华人民共和国网络安全法》的规定;其他数据处理者在中华人民共和国境内运营中收集和产生的重要数据的出境安全管理办法,由国家网信部门会同国务院有关部门制定。根据《网络安全法》第37条,关键信息基础设施的运营者在中华人民共和国境内运营中收集和产生的个人信息和重要数据应当在境内存储。因业务需要,确需向境外提供的,应当按照国家网信部门会同国务院有关部门制定的办法进行安全评估。因此，对于未经评估而出境核心数据、重要数据、大量个人信息的主体，可能因违反出境合规性要求而被实施网络安全审查。

（五）上市地政策的可靠性

第（6）项考虑因素规定了"国外上市后关键信息基础设施、核心数据、重要数据或大量个人信息被国外政府影响、控制、恶意利用的风险"。

《征求意见稿》第 6 条规定"掌握超过 100 万用户个人信息的运营者赴国外上市，必须向网络安全审查办公室申报网络安全审查"。结合《国家安全法》第 25 条对"网络和信息核心技术、关键基础设施和重要领域信息系统及数据的安全可控"的要求，中国企业赴国外上市过程中，上市地政策将可能导致数据被国外政府影响、控制、恶意利用的风险，从而使数据处于不安全可控的状态。例如，美国《外国公司问责法案》（HFCA 法案）规定：如果外国公司连续 3 年未能通过美国公众公司会计监督委员会（PCAOB）的审计，将被禁止在美国任何交易所上市，并针对外国上市公司规定额外信息披露要求。美国对于中国企业上市信息披露要求的强化，可能会涉及我国重要数据或者大量个人信息、甚至国家核心数据的安全问题。

三、 企业如何为网络安全审查进行准备

（一）产品和服务的技术安全性、可靠性、兼容性的应对

作为关键信息基础设施运营者的企业，应高度重视网络产品和服务的采购，将产品和服务的技术安全性、可靠性、兼容性作为采购的重要标准之一。

然而，如何证明上述采购过程遵循了技术安全性、可靠性、兼容性呢？这需要企业有体系化的应对措施。笔者认为，企业应在技术专家的指导下，准备相应的技术资料和技术解决方案。例如，对于国家有强制测评要求或准入要求的网络产品和服务，需要准备相应的安全测评报告或准入许可资料。对于没有强制要求的，则可以提供该类产品或服务在境外及国内实际使用的情况及市场的安全评价。同时，需要对相关产品和服务在本企业服务系统中的关键性与可替代性进行说明或证明。如果具有较强的可替代性，则需要提交替代的预案和方案。

（二）供应商可靠性的应对

网络安全审查侧重供应链安全，因而供应渠道的可靠性尤为重要。关键信息基础设施的运营者应提交相应的资料或说明，以证明供应商的可靠性。例如，供应商是否被纳入不可靠实体清单？供应商是否会遵从国外政府不合理的限制政策而影响产品或服务的持续供应？供应商是否存在违反国务院商务主管部门发布的不得承认、不得执行、不得遵守有关外国法律与措施禁令的情形？

此外，对于可能受国外法律域外管辖的企业，需要提交相关国家法律、贸易政策等方面不存在正常商业因素之外的其他限制正常贸易的因素，即需要对相关国家的法律、政策等进行提交与说明。

（三）数据分类分级保护的应对

建议企业持续关注国家、所处地区、主管部门、行业所制定的重要数据具体目录，并根据目录在企业内部建立或细化相对应的数据保护目录和制度，匹配数据分类分级保护制度的监管要求。

在面对检查时，企业应从以下三方面进行资料准备：

1. 数据分级分类保护制度健全

对于国家核心数据、重要数据、个人信息的数据分级分类保护制度健全、完善；建立了数据分类目录和分级管理目录，并采取了相应技术措施对数据进行管理。

2. 数据安全管理的组织机构与人员落实到位

企业内部按照法律法规的要求，建立了相应的组织机构，并配置了相应的管理岗位和人员。

3. 相关制度与规范得到了贯彻执行

对于相关制度流程规定的工作成果进行展示，可以在一定程度上说明制度的执行情况。

（四）数据出境问题的应对

针对数据出境中涉及的核心数据、重要数据、大量个人信息，建议企业构建自身的重要数据目录和出境管理与评估规则，启动内部预先评估。同时，应密切关注《关键信息基础设施安全保护条例》，以及重要数据、个人信息出境安全评估的规则的立法情况。此外，企业可将数据出口管制的相关预警、处置流程纳入本企业的出口管制评估制度或数据安全管理制度中。因此,内部的数据出境评估制度及流程,是企业面对审查的重要制度支撑。

(五)上市地政策可靠性的应对

建议企业持续关注我国对国外上市、网络安全与数据合规等事项的监管动态,尽快整理上市地证券信息披露规则、监管规则,梳理有关的判例、条令等,并将此类相关文件提交中国境内数据安全法律专家或律师进行审查,以判断上市地政策是否可能对企业行为进行干预,是否存在导致企业数据权益被征收的风险,以及是否可能超越中国法律要求的信息披露规则,从而判断该上市地政策是否可能导致国外政府影响、控制、恶意利用我国的关键信息基础设施及核心数据、重要数据或大量个人信息。

综上所述,网络安全审查重点关注产品和服务的技术安全性、可靠性、兼容性,供应商的可靠性,数据分类分级保护体系的可靠性,数据出境的合规性,以及上市地政策的可靠性五大方面,对于准备或已经在国外上市的企业来说,应结合以上五大要点进行全面内部评估,及时发现并避免因采购活动、数据处理活动及国外上市可能带来的风险和危害,保障供应链安全和数据安全,维护国家安全,从而也可以保障自身上市进程的顺畅。

第九节　生物医药企业商业贿赂核查

生物医药企业在申请上市或挂牌过程中经常被上交所问询到关于商业贿赂的问题,比如产品销售的合规性,市场调研及推广费用、专业咨询服务费、会议费等支出的真实性及合理性,股东、董事及高管是否存在商业贿赂行为等问题。基于对50家申报科创板上市的生物医药行业公司的法律意见书的梳理,笔者对商业贿赂相关问题进行了总结和分析。

一、商业贿赂

商业贿赂系指采用财物或者其他手段贿赂交易相对方或可以影响交易的单位或个人,以谋取交易机会或者竞争优势的行为。除了给付金钱和实物外,实践中通常还以暗中提供回扣返利、学术推广费、会议费、咨询费等形式进行。

由于生物医药企业的商业贿赂频发,自2013年后,国家开始加大对生物医药行业的监管力度,相继颁布《药品医疗器械飞行检查办法》《关于整治药品流通领域违法经营行为的公告》《2016年纠正医药购销和医疗服务中不正之风专项治理工作要点的通知》《2017年纠正医药购销和医疗服务中不正之风专项治理工作要点的通知》等规范性文件。其中,《药品医疗器械飞行检查办法》规定食药监开始针对药品和医疗器械的研制、生产、经营、使用等环节开展不预先告知的监督检查。如申报上市企业曾接受飞行检查,关于飞行检查①的情况及相关整改措施亦是生物医药企业在上市过程被关注的重点问题。

二、 与商业贿赂有关的法律法规

与商业贿赂有关的法律法规如表4.4所示。

表4.4 与商业贿赂有关的法律法规

法律规范	法条内容
《反不正当竞争法》	第7条规定:"经营者不得采用财物或者其他手段贿赂下列单位或者个人,以谋取交易机会或者竞争优势:(一)交易相对方的工作人员;(二)受交易相对方委托办理相关事务的单位或者个人;(三)利用职权或者影响力影响交易的单位或者个人。 经营者在交易活动中,可以以明示方式向交易相对方支付折扣,或者向中间人支付佣金。经营者向交易相对方支付折扣、向中间人支付佣金的,应当如实入账。接受折扣、佣金的经营者也应当如实入账。 经营者的工作人员进行贿赂的,应当认定为经营者的行为;但是,经营者有证据证明该工作人员的行为与为经营者谋取交易机会或者竞争优势无关的除外。"
《关于禁止商业贿赂行为的暂行规定》	第2条规定:"经营者不得违反《反不正当竞争法》第8条规定,采用商业贿赂手段销售或者购买商品。 本规定所称商业贿赂,是指经营者为销售或者购买商品而采用财物或者其他手段贿赂对方单位或者个人的行为。 前款所称财物,是指现金和实物,包括经营者为销售或者购买商品,假借促销费、宣传费、赞助费、科研费、劳务费、咨询费、佣金等名义,或者以报销各种费用等方式,给付对方单位或者个人的财物。 第2款所称其他手段,是指提供国内外各种名义的旅游、考察等给付财物以外的其他利益的手段。"

---

① 飞行检查指事先不通知被检查部门实施的现场检查。

（续表）

法律规范	法条内容
《关于办理商业贿赂刑事案件适用法律若干问题的意见》	第7条规定："商业贿赂中的财物,既包括金钱和实物,也包括可以用金钱计算数额的财产性利益,如提供房屋装修、含有金额的会员卡、代币卡(券)、旅游费用等。具体数额以实际支付的资费为准。"

三、 与商业贿赂相关的高频问题

科创板上市审核通常会针对"产品销售的合规性,市场调研及推广费用、专业咨询服务费、会议费等支出的真实性及合理性,发行人的内控制度建立及执行情况,股东、董事及高管是否存在商业贿赂行为等"方面进行问询。具体问询问题及问询频率如表4.5所示:

表 4.5　问询问题和频率

类别	问询问题	被问询次数	被问询企业
产品销售	是否存在购买一件产品赠送其他产品的情况,是否构成商业贿赂,是否违反《反不正当竞争法》	6	普门科技、博瑞生物、圣诺生物、赛伦生物、睿昂基因、圣湘生物
	发行人或其工作人员是否存在因商业贿赂行为被立案调查、处罚或媒体报道的情况	4	圣诺生物、奥普生物、赛科希德、赛伦生物
	经销商及其销售人员报告期内是否存在商业贿赂行为(因销售发行人产品)被立案调查或处罚的情形	1	赛科希德
	报告期内发行人接受飞行检查的情况、发现的问题、公司的整改措施及整改验收情况,上述飞行检查中发现的产品缺陷对公司生产经营的具体影响	2	奥普生物、睿昂基因

（续表）

类别	问询问题	被问询次数	被问询企业
销售费用	销售费用大幅上升的原因及合理性	1	百济神州
	市场推广费占销售费用的比重是否与同行业可比公司存在重大差异	1	普门科技
	市场推广营销模式的合法合规性	1	普门科技
	市场调研及推广费用大幅上升的原因,相关费用支出的主要用途和前五大支付对象	1	百济神州
	专业咨询服务费、会议费的支出用途和主要支付对象,相关费用支出金额较高的合理性	2	百济神州、特宝生物、柯菲平
	是否存在通过支付市场调研及推广、专业咨询服务费、会议费、销售人员薪酬或其他方式实施商业贿赂等违法违规行为	3	百济神州、特宝生物、柯菲平
	市场及学术推广活动的推广费用,与经销商之间分担约定和实际履行情况,是否存在经销商代垫报销款情形	1	特宝生物
内部控制	是否制定了防范商业贿赂的内部管理制度和有效措施及其执行情况	4	圣诺生物、赛伦生物、特宝生物、柯菲平
股东、董事及高管	是否有股东、董事、高级管理人员、公司员工等因商业贿赂等违法违规行为受到处罚或被立案调查	3	博瑞生物、奥普生物、睿昂基因

四、 科创板上市之商业贿赂审核要点

（一）产品销售合规性

关于产品销售过程中是否存在商业贿赂,上市审核的关注点主要在于

附赠式销售是否构成商业贿赂,生物医药企业及其工作人员、经销商及其工作人员是否存在商业贿赂行为,及发行人接受飞行检查的相关情况及整改措施。针对上市审核关注的上述问题,建议生物制药企业在产品销售中注意以下问题:

(1)对于附赠式销售,需按照销售价格如实确认销售收入,因无偿赠予的相关产品而产生的费用均应如实入账,计入销售费用,不得存在不记入财务账、转入其他财务账或者做假账等账外暗中给予对方单位、个人回扣的情况。亦不应存在因赠送相关产品而限制客户购买或使用其他经营者提供的产品的条款或情形。

(2)应加强企业的内部控制,制定《反商业贿赂管理制度》,并与员工签署《廉政协议》,规定公司员工在职期间不得通过商业贿赂及其他不正当商业行为等违法违规手段使公司及其股东的正当利益受损。

(3)建议建立企业反商业贿赂的定期检查考评制度以及企业反商业贿赂举报和责任追究的管理制度。

(4)对于采用经销商模式的企业,应当与经销商签署《反商业贿赂廉洁承诺书》等文件,规定经销商不得在销售活动中对医务人员、卫生行政部门人员、交易相对方相关人员进行商业贿赂,并建立经销商的选择、评价体系及日常管理要求。对于在销售活动中存在不符合要求、违反法律法规规定的经销商减少或终止合作。

(二)销售费用的真实性及合理性

从前述表格所列问题可以看出,上市审核对于生物医药企业产生的市场推广费、专业咨询服务费、会议费、市场及学术推广费用等相关费用的支出真实性及合理性尤为关注。

(1)销售费用的真实性。企业的市场推广费、专业咨询服务费、会议费等从企业业务角度出发应当具备合理性,企业应注意保留协议、发票等相关支持性文件,以备监管机关和上市过程中用以验证该等费用支出的真实性和合理性。

(2)应注意不得存在经销商为企业分担学术推广费用、企业支付佣金或账外给予回扣的合同条款或由经销商代垫市场推广费的情形。

(3)从企业的内部制度出发防范学术推广活动中的商业贿赂,制定学术推广会议的审批、组织及费用报销制度或财务管理制度,规定学术推广会议按照相应的级别和规模由相应层级的管理人员进行审批,并由公司进行额度和预算控制;市场推广费用报销时,应提交学术推广会议召开的证明材料,如会议通知、会议照片、签到表、参会人员统计表及与酒店(或其他第三方)签署的合同等,并由相关部门对会议召开证明材料进行逐级审核;此外,由财务部门对付款依据是否充分,单据和凭证是否合法合规,是否按会议申请文件执行进行审核。

(4)从上市角度讲,市场推广费占销售费用的比重不应与同行业可比公司存在重大差异。

(三)发行人及其股东、董事、高管的合规性

根据《首次公开发行股票并上市管理办法》第十六条的规定,发行人的董事、监事和高级管理人员符合法律、行政法规和规章规定的任职资格,且不得有涉嫌犯罪被司法机关立案侦查或者涉嫌违法违规被中国证监会立案调查,尚未有明确结论意见的情形。

根据《首次公开发行股票并上市管理办法》第十八条的规定,发行人不得有下列情形:(二)最近36个月内违反工商、税收、土地、环保、海关以及其他法律、行政法规,受到行政处罚,且情节严重。

根据前述法律规定及表格中所列高频问题,发行人及其董监高的合法合规性亦是被问询的普遍性问题,从监管态度来看,商业贿赂问题是上市监管的红线。因此,发行人及其相关责任人员应当规范自身的经营行为,建立规范的内部控制制度,从业务模式、协议签署、产品推广、产品销售等环节进行控制,防范商业贿赂行为。

第五章

企业上市之股份公司改制

第一节　公司股改时点及股改前的重组

一、　公司启动股改程序的基本前提

根据我国现行《证券法》《公司法》的规定,只有股份有限公司才被允许发行股份并在资本市场上市交易。因此,对于一个谋求进入资本市场的企业来说,将公司的组织形式由有限责任公司整体变更为股份有限公司(简称股改)是必不可少的一个环节。

股改的完成基本标志着企业已经完成了围绕上市相关的法律、财务、行业等各方面实质问题的梳理和整改,后续将以崭新的面貌,比照上市公司的运行和治理规范来经营运作。换言之,只有在公司已完成股改前的规范整改,且经专业中介机构评估不存在重大实质性障碍的基本前提下,企业才可以启动股改工作。

二、　公司基本股权架构的搭建应尽可能在股改前完成

《公司法》第 141 条规定,发起人持有的本公司股份,自公司成立之日起一年内不得转让。由于在股改过程中,原有限责任公司的全体股东将以股份有限公司发起人的身份签署发起人协议并召开创立大会。这意味着,自股改完成之日(即取得股份有限公司的企业法人营业执照之日)起一年内,企业将无法通过股权转让的方式对自身的股权结构进行调整。

因此,在启动股改工作之前,需要考虑符合企业需要的、稳定的股权架构是否已经搭建完善。具体而言,一方面,企业需要配合中介机构对拟作为发起人的股东的主体资格进行全面深度的调查,对于一些不满足上市公司股东资格要求的人员(如股东为国家公务员、党政机关领导等情况),应当及时进行"清理",避免股改完成后才发现存在瑕疵股东,影响企业的上市申报;另一方面,对于无瑕疵的股东,企业也需要对其未来的稳定性进行一定的评估,比如直接持有公司股权的激励对象的稳定性。

三、　公司股改前的重组事项

企业改制重组的目的是按照《公司法》的要求增强企业的核心竞争力,突出企业的主营业务,提高企业的持续发展能力,保持企业经营独立,运作规范,减少和规范关联交易,有效避免同业竞争。相关内容如表 5.1 所示。

表 5.1　公司股改前的重组事项

业务改组	规范治理	同业竞争	关联交易
拟发行上市的公司原则上应采取整体改制方式,即剥离非经营性资产后,企业经营性资产整体进入股份有限公司,企业不应将整体业务的一个环节或一个部分组建为拟发行上市公司。 改制后的公司主业应突出,具有独立完整的生产经营系统	公司的发起人应符合法律、法规规定的条件,发起人投入拟发行上市公司的业务和资产应独立完整。 公司应在改制重组和持续经营过程中,确保公司按照《上市公司治理准则》的要求,做到业务、资产、人员、机构、财务的独立	公司在改组时,应避免其主要业务与实际控制人及其控制的法人从事相同相似业务的情况,避免同业竞争。 存在同业竞争的,公司应从业务的性质、业务的客户对象、产品或劳务的可替代性、市场差别等方面判断,并进行合适的处理	存在数量较大的关联交易,应制定有针对性的减少关联交易的实施方案。 无法避免的关联交易应遵循市场公开、公正、公平的原则,关联交易的价格或收费,原则上应不偏离市场独立第三方的标准

一般情况下,企业按照以下几个方面展开展公司改制重组。

(一)资产重组

企业理清主营业务,主板上市可以多元化经营,但需要剥离非经营性资产,处置类金融资产以及持有的其他金融企业的股权,如私募基金管理公司、小贷公司、融资租赁、供应链金融等资产,整合同业竞争公司,构建完整产业链,剥离非经营需要的关联方;涉及生产经营必需的土地、厂房需评估作价进入上市主体。

(二)财务重组

企业历史账务不规范的需要合规剥离;根据企业会计准则和审计机构的意见对拟上市企业账务和报表进行调整;梳理拟上市企业及关联方历史财务报告或模拟财务数据,根据企业会计准则及审计机构的建议设立新的账务系统等。

(三)业务重组

根据企业上市规范治理的要求,清晰地梳理公司的产品线和业务线,梳理和调整公司业务体系和业务流程,按照上市公司口径整理业务发展数据;根据业务发展计划、资本市场要求的投资回报率确定投资计划和募投项目。

（四）机构重组

根据业务重组结果，按照上市公司治理准则调整、更新拟上市公司的机构设置。

（五）人员重组

根据拟上市公司治理架构和机构设置，配置合适的董监高及核心技术人员，设置股权激励平台，制定股权激励计划，建立新的激励机制、人力资源体系和新的薪酬制度，规范劳动用工，合法配置聘用制员工、劳务派遣和劳务人员，制定期权计划。

通过上述资产、财务、业务、机构、人员的重组，企业达到上市公司治理准则要求的规范治理标准，整合同业竞争和减少关联交易，最终改制设立为符合公众公司治理水平的拟上市公司。

第二节 有限责任公司股改操作细则及注意要点

一、有限责任公司股改的操作细则

有限责任公司股改的操作细则如表 5.2 所示。

表 5.2 有限责任公司股改的操作细则

时 间 点	操 作 细 则
____年____月____日	由全体发起人指定的代表或共同委托的代理人向工商信息登记机关申请名称预先核准。 （名字确定后即可申请，有效期为 6 个月）
____年____月____日 （时间可以根据具体情况确定，但是一般会所出具审计报告都要董事会决议，因此有限公司董事会决议一般不晚于审计报告出具日）（可以是审计评估出具日期的当日）	有限公司董事会决议： 1. 同意公司类型由有限公司依法整体变更为股份公司（非上市公司）。 2. 同意公司名称由_____有限公司变更为_____股份有限公司。 3. 审议通过公司审计报告和评估报告。 4. 公司整体变更发起设立股份公司的具体方案。 5. 同意有限责任公司的债权债务及其他权利和义务由依法定程序变更后的股份公司依法承继。 6. 同意公司变更为股份公司后的经营期限变更为长期。 7. 全权委托董事会依法办理公司整体变更发起设立股份公司的相关事宜。

（续表1）

时间点	操 作 细 则
	8.同意公司董事会、监事及总经理等高级管理人员应履行职责至股份有限公司创立大会暨第一次临时股东大会召开之日,转由股份有限公司新组成的股东大会、董事会、监事会及总经理、董事会秘书、财务总监等高级管理人员按照《公司法》等法律法规及《公司章程》的规定履行相关职责。 9.提议召开临时股东会会议。 当日执行董事发出关于召开临时股东会的通知(一般提前15天发出临时股东会通知,如果时间来不及,有限公司阶段可由全体股东一致同意随时召开临时股东会)
____年____月____日 (可以是有限公司董事会决议的当日)	签署发起人协议
____年____月____日 (指审计报告日)	会计师出具改制审计报告:会计师出具改制基准日的《审计报告》,确认_____有限公司于基准日(____年____月____日)的账面净资产值
____年____月____日 (指评估报告日)	评估师出具改制评估报告:资产评估公司出具改制基准日的《资产评估报告书》,确认_____有限公司于基准日(____年____月____日)的净资产评估值
____年____月____日	有限公司召开临时股东会: 1.同意公司类型由有限公司依法整体变更为股份公司(非上市公司)。 2.同意公司名称由_____有限公司变更为_____股份有限公司。 3.审议通过公司审计报告和评估报告。 4.公司整体变更发起设立股份公司的具体方案。 5.同意有限责任公司的债权债务及其他权利和义务由依法定程序变更后的股份公司依法承继。 6.同意公司变更为股份公司后的经营期限变更为长期。 7.全权委托董事会依法办理公司整体变更发起设立股份公司的相关事宜。 8.同意公司董事会、监事应履行职责至股份有限公司创立大会暨第一次临时股东大会召开之日,转由股份有限公司新组成的股东大会、董事会、监事会按照《公司法》等法律法规及《公司章程》的规定履行相关职责

（续表2）

时间点	操 作 细 则
___年___月___日 （一般与有限公司临时股东会同一天）	发出召开创立大会的通知（提前15天）
___年___月___日	市场监督管理局（工商局）通过股份公司名称预核准： 公司所属市场监督管理局（工商局）颁发《企业名称变更核准通知书》，核准股份公司的名称。
___年___月___日	召开股份公司创立大会暨第一次临时股东大会： 1.审议关于_____股份有限公司筹办情况的报告。 2.审议关于_____股份有限公司设立费用的报告。 3.关于_____股份有限公司章程的议案。 4.关于组建_____股份有限公司董事会即成立第一届董事会的议案。 5.关于选举_____为_____股份有限公司第一届董事会董事的议案。 6.关于选举_____为_____股份有限公司第一届董事会董事的议案。 7.关于选举_____为_____股份有限公司第一届董事会董事的议案。 8.关于选举_____为_____股份有限公司第一届董事会董事的议案。 9.关于选举_____为_____股份有限公司第一届董事会独立董事的议案。 10.关于选举_____为_____股份有限公司第一届董事会独立董事的议案。 11.关于选举_____为_____股份有限公司第一届董事会独立董事的议案。 12.关于组建_____股份有限公司监事会即成立股份公司第一届监事会的议案。 13.关于选举_____为_____股份有限公司第一届监事会非职工监事的议案。 14.关于选举_____为_____股份有限公司第一届监事会非职工监事的议案。 15.关于_____股份有限公司股东大会议事规则的议案。 16.关于_____股份有限公司董事会议事规则的议案。 17.关于_____股份有限公司监事会议事规则的议案。

（续表 3）

时间点	操 作 细 则
	18.关于_____股份有限公司独立董事制度的议案。 19.关于_____股份有限公司对外投资管理制度的议案。 20.关于_____股份有限公司关联交易决策制度的议案。 21.关于_____股份有限公司对外担保管理制度的议案。 22.关于发起人用于抵作股款财产作价情况的报告。 23.关于聘请_____为_____股份有限公司____年度外部审计机构的议案。 24.关于授权董事会办理_____股份有限公司设立及注册登记等相关事宜的议案。 注:1.股份公司董事会人数为五至十九人(一般为奇数),其中独立董事人数不低于董事会总人数的三分之一。 2.股份公司监事会人数不得少于三人(一般为奇数),其中职工代表监事不低于监事会总人数的三分之一,董事和高级管理人员不得兼任监事,董事和高级管理人员的关联方、财务人员不建议兼任监事
___年___月___日	制作_____股份有限公司股东名册
___年___月___日 (一般与股份公司创立大会同一天)	召开股份公司第一届董事会第一次会议: 1.关于选举_____为公司第一届董事会董事长的议案。 2.关于选举_____为公司第一届董事会副董事长的议案(如需)。 3.关于聘任_____为公司总经理的议案。 4.关于聘任_____为公司副总经理的议案(如需)。 5.关于聘任_____为公司财务总监的议案。 6.关于聘任_____为公司董事会秘书的议案。 7.关于_____股份有限公司总经理工作制度的议案。 8.关于_____股份有限公司董事会秘书工作规则的议案。 9.关于_____股份有限公司董事会审计委员会实施细则的议案。 10.关于_____股份有限公司董事会提名委员会实施细则的议案。 11.关于_____股份有限公司董事会薪酬与考核委员会实施细则的议案。 12.关于_____股份有限公司董事会战略委员会实施细则的议案。

（续表 4）

时间点	操 作 细 则
	13.关于_____股份有限公司设立董事会审计委员会并选举_____、_____、_____为董事会审计委员会成员的议案。
	14.关于_____股份有限公司设立董事会提名委员会并选举_____、_____、_____为董事会审计委员会成员的议案。
	15.关于_____股份有限公司设立董事会薪酬与考核委员会并选举_____、_____、_____为董事会审计委员会成员的议案。
	16.关于_____股份有限公司设立董事会战略委员会并选举_____、_____、_____为董事会审计委员会成员的议案。
	17.关于设立_____股份有限公司内部审计部的议案。
	18.关于_____股份有限公司内部审计制度的议案。
	19.关于_____股份有限公司内部控制制度的议案。
	20.关于_____股份有限公司财务管理制度的议案。
	21.关于_____股份有限公司控股子公司管理办法的议案（如有控股子公司）。
	22.关于《防范控股股东及关联方占用公司资金管理制度》的议案（如涉及控股股东及其关联方占用资金）。
	注:1.股份公司可以依据实际情况增设副董事长或高级管理人员的职位。
	2.董事会专门委员会人数应为三名以上董事,其中独立董事应占半数以上,审计委员会至少有一名独立董事是会计专业人士
___年___月___日（一般与股份公司创立大会同一天）	召开股份公司第一届监事会第一次会议: 会议选举_____为_____股份有限公司第一届监事会主席
___年___月___日（一般与股份公司创立大会同一天）	召开股份公司第一次职工代表大会: 会议选举_____为_____股份有限公司职工代表监事
___年___月___日	股份公司为外商投资企业的,取得外经贸委/商委关于变更为股份公司的批复文件,涉及其他前置审批手续的,办理其他前置审批手续

167

(续表 5)

时间点	操 作 细 则
___年___月___日	会计师出具改制验资报告： _____会计师出具改制《验资报告》，确认_____股份有限公司的注册资本已缴足
___年___月___日	申请办理工商档案迁移(迁入市局)
___年___月___日	公司向所属市场监督管理局(工商局)递交申请变更登记资料： 申请公司变更为股份有限公司，同时申请变更公司名称、出资方式、经营期限、经营范围等
___年___月___日	市场监督管理局(工商局)核发《营业执照》： 公司所属市场监督管理局(工商局)核发股份公司的《营业执照》
___年___月___日 [市场监督管理局(工商局)核发股份公司《企业法人营业执照》后]	权属类资产的更名申请： 1. 股份公司资质、证照主体变更。 2. 股份公司公章、印鉴变更。 3. 股份公司税务、信用信息、基本账户、其他银行账户的变更。 4. 商标、软件著作权及专利等无形资产的主体变更。 5. 其他权属类资产的主体变更。 6. 通知客户、供应商合同主体、发票等变更事项

二、 公司股改过程中的注意要点

(一)净资产折股应以审计值为基础

根据现行规定，不同交易板块对拟上市企业自股份有限公司成立后的持续经营时间都有3年以上的要求。但是，如果有限责任公司按原账面净资产值折股整体变更为股份有限公司的，持续经营时间可以从有限责任公司成立之日起计算。整体变更不应改变历史成本计价原则，不应根据资产评估结果进行账务调整，应以改制基准日经审计的净资产额为依据折合为股份有限公司股本。公司申报财务报表最近一期截止日不得早于股份有限公司成立日。

为了确保公司持续经营时间的可延续性，有限公司的股改必须以经审计，而非经评估的账面净资产进行折股。如果有限公司以经评估的净资产折股设立股份公司的，则视同新设股份公司，业绩不可连续计算。

（二）净资产低于注册资本的处理

根据《公司法》第 95 条规定,有限责任公司变更为股份有限公司时,折合的实收股本总额不得高于公司净资产额。换言之,假设股改后股份公司注册资本为 10 000 万元,但有限公司经审计的账面净资产只有 8 000 万元,则无法进行有限公司的整体变更。对于该种情况,目前实务中主要有以下几种处理思路:

1. 大股东注资提高净资产

根据实务经验,导致公司净资产小于注册资本的一个重要原因在于公司实收资本过低,即公司注册资本未缴纳或未全部缴纳。该情况又分为两种:第一,股东货币出资没有到位,实缴金额低于认缴出资额;第二,股东以非货币财产出资,而该出资的入账价值低于评估值。

严格来说,该种情形实际上是一种股东出资瑕疵,属于前文所说的在启动公司股改工作前就应当处理、规范的法律问题。股东缴纳其认缴的出资是一种法定义务,不缴足或者出资不实,处理方法主要是负有对应出资义务的股东缴足自己入股时认缴的出资,或者以现金或其他非货币资产,将前期未评估或者评估值过高的资产置换出来,从而使公司注册资本充实,净资产提高。

2. 有限公司在股改前先进行减资

在不存在出资不实的情况下,除股东注资以外,公司还可以采取减资后再股改的处理。也就是说,在无法提高企业净资产的情况下,通过减资降低公司的注册资本,使拟用以折股的净资产不再低于股份公司的注册资本。

（三）股改过程中的个税缴纳问题

1. 法律规定

对于股改过程中,公司以盈余公积、未分配利润、资本公积转增股本涉及个税缴纳问题的主要立法沿革如表 5.3 所示:

表 5.3　相关立法沿革

政 策 名 称	政　策　内　容
《国家税务总局关于股份制企业转增股本和派发红股征免个人所得税的通知》(国税发〔1997〕198 号)	一、股份制企业用资本公积金转增股本不属于股息、红利性质的分配,对个人取得的转增股本数额,不作为个人所得,不征收个人所得税。 二、股份制企业用盈余公积金派发红股属于股息、红利性质的分配,对个人取得的红股数额,应作为个人所得征税

（续表）

政策名称	政 策 内 容
《国家税务总局关于原城市信用社在转制为城市合作银行过程中个人股增值所得应纳个人所得税的批复》(国税函〔1998〕289号)	二、《国家税务总局关于股份制企业转增股本和派发红股征免个人所得税的通知》(国税发〔1997〕198号)中所表述的"资本公积金"是指股份制企业股票溢价发行收入所形成的资本公积金。将此转增股本由个人取得的数额,不作为应税所得征收个人所得税。而与此不相符合的其他资本公积金分配个人所得部分,应当依法征收个人所得税
《关于进一步加强高收入者个人所得税征收管理的通知》(国税发〔2010〕54号)	(二)加强利息、股息、红利所得征收管理 1.加强股息、红利所得征收管理。重点加强股份有限公司分配股息、红利时的扣缴税款管理,对在境外上市公司分配股息红利,要严格执行现行有关征免个人所得税的规定。加强企业转增注册资本和股本管理,对以未分配利润、盈余公积和除股票溢价发行外的其他资本公积转增注册资本和股本的,要按照"利息、股息、红利所得"项目,依据现行政策规定计征个人所得税
《国家税务总局关于股权奖励和转增股本个人所得税征管问题的公告》(国家税务总局公告2015年第80号)	(一)非上市及未在全国中小企业股份转让系统挂牌的中小高新技术企业以未分配利润、盈余公积、资本公积向个人股东转增股本,并符合财税〔2015〕116号文件有关规定的,纳税人可分期缴纳个人所得税;非上市及未在全国中小企业股份转让系统挂牌的其他企业转增股本,应及时代扣代缴个人所得税。 (二)上市公司或在全国中小企业股份转让系统挂牌的企业转增股本(不含以股票发行溢价形成的资本公积转增股本),按现行有关股息红利差别化政策执行
《财政部、国家税务总局关于将国家自主创新示范区有关税收试点政策推广到全国范围实施的通知》(财税〔2015〕116号)	1.自2016年1月1日起,全国范围内的中小高新技术企业以未分配利润、盈余公积、资本公积向个人股东转增股本时,个人股东一次缴纳个人所得税确有困难的,可根据实际情况自行制定分期缴税计划,在不超过5个公历年度内(含)分期缴纳,并将有关资料报主管税务机关备案。 2.个人股东获得转增的股本,应按照"利息、股息、红利所得"项目,适用20%税率征收个人所得税。 3.股东转让股权并取得现金收入的,该现金收入应优先用于缴纳尚未缴清的税款。 4.在股东转让该部分股权之前,企业依法宣告破产,股东进行相关权益处置后没有取得收益或收益小于初始投资额的,主管税务机关对其尚未缴纳的个人所得税可不予追征。 5.本通知所称中小高新技术企业,是指注册在中国境内实行查账征收的、经认定取得高新技术企业资格,且年销售额和资产总额均不超过2亿元、从业人数不超过500人的企业。 6.上市中小高新技术企业或在全国中小企业股份转让系统挂牌的中小高新技术企业向个人股东转增股本,股东应纳的个人所得税,继续按照现行有关股息红利差别化个人所得税政策执行,不适用本通知规定的分期纳税政策

2. 资本公积转增股本涉及个税缴纳的 IPO 案例

【案例 5 - 1】上海凯鑫(300899)

上海凯鑫分离技术股份有限公司(简称上海凯鑫)于 2015 年 7 月 4 日召开股东会变更为股份有限公司。根据相关法律意见书,公司整体变更后总股本为 20 000 000 元,其中,新增股本 16 454 750 元均由公司增资溢价形成的资本公积转入。

根据《国家税务总局关于进一步加强高收入者个人所得税征收管理的通知》(国税发〔2010〕54 号)的规定:"……加强企业转增注册资本和股本管理,对以未分配利润、盈余公积和除股票溢价发行外的其他资本公积转增注册资本和股本的,要按照'利息、股息、红利所得'项目,依据现行政策规定计征个人所得税。"鉴于凯鑫有限整体变更为股份有限公司的新增股本均由增资溢价形成的资本公积转入,因此,发行人自然人股东就本次整体变更为股份有限公司未缴纳个人所得税。

而根据 2016 年 1 月 1 日开始实施的《财政部、国家税务总局关于将国家自主创新示范区有关税收试点政策推广到全国范围实施的通知》(财税〔2015〕116 号)及《国家税务总局关于股权奖励和转增股本个人所得税征管问题的公告》(国家税务总局公告 2015 年第 80 号)的规定,"非上市及未在全国中小企业股份转让系统挂牌的中小高新技术企业以未分配利润、盈余公积、资本公积向个人股东转增股本,并符合财税〔2015〕116 号文件有关规定的,纳税人可分期缴纳个人所得税;非上市及未在全国中小企业股份转让系统挂牌的其他企业转增股本,应及时代扣代缴个人所得税"。

尽管上海凯鑫已经于上述规定实施前完成了整体变更为股份有限公司,但税务机关仍有可能依据上述规定要求发行人自然人股东补缴整体变更为股份有限公司过程中的个人所得税。

根据发行人自然人股东出具的《关于股改个税缴纳的承诺函》,若届时税务机关要求其缴纳公司本次整体变更为股份有限公司过程中的个人所得税,其将立即足额缴纳,如因其未及时缴纳该等税款而导致滞纳金等任何形式的处罚或损失,其将承担全部的法律和赔偿责任,如公司因自然人股东未及时缴纳上述应缴税款遭受任何形式的处罚和经济损失,其将无条件赔偿公司全部损失。

综上,发行人律师认为,发行人已在财税〔2015〕116 号文正式实施之前完成改制,故自然人股东未缴纳公司整体变更为股份有限公司过程中由增资溢价形成的资本公积转增股本可能涉及的个人所得税,但其均已作出愿意承担可能的补缴或追缴责任的承诺,该等承诺真实、有效。发行人自然人股东未缴纳公司整体变更所涉个人所得税的情形,不构成重大违法行为,不会对发行人本次发行上市构成实质性障碍。

【案例 5-2】传音控股(688036)

深圳传音控股股份有限公司(简称传音控股)于 2017 年 11 月整体变更为股份有限公司。据相关法律意见书,传音控股截至 2017 年 8 月 31 日的净资产值为人民币 2 627 763 619.72 元,其中实收资本 76 737 660 元,资本公积 2 531 544 882.3 元,未分配利润 19 481 077.42 元。传音控股全体股东以前述净资产折合为公司股本总额 72 000 万股,各股东按出资比例持有相应的股份。因此,涉及以资本公积、未分配利润转增股本之情形。

根据《国家税务总局关于进一步加强高收入者个人所得税征收管理的通知》《国家税务总局关于股权奖励和转增股本个人所得税征管问题的公告》以及《中华人民共和国合伙企业法》的规定,合伙企业、居民企业不属于纳税主体,自然人股东应就资本公积转增股本缴纳个人所得税。本案中自然人股东已经就未分配利润、资本公积转增股本事宜足额缴纳了其个人应当缴纳的个人所得税,不存在被追缴风险。

三、 股改完成后的公司治理和规范运作要求

(一)股改后审计调整

股改后审计调整,重点关注审计调整的原因、股改时资产负债入账的准确性、是否存在出资不实、影响发行人股份改制的合法合规性等情形。

发行人在以股改基准日经审计的账面净资产整体折股变更为股份有限公司后,发现会计师以股改基准日出具的审计报告由于种种原因,经审计的账面净资产值存在偏差。股改基准日经审计的账面净资产值发生的调整,既有可能调高,也有可能调低。从已上市案例来看,因审计净资产值偏高需要调低的情况较多,因审计净资产值偏低需要调高的情况相对较少,原因在于净资产值被调高并不影响发行人资本充足性,更不会导致发行人股东出资不实的责任,一般监管机构并不会过分关注,如恒久科技(002808)。

因审计净资产值偏高需要调低的情况,应当做如下调整:

(1)若股改审计值被调低,但是未低于折股后的注册资本。根据《公司法》第96条的规定,有限责任公司变更为股份有限公司时,折合的实收股本总额不得高于公司净资产额。在该情况下只要调减资本公积并经发行人股东大会确认即可,如宏达电子、科融环境、珈伟股份、通裕重工等。

需要注意的是,股改的净资产是指母公司个别报表层面的净资产,而非合并报表层面的净资产,因子公司亏损导致合并报表层面归属母公司股东的净资产小于母公司个别报表层面净资产的情况,应当关注该子公司的亏损是否为暂时性的,未来能否恢复盈利,考虑有无必要在个别报表层面对该子公司的长期股权投资计提减值准备。

(2)若股改审计值被调低,且低于折股后的注册资本,这种情况下就造成了出资不实。在这种情况下,实务中一般通过承认股改不合法,重新股改;或降低注册资本,调至经调整后的净资产值(或低于经调整后的净资产值);或通过发起人股东补足出资的方式并履行相关程序,才能较完善地弥补该瑕疵。

【案例5-3】宏达电子(300726)调低股改审计值

2016年,在众华对宏达电子申请上市的财务报表进行审计的过程中,发现了前期差错事项:发行人前身宏达有限将对湘怡中元的长期股权投资成本确认为收购对价42 008 010元,列示有误,应将宏达有限对湘怡中元的长期股权投资修订为29 907 101.74元,导致调整后的净资产比股改基准日的净资产减少12 100 908.26元。

经审计调整后,宏达有限截至股改基准日净资产342 102 986.67元,折合股本总额320 000 000股,其余净资产22 102 986.67元计入资本公积。本次调整不影响宏达电子注册资本,不影响公司注册资本充实情况。

2017年6月9日,宏达电子全体股东出具书面确认:

(1)上述净资产调整减少事项是宏达电子财务状况信息的准确体现和更正,未影响宏达电子股改时股本。

(2)各股东对上述审计调整所导致的折股净资产减少事宜与宏达电子或宏达电子其他股东之间不存在任何争议或纠纷,上述净资产调整事宜也不会产生潜在纠纷和风险。

2017年6月9日,株洲市工商局出具书面证明:鉴于上述净资产调整事项并未影响宏达电子股本,宏达电子股改时股本仍为32 000万股,根据《公司法》及相关法律法规，该局认为，宏达电子上述事项未违法违规，不影响公司股改变更合法登记，该局不会因此处罚宏达电子。

2017 年 6 月 10 日，宏达电子第一届董事会第十二次会议审议通过《关于追溯调整公司整体变更时净资产情况的议案》；2017 年 6 月 28 日，宏达电子 2017 年第二次临时股东大会审议通过《关于追溯调整公司整体变更时净资产情况的议案》。

（二）重大事项应按照公司制度履行决策程序

正如前文所述，一般认为，完成股改的拟上市企业，在公司治理方面的要求与上市公司将不再有明显差异。由于股份公司创立大会上已经建立了董事会、监事会，选举了总经理、财务负责人、董事会秘书等高级管理人员，形成了三会一层的现代公司治理结构，同时又通过了《三会议事规则》《对外投资决策制度》《关联交易决策制度》等一系列内部控制制度，股改后的企业在日常生产经营中应当严格遵守《公司章程》和内部制度对相关业务的决策程序、权限的要求。对于依照内部规则必须经董事会、股东大会审议的事项，不能再同有限责任公司阶段那样，由某个主体（通常为第一大股东、实际控制人）单独决定，而应当形成书面的会议文件、决议文件并妥善保管，确保内部决策程序的有效性。

（三）持续规范关联交易，避免同业竞争

由于关联交易对公司经营情况的影响一直是上市过程中监管机构关注的重点。完成股改的拟上市企业必须按照《公司法》《企业会计准则》和证监会的相关规定，结合中介机构的意见，全面识别、确认公司的关联方，对于与关联方之间发生的交易，必须严格依照法律、公司章程的规定履行相应的股东大会审议程序。对于有必要进行的关联交易，确保决策程序的合规性，交易定价的公允性，并尽量减少其发生的频次，对于没有明显合理理由需要进行的关联交易，应当直接避免发生，避免造成存在利益输送的印象。

对于拟上市的企业来说，同业竞争主要关注的是企业与其控股股东、实际控制人及其近亲属所控制的企业之间的业务竞争。对于拟在科创板、创业板上市的企业而言，存在竞争方的同类收入或毛利占企业该类业务收入或毛利的比例达 30%以上的情形，即对企业构成重大不利影响的同业竞争。因此，企业在股改完成后，仍应持续注意自身业务与控股股东、实际控制人及其近亲属所控制企业之间的潜在冲突，避免埋下不必要的隐患。

第六章

企业上市之股权融资和股权激励

第一节　上市前的股权融资

一、引入机构投资人

(一)融资对企业的意义

除了公司自身资本的循环积累,公司往往需要利用外部资源扩充资本以供其经营发展。股权融资和债权融资都是企业可以选择的融资手段。

对于投资人来说,股权投资往往通过两种途径获得收益:一是通过低价获取有潜力的成长性企业,在其发展初期给予资金投入用于经营发展,并在恰当的时候转让股份,通过价差实现收益;二是通过一级市场或二级市场购买公司股份并长期持有,等待公司分红分享企业发展带来的回报。而债权投资则是通过固定的利息率获得一段时间内稳定的利息收益。

对公司而言,股权融资需要出让股权,即公司未来成长的收益,因而具有较高的成本,如没有回购条款,股权融资一般不用归还本金,因而偿付风险较小;债权融资成本较低,但存在融资数量的不稳定性和到期无法偿还的风险。企业选择融资模式时,以融资风险作为标准,宜"先股后债";以融资成本为标准,宜"先债后股"。

(二)投资人的分类

投资者分类情况如表 6.1 所示:

表 6.1　投资者的类型及特征

PE 的类型(按投资阶段)	投 资 特 征
天使投资(angel investment)	又称"非正规风险投资",一般由投资者个人出资,投资于种子期(初创期)企业,投资规模小、风险高、回报高
风险投资(venture capital)	由专业人士投资于新兴的、迅速发展的、具有巨大发展潜力的企业的权益性资本
成长资本(growth capital)	投资于中后期发展阶段的企业,主要用于增加产量、销量以及研发新品,提升利润空间
并购资本(leveraged buyouts)	收购控股成熟且稳定增长的企业,实施内部重组、行业整合等来提升企业价值,待增值后出售获利
战略投资者 (strategic investment)	大型企业集团中的直投部门,以投资集团相关行业为主,投资并不以获利为唯一目的

（续表）

PE 的类型（按投资阶段）	投 资 特 征
夹层资本（mezzanine capital）	介于股权投资和债权投资之间，一般投资于成长型公司，在两轮融资之间或在上市之前，包括可转债和可转换优先股等

（三）企业在不同发展阶段可选的融资方式

一家公司从初创到后续发展，每个阶段所需资金的性质和规模都不相同，可以将它们划分为种子期[①]、发展期[②]、扩张期[③]和成熟期[④]，如图 6.1 所示。

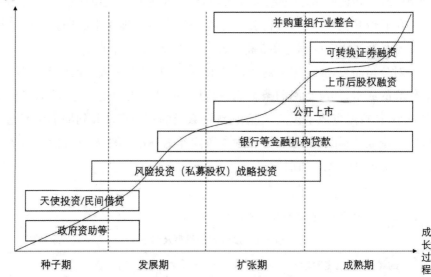

图 6.1　企业在不同发展阶段可选的融资方式

种子期阶段，主要通过企业家自身积累支持企业迅速发展，所需的资金较少。

发展期阶段，需要的资金普遍来自风险投资（VC），一旦投资者发现存在不可克服或超预期的风险，就有可能退出投资。

---

① 种子期是指企业的酝酿与建立阶段。
② 发展期是指公司技术创新和产品试销阶段，未来前景尚不明朗。
③ 扩张期是指公司技术发展和生产逐步扩大的阶段。
④ 成熟期是指公司技术成熟，产品进入大工业生产阶段。

扩张期阶段,往往会有新的私募股权投资(PE)进入,公司能通过自身产品销售回笼资金,银行等稳健的投资也会择机而入。

成熟期阶段,产品进入大工业生产阶段,公司的规模效应需要大量的资金支持,但此时企业自身的销售能力已能实现相当稳定的资金流入,企业有能力通过自身的资信能力吸引银行借款、发行债券或发行股票。此时是风险投资和私募股权投资的收获季节。

(四)从 PE/VC 在 IPO 企业中渗透率看上市前引入股权投资的趋势

CVSourse 投中数据显示,2020 年中企 IPO 的总 VC/PE 渗透率为68.32%。其中,A 股渗透率明显高于美股和港股,科创板 VC/PE 机构 IPO渗透率高达 82.76%。

2021 上半年,共 231 家具有 VC/PE 背景的中企实现上市,VC/PE 机构IPO 渗透率为 71.08%,已超越此前统计的 2020 年境内 VC/PE 机构 IPO 渗透率。机构投资账面退出回报总规模为 7291 亿元,主要集中在 2 月和 6 月,平均账面回报率小幅波动。其中,从细分交易所来看,上海证券交易所主板VC/PE 机构 IPO 渗透率为 66.67%,科创板 VC/PE 机构 IPO 渗透率为90.70%;深圳证券交易所 VC/PE 机构 IPO 渗透率为 75%;香港证券交易所VC/PE 机构 IPO 渗透率为 48.84%;纳斯达克 VC/PE 机构 IPO 渗透率为36.36%;纽约证券交易所 VC/PE 机构 IPO 渗透率为 92.31%,如图 6.2 所示。

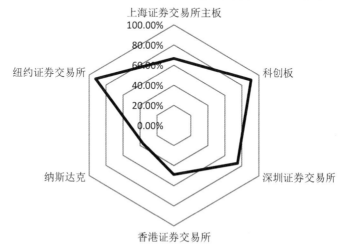

图 6.2　2021 上半年 VC/PE 机构 IPO 渗透率

资料来源:CVSourse 投中数据。

从股权投资市场的各参与方来看,成长基金和创投基金仍是市场的绝对主力,专业化 FOF 机构是二手份额市场的重要参与和推动者,机构 LP 增势明显但民营资本参与度待提高。

(五)私募股权融资的相关流程及标准

1. 投资机构的基本运作程序

不同类型的投资机构会偏好不同发展阶段的公司,而每家投资公司也有自己擅长和关注的行业和领域,没有一家投资机构会对市场上的企业"遍地撒网"。但归根结底,投资机构遇到的企业都有各自的营运模式、发展路径等,因此,必须有一套一致的筛选流程和决策机制,来为它们统一标准。

投资机构的运营流程大致如下:

(1)投资人根据自己的偏好寻找项目。

(2)投资人获得项目的商业计划书,并选择是否与创业者进行沟通交流。

(3)投资人经过多次交流认可项目后,递交投资机构的项目评估会进行公开推荐。

(4)项目过会后,安排对项目公司进行初步尽职调查。

(5)通过初步尽职调查的验证和核实后,投资机构与项目公司签订投资意向书。

(6)投资公司聘请专业的外部第三方机构对公司的业务、财务、法律等方面进行全方位的尽职调查。

(7)完成前述一系列工作后,投资机构内部的投资决策委员会最终决策是否对项目公司进行投资。

2. 私募股权融资的一般流程

通过前述投资机构内部的决策程序了解到,从对接投资机构到真正获得融资中间需要经历较长的时间,从而融资成功与否具有较大的不确定性。因此,公司对于股权融资需要有详细的规划,同时,创业者需要在融资之前提前留好现金余量,以防在融资到位前出现资金缺口从而陷入被动的境地。当做好充分的思想准备及资金准备后,公司就可以开展融资进程。

(1)确定投资机构。投资机构对于市场上的公司拥有一定的嗅觉,但这与公司主动出击寻找机会并不冲突,且为了节省时间和精力,公司需要避开投资竞争对手以及资金不够充裕的投资机构。

（2）准备商业计划书。商业计划书往往是公司融资过程中吸引投资人最重要的王牌。在交流之初，公司适宜由创始人做口头陈述，配以20页左右的 PPT 用于展示；在投资人对公司产生浓厚兴趣后，提供专业全面的商业计划书供其参考。

（3）与投资人的联系。建议尽可能多地联系机构进行交流，这样一来公司有机会客观地审视自身在投资人眼中的定位，以及公司更适合的投资机构风格。

（4）融资演示。在与投资人接触的过程中，需要为他们做项目或公司的展示，对于演示时需要准备的内容，至少要包括市场规模及前景、产品技术、商业模式、财务状况及预测、团队阵容等。

（5）甄别投资协议条款。在对投资协议的谈判过程中，公司可以聘请有经验的律师。因为投资机构出具的投资协议模板往往是从保护投资机构的角度出发，公司有必要甄别每一个条款背后的意图，以及对公司的影响。

（6）投资机构进行详细尽职调查并作出决策。如前所述，尽职调查往往从业务、财务、法律三个角度展开，尽职调查的目的主要是验证公司的实际状况与投资机构之前了解的信息是否存在重大差异，在此期间双方相互磨合，有了更多考虑对方是否合适的时间。

一旦完成详细的尽职调查，就需要安排项目的投资决策。市场的变化、公司运营状况的变化和尽职调查的结果都有可能影响最终的决策结果。

（六）相关注意事项

初创企业的股权融资，是一个谈判、博弈、妥协、一致的过程，但这与平时的买卖交易大不相同，这是因为谈判时看似对立的两方，在达成协议后将并肩作战，即将共同面对市场的风险。融资归根结底是为了公司的成长，创造全体股东的价值，而这也是公司创业者与投资人的共同目标。因此，双方都需要有买定离手的契约精神，彼此坚信双方达成的是在当时最适合的决定。

二、对赌协议

（一）对赌的意义

对赌协议即"估值调整机制"，如果企业未来获利能力达到某一标准，则融资方享有一定权利,用以补偿企业价值被低估的损失;否则,投资方享有一定权利,用以补偿高估企业价值的损失。对赌协议产生的主要原因是投资方规避因投资企业估值与实际价值出现较大偏差带来的风险。

对赌协议的设置在一定程度上具有积极作用,包括解决公司资金短缺问题,通过投资机构的投资增加企业知名度;激发公司发展潜能,实现快速增长;获得战略规划上的增值服务,提高市场竞争力。但对赌协议的设置也可能对公司产生负面影响,包括对赌标准设定过高,使管理层经营压力较大,引发公司发展危机;导致管理层短期行为,过分开发公司潜力;对赌失利后造成股权流失,公司控制权发生变动。表 6.2 为主要对赌的简单回顾。

表 6.2　主要对赌的简单回顾

中资 VS 外资	赌　　局	结局
港湾 VS 华平、龙科	预定一旦港湾未能实现 2001—2004 年的持续销售增长,外资将会获得更多的股权。 同时规定,一旦港湾上市不成,港湾管理层将失去对企业的控制权	被华为收购
雨润 VS 高盛、鼎晖和 PVP	在雨润香港上市时,若雨润 2005 年盈利达不到 2.592 亿港元,投资方有权要求大股东以市场溢价 20% 的价格赎回所持有的股份	2006 年 3 月雨润盈利达 3.6 亿元人民币,远超对赌下限
蒙牛 VS 摩根、鼎晖及英联	约定蒙牛在 2004—2006 年盈利复合增长率未达到 50%,管理层将向投资方支付 7 800 万股公司股权;反之,投资方支付相同数量股权给管理层	蒙牛表现优异,对赌以双赢结局提前结束
永乐 VS 摩根及鼎晖	摩根、鼎晖以 5 000 万美元入股永乐,永乐在 2007 年扣除非核心业务利润后盈利如高于 7.5亿元人民币,投资人向高管层割让 4 697 万股;利润介于 6.75 亿—7.5 亿元人民币不需进行估值调整;利润介于 6 亿—6.75 亿元人民币,管理层向投资人割让 4 697 万股;利润低于 6 亿元人民币,则管理层割让的股份达到 9 395 万股	未能实现约定的业绩增长,被竞争对手国美收购

（续表）

中资 VS 外资	赌　局	结局
太子奶 VS 高盛、英联及 摩根士丹利	在收到 7 300 万美元注资后的前 3 年,如果太子奶集团业绩增长超过 50%,可调整(降低)对方股权;如完不成 30% 的业绩增长,太子奶集团创始人李途纯将失去控股权	未能实现约定的业绩增长,创始人失去控股权

（二）关于对赌协议的最新司法审判纪要

根据《全国法院民商事审判工作会议纪要》,人民法院在审理"对赌协议"纠纷案件时,不仅应当适用《合同法》的相关规定,还应当适用《公司法》的相关规定;既要坚持鼓励投资方对实体企业特别是科技创新企业投资原则,从而在一定程度上缓解企业融资难问题,又要贯彻资本维持原则和保护债权人合法权益原则,依法平衡投资方、公司债权人、公司之间的利益。对于投资方与目标公司的股东或者实际控制人订立的"对赌协议",如无其他无效事由,认定有效并支持实际履行,实践中并无争议。对于投资方与目标公司订立的"对赌协议"是否有效以及能否实际履行,应当把握如下处理规则:

(1)投资方与目标公司订立的"对赌协议"在不存在法定无效事由的情况下,目标公司仅以存在股权回购或者金钱补偿约定为由,主张"对赌协议"无效的,人民法院不予支持,但投资方主张实际履行的,人民法院应当审查是否符合《公司法》关于"股东不得抽逃出资"及股份回购的强制性规定,判决是否支持其诉讼请求。

(2)投资方请求目标公司回购股权的,人民法院应当依据《公司法》第 35 条关于"股东不得抽逃出资"或者第 142 条关于股份回购的强制性规定进行审查。经审查,目标公司未完成减资程序的,人民法院应当驳回其诉讼请求。

(3)投资方请求目标公司承担金钱补偿义务的,人民法院应当依据《公司法》第 35 条关于"股东不得抽逃出资"和第 166 条关于利润分配的强制性规定进行审查。经审查,目标公司没有利润或者虽有利润但不足以补偿投资方的,人民法院应当驳回或者部分支持其诉讼请求。今后目标公司有利润时,投资方还可以依据该事实另行提起诉讼。

（三）关于对赌协议的最新 IPO 审核政策

关于对赌协议的最新 IPO 审核政策请见本书第二章第一节所述。

【案例 6 - 1】富仕电子(300852.SZ)创业板上市时的对赌协议问题

富仕电子创业板上市案例中,发行人 VC/PE 股东人才基金及中瑞汇川与公司特定股东存在对赌协议,且发行人与人才基金的对赌协议在发行人进行审核之时并未被中止/终止,但最终仍顺利通过审核。

根据发行人第二次披露的招股说明书,发行人与两家 VC/PE 间存在对赌协议,分别为人才基金及中瑞汇川。

1. 与人才基金的对赌协议情况

2017 年 12 月,VC/PE 股东人才基金与发行人及其相关主体签署股权转让补充协议,该补充协议涉及股权回购、公司治理、股权转让限制、优先认购权、反稀释、优先清算、投资人转让便利、平等对待等条款。2019 年 9 月,各方再次签署补充协议二,补充协议二对补充协议进行修改,此次修改仅保留了回购对赌条款。招股说明书原文如下:

1)对赌协议的签署情况

2017 年 12 月,本公司、四会明诚、一鸣投资、天诚同创及实际控制人刘天明、温一峰、黄志成与人才基金签署了《四会富士电子科技有限公司股权转让之补充协议》(以下简称《补充协议》),该补充协议涉及股权回购、公司治理、股权转让限制、优先认购权、反稀释、优先清算、投资人转让便利、平等对待等条款,上述条款均未触发。

2)对赌协议的修订情况

2019 年 9 月,本公司、四会明诚、一鸣投资、天诚同创及实际控制人刘天明、温一峰、黄志成与人才基金签署了《四会富仕电子科技股份有限公司股权转让之补充协议二》(以下简称《补充协议二》),主要内容如下:

(1)各方一致同意:将《补充协议》第 1 条整体修改为:

如公司未能在 2021 年 12 月 31 日前实现在上海或深圳证券交易所主板、中小板、创业板公开发行股份上市,或以人才基金同意的估值被上市公司收购、被其他公司整体现金收购,则人才基金有权要求四会明诚、一鸣投资、天诚同创和/或刘天明、温一峰、黄志成按照以下约定连带受让人才基金届时持有公司全部或部分股份。

若人才基金行使上述权利,则人才基金有权要求四会明诚、一鸣投资、天诚同创和/或刘天明、温一峰、黄志成按照人才基金届时拟转让股份对应的初始投资额加上按照百分之九年利率计算资金占用成本的总和,并扣除人才基金已收到的拟转让股份对应的现金分红所计算的转让价格(以下称"股份转让价格"或"股份转让价款")受让人才基金的股份。

如果人才基金发出书面回购要求的,上述受让义务方应当在人才基金书面通知发出之日起一百二十日内将上述股份转让价款支付至人才基金指定账户。

如果受让义务方未能如期支付股份转让价款的,每逾期一日,受让义务方应当向人才基金支付应支付而未支付金额的万分之五作为违约金。

(2)自本《补充协议二》生效之日起,《补充协议》的其他特别权利约定(即公司治理、相关股东权利、效力等条款)即行终止。

各方承诺,除《补充协议》及本《补充协议二》外,不存在其他正有效执行的对股权稳定性有重大影响的相同或类似协议安排或约定。

发行人认为,修订后的对赌协议将四会富仕电子在该次对赌协议中承担的义务悉数解除,仅为股东间的对赌安排,四会富仕电子将不作为对赌协议的当事人。即使履行对赌协议的有关内容,因公司实际控制人3人合计的持股数较大,不会导致公司控股权变化,且对赌协议中的回购价格计价也不与市值关联,不存在影响其持续经营能力或者其他严重影响投资者权益的情形,符合相关监管要求规定,即符合《首发业务若干问题解答(一)》关于对赌协议的规定(证监会2019年3月25日发布《首发业务若干问题解答(一)、(二)》),属于可以不清理的对赌协议。招股说明书中发行人的解释如下:

3)修订后的对赌协议符合相关监管要求的规定

《补充协议二》符合《首发业务若干问题解答(一)》关于对赌协议的规定,具体分析如下:

（1）《补充协议二》已经解除了公司应该承担的义务，仅为公司股东之间的对赌安排，公司不作为对赌协议当事人，符合发行人不作为对赌协议当事人的规定；

（2）本次发行前，公司实际控制人刘天明、温一峰和黄志成三人合计能够实际支配公司 86.79% 的股份表决权，上述股权回购不存在导致公司控制权变化，符合对赌协议不存在可能导致公司控制权变化的规定；

（3）公司未能在 2021 年 12 月 31 日前实现在上海或深圳证券交易所主板、中小板、创业板公开发行股份上市，或以人才基金同意的估值被上市公司收购、被其他公司整体现金收购，《补充协议二》约定人才基金有权要求四会明诚、一鸣投资、天诚同创和/或刘天明、温一峰、黄志成回购其持有的股权，上述股权回购不与公司市值挂钩，符合对赌协议不与市值挂钩的规定；

（4）《补充协议二》约定股权回购等事宜，不存在严重影响发行人持续经营能力或者其他严重影响投资者权益的情形。

2. 发行人与中瑞汇川的对赌协议情况

2017 年 12 月，中瑞汇川与发行人及相关主体签署股权转让补充协议，但该回购对赌条款在发行人递交申请时已经自动终止。招股说明书原文如下：

3. 中瑞汇川与公司及相关主体之间签订的对赌协议执行情况

2017 年 12 月，公司、四会明诚、一鸣投资、天诚同创及实际控制人刘天明、温一峰、黄志成与中瑞汇川签署了《四会富士电子科技有限公司股权转让之补充协议》，该补充协议涉及股权回购、公司治理、股权转让限制、优先认购权、反稀释、优先清算、投资人转让便利、平等对待等条款，上述条款均未触发。

根据《四会富士电子科技有限公司股权转让之补充协议》约定："各方同意，目标公司向中国证券监督管理委员会递交首次公开发行股票上市申报材料时，本补充协议自动终止。"

公司已于 2019 年 5 月 5 日递交首次公开发行股票上市申报材料，该补充协议自 2019 年 5 月 5 日起终止，相应的对赌条款亦终止。

（四）发行人针对对赌要求的应对措施

在面对通过对赌协议获得融资时，公司决不能被投资人提出的"高价"蒙蔽，仅看到高额的融资却忽视背后巨大的风险，最终为了完成对赌目标放弃长期发展战略，或者因无法完成对赌目标，最终导致创业者丧失公司控制权。公司可以采取以下应对措施减少风险：

（1）聘请第三方咨询机构，结合企业发展现状、市场环境等因素，在充分了解对赌条款背后的潜在风险后，理性分析自身情况。

（2）引入投资人的过程中，投资人和公司将要经历多次谈判、博弈，公司应与投资人充分沟通，减少信息不对称带来的风险，共同制定相对合理的对赌条款，最终实现合作共赢。

（3）设置保护条款，当公司无法完成预定目标时，可以通过向投资人支付一定的现金或股权及时终止协议，控制损失，避免因为设置对赌条款使公司陷入严重的发展困境。

三、 私募融资的出让股权比例和价格

（一）引入私募融资的股权比例

1. 企业自身的资金需求

私募融资涉及的最重要的问题之一便是融资多少，也就是涉及相关的股权比例问题。对此，首先需要考虑企业自身的需求。企业需要多少资金来发展自身，是该问题的核心。通常情况下，可以根据企业的发展规划，确定企业在未来 2～3 年的主要资金需求额，进而测算私募股权份额；此外，有些企业有着改善财务结构的需求，此种情况下，可以在对财务报表进行审计的基础上，参照公司业务模式、行业特点等规划公司的合理财务结构，进而确定需要的资金量和私募的股权份额。

2. 上市对公司股权变化的相关要求

一般而言，公司在 IPO 前外部引入的私募基金持股应控制在总股本的30%以内，如果过高，则可能引起审核部门和市场对公司股权稳定性、经营稳定性的担忧。

3. 战略投资者的投资需求

一般而言，为降低管理成本，战略投资者期望的投资量较大。保荐机构直投基金作为战略投资者，一般不超过公司总股本的 7%，否则根据《证券发

行上市保荐业务管理办法》,保荐机构在推荐发行人证券发行上市时,应联合一家无关联保荐机构共同履行保荐职责,且该无关联保荐机构为第一保荐机构。

(二)私募的价格

1. 私募价格的一般衡量标准

对于多数行业而言,私募价格一般按照市盈率法定价,即"私募投资价格/每股收益"。

每股收益计算基础一般以前一年实现净利润计算,也可协商按照当年预期利润计算,但是按照预期利润计算,市盈率倍数一般较低。

2. 私募价格的考虑因素

私募价格一般由战略投资者与企业协商确定,主要考虑因素包括:

(1)公司自身各要素情况。

(2)公司的现时盈利水平及未来成长性。

(3)公司所处行业的现状及前景,公司的行业地位、竞争状况及市场容量,公司本身的业务与技术能力。

(4)公司的财务状况。

(5)公司治理的规范性、透明度(这点很重要,治理不规范、透明度不高,投资者则认为风险大,从而会要求降低价格)。

私募市场普遍价格水平多控制在每股收益的 5~15 倍,即市盈率为 5~15 倍。

第二节　股权激励

股权激励①的根本目的是优化企业资源配置,提升企业竞争力,实现可持续发展。它能将企业短期利益和长远利益有效结合起来,使企业核心员工站在所有者立场上思考企业发展,从而达到企业所有者和经营者等核心员工收益共同提升的双赢目的。

从本质上讲,股权激励是原有股东与被激励对象的一次"交易",即原有

---

① 股权激励是指企业在一定条件下,通过以特定方式赋予企业员工(特别是高级管理人员和业务骨干)一定数量的企业股权进行激励的一种制度。

股东拿出股权,也就是企业长期发展的参与和受益机会以及共享企业的控制权,与被激励对象进行"交易",以获得被激励对象的专业技能和对企业的忠诚,形成新老股东共治局面。

一、 股权激励的意义

(一)创造企业利益共同体

股权激励将所有者与经营者的利益联系在一起。实施股权激励的结果是企业经营者和所有者达成共同的利益取向,形成利益共同体。

(二)吸引人才,留住人才

实施股权激励可以让员工分享企业成长所带来的收益,增强员工的归属感和认同感,激发员工的积极性和创造性。股权激励制度还是企业吸引优秀人才的有力武器,为新员工预留同样的激励条件,可给新员工很强的利益预期,具有相当大的吸引力,从而集聚大批优秀人才。

(三)产生有效的业绩激励

核心员工成为公司股东后,能够分享高风险经营带来的高收益,有利于激发管理人员的竞争意识和创造性,促使其发挥潜力,大胆进行技术创新和管理创新,提高企业的经营业绩和核心竞争能力,保证未来发展。

(四)促使经营者关注企业长期发展,减少短期行为

股权激励的部分奖励是在卸任后延期实现的,这就要求经营者不仅关心如何在任期内提高业绩,而且必须关注企业的长远发展,以保证获得延期收入。由此可以进一步弱化经营者的短期行为,更有利于提高企业在未来创造价值的能力和长远竞争能力。

二、 股权激励的模式

股权激励的模式(或称股权激励的工具)包括股票期权、限制性股票(权)、虚拟股票(权)、激励基金、股票增值权、账面价值增值权、延迟支付、管理层收购、员工持股计划等。实践中拟上市企业最为常用的主要是股票期权和限制性股票。

(一)股票期权

股票期权是指授予公司激励对象在未来一定期限内以预先确定的条件购买本公司一定数量股份的权利。

股票期权起源于美国,是目前公众公司最普遍也是最受欢迎的一种股权激励方式,主要以满足一定业绩指标作为行权条件,激励时间一般为 3～10 年,且一般不超过 10 年。股票期权不可以转让、用于担保或偿还债务。

在股票期权的股权激励模式下,绩效考核指标一般包括公司业绩指标和激励对象个人绩效指标。激励对象包括公司董事、高级管理人员、核心技术人员或者核心业务人员,以及公司认为应当激励的其他员工,但不应当包括独立董事和监事。

用以激励的股票有数量上的限制,一般不超过公司总股本的 10%,但公司可以同时实行多期股权激励计划;一般一名激励对象通过全部在有效期内的股权激励计划获授的本公司股票累计不超过公司股本总额的 1%。

股票期权主要适用于前景好、发展空间大、暂时没有利润或现金流紧张的企业,能够较为有效地激励经济基础较好、有行权出资资金的员工。

(二)限制性股票

限制性股票是指激励对象按照股权激励计划规定的条件,获得的转让等部分权利受到限制的本公司股票。

采用限制性股票作为激励方式的公司主要基于两个方面的考量:一是对创业团队或者陪伴公司成长的关键性员工的奖励,二是继续激励关键性员工与公司共同成长。

限制性股票其本质是给予激励对象股票,但是对其售出作出一定的限制,在没有满足业绩指标或者一定的工作时限前,不得出售。在限制性股票有效期内,公司应当规定分期解除限售,每期时限一般不少于 1 年,各期解除限售的比例不超过激励对象获授限制性股票总额的 50%。当期解除限售的条件未成就的,限制性股票不得解除限售或递延至下期解除限售。限制性股票授予日与首次解除限售日之间的间隔不少于 1 年。限制性股票在解除限售前不得转让、用于担保或偿还债务。

实施限制性股票作为激励模式的企业要求员工进行实际出资,除上述售出限制外,获得股东资格后员工可以合法享有相应股权的分红权、增值权和决策权。因此,限制性股票的激励模式适合于发展空间大、有利润的企业,且激励对象要求是经济基础较好、有行权出资资金的员工。

三、 员工持股的方式

员工持股方式主要有直接持股和间接持股两种:直接持股方式,即在公司本身的股权层面实施激励,激励对象成为公司的直接股东,持有公司股权;间接持股方式,即激励对象通过持股平台间接持有公司的股权。

整体而言,直接持股方式下,一旦激励员工发生变动,就涉及公司股权的变动,导致公司股权结构不稳定,不利于上市审核,同时也会为公司带来操作和管理上的成本增加。因此,目前大多数企业均采取间接持股方式。

在间接持股方式下,持股平台的模式主要包括有限公司和合伙企业。相对于合伙企业,有限公司的决策程序较为严格,而且涉及"双重征税",目前大多数的持股平台均采取有限合伙的持股平台模式,采用有限公司作为持股平台的案例较少。

在采用有限合伙作为持股平台的模式下,有限合伙的大部分决策只要得到执行事务合伙人同意即可作出,而通常执行事务合伙人由企业的实际控制人或者董监高担任,这类人员能够保证和企业的决策、行动一致,有利于企业掌控持股平台。此外,有限合伙企业不征收企业所得税,直接由合伙人个人缴纳个人所得税,从而减少了征税环节。

间接持股模式下公司股权结构通常设置如图 6.3 所示:

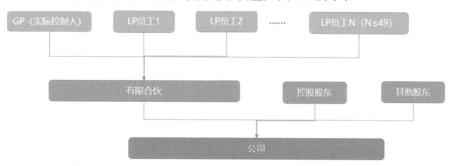

图 6.3　间接持股模式下公司股权结构(一)

也有一些企业的实际控制人为了规避持股平台普通合伙人的无限责任,设立绝对控股的有限公司作为持股平台的普通合伙人,具体架构如图 6.4所示:

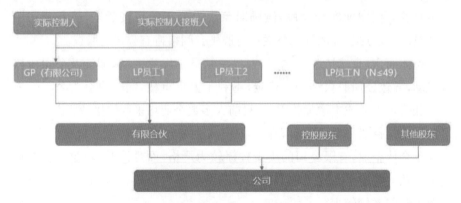

图 6.4 间接持股模式下公司股权结构(二)

四、 股权激励的方案设计

现代企业制度不断完善,股权激励模式多种多样,但只有制定针对性强、权利义务相匹配、激励充分、风险可控的长期激励方案,才能真正起到股权激励应有的作用,为公司的长期发展奠定基础。股权激励的方案设计往往包括对象、来源、额度、价格、时间、条件等因素。

确定激励对象须以企业战略目标为导向,即选择对企业战略最具价值的人。一般来讲,公司进行股权激励的对象范围主要是高管、骨干、员工三种,公司需要根据各自的实际情况选择适合的激励对象范围。选人其实是为企业的未来发展选择合适的人力资本。股权激励的本质是吸引能为企业未来发展创造价值的人才,现在能胜任的人才并不代表就是适合企业未来发展的人才,而适合企业未来发展的人才是企业需要激励的人才。选人的关键不是简单的、静态的论功行赏,而是如何通过一定的机制设计,激励人才在"赛跑"中脱颖而出。

股权激励总额是方案设计中值得公司考虑的问题。激励人数越多,激励额度越大,产生的积极激励效应也越大;若战略目标较难实现,则需要较大的激励额度才能产生与之匹配的激励效果。除此之外,公司股权激励总额还要考虑公司发展阶段、竞争对手的激励程度、净资产水平等,股权激励的总额需要根据公司整体情况进行规划,除了考虑现有激励对象,还要考虑未来人才引进的预留部分。一般来说,激励总额可以控制在股本总额的15%以内。

股权激励价格是方案设计时另一个关系公司及激励对象切身利益的考虑因素。因此,在确定激励标的价格时,既要考虑激励对象的承受能力,也要考虑保护现有股东的合法权益。定价依据可根据公司截至授予时点的公司净资产值确定,也可以根据近期的投资人投资价格确定,甚至可根据公司当时的注册资本原值以1元/股的价格授予,具体选择何种价格进行授予,取决于公司对员工进行激励的程度和力度。需要注意的是,如授予价格低于公允价值,则会触发财务会计上的股份支付问题,从而对公司当年度的净利润产生影响。

股权激励的时间包括两方面内容:一是根据企业不同发展阶段确定股权激励的时间;二是确定股权激励实施的时间。例如:是否分期实施? 分几期? 每期多长时间? 最佳的授予与行权时间? 定时一般不能太短,也不宜太长。确定股权激励的时间,还要考虑企业的发展速度以及外部资本市场的运行规律,使股权激励方案能在合适的时候发挥合适的效用。

除此之外,企业应在规定的期限内对激励对象获得股权设定一定的约束条件,如必须满足业绩指标、个人考核指标等。这既是对选择激励对象的保障手段,也是激励核心员工、说服其他员工的重要手段。股权激励一般设置两类条件:一是公司整体业绩条件,多为财务性指标;二是个人业绩考核指标,根据每个人的工作特点有所不同。在设置整体业绩条件时,需要参考公司历年业绩状况、行业发展状况和业绩水平等因素。

五、 股权激励与公司控制权的关系

股权激励有多种积极效应,最重要的是增强员工归属感和认同感,激发员工的积极性和创造性,从而提高企业在未来创造价值的能力和长远竞争能力。但股权激励也存在一定的弊端,可能导致公司所有者由于股份的过分稀释而丧失控制权。本节将介绍几种稳定公司控制权的有效手段。

(一)表决权差异安排

表决权差异是将股份分为两种类型,其中,外部投资者持有的每股普通股拥有1票表决权,公司创始人或管理者持有的普通股,每股拥有 N 票(通常为10票)表决权。这样在公司获得外部融资或者设计股权激励时,虽然稀释了创始人或原控股股东的股权,但其仍能通过表决权差异的制度安排,保留足够的表决权来控制公司。中国的股份公司中使用表决权差异制度安排的公司,已在上海证券交易所科创板建立之时迎来了上市新机遇。

根据《上海证券交易所科创板股票上市规则》的规定,发行人依照《公司法》第131条的规定,在一般规定的普通股份之外,发行拥有特别表决权的股份。每一特别表决权股份拥有的表决权数量大于每一普通股份拥有的表决权数量,其他股东权利与普通股份相同。科创板对表决权差异安排体现了一定程度的包容性,也作出了较为严苛的规范。

一是设置更为严格的前提条件:发行人作出的表决权差异安排必须经出席股东大会的股东所持2/3以上表决权通过;表决权差异安排在上市前至少稳定运行1个完整会计年度;发行人须具有相对较高的市值规模。

二是拥有特别表决权的主体资格和后续变动:相关股东应当对公司发展或者业绩增长做出重大贡献,并且在公司上市前及上市后持续担任公司董事;特别表决权股份不得在二级市场进行交易;持有人不符合主体资格或者特别表决权一经转让即永久转换为普通股份;不得提高特别表决权的既定比例。

三是保障普通投票权股东的合法权利:需注意除表决权数量外其他股东权利相同,普通股份表决权应当达到最低比例,召开股东大会和提出股东大会议案所需持股比例及计算方式,重大事项上限制特别表决权的行使。

四是强化内外部监督机制:公司需要充分披露表决权差异安排的实施和变化情况,监事会对表决权差异安排的设置和运行出具专项意见,禁止滥用特别表决权。

【案例6-2】科创板优刻得(688158.SH)表决权差异安排

优刻得的股权较为分散,最高持股比例为13.96%。在公司最重要的控股股东和实际控制人方面,是3个自然人股东通过《一致行动协议》的方式实现的。3个自然人股东共同签署了《一致行动协议》,对未来继续保持公司的共同控制地位做了一致行动安排,合计共持有发行人29.73%的股份。

但3个人对公司的控制不仅仅体现在《一致行动协议》上,还有特殊表决权安排。根据优刻得的特殊表决权安排(表决权差异安排),公司股份根据表决权不同,分为A类股份和B类股份。每份A类股份拥有的表决权数量为每份B类股份拥有的表决权的5倍。在设置完特殊表决权安排后,3个自然人股东通过《一致行动协议》,掌握公司至少64.71%的表决权(未考虑三人间接持股的B类股份)。这便是表决权差异安排在公司控制权方面表现的魅力所在。

然而为符合科创板对特别表决权股份的规定,这5倍的特殊投票权也不是在所有事项上都按照不同投票权来表决。《优刻得公司章程》第77条规定:股东大会就下述事宜的议案进行表决时,每一A类股份享有的表决权数量应当与每一B类股份的表决权数量相同,即均可投一票:①对《公司章程》作出修改;②改变A类股份享有的表决权数量;③聘请或者解聘公司的独立董事;④聘请或者解聘为公司定期报告出具审计意见的会计师事务所;⑤公司合并、分立、解散或者变更公司形式。

这5倍的投票权倍数,也不是一成不变的,可以通过股东大会表决进行修改。但是《优刻得公司章程》中规定,股东大会对"改变A类股份享有的表决权数量"作出决议,应当经过不低于出席会议的股东所持表决权的2/3以上通过。《优刻得公司章程》第20条规定:持有A类股份的股东向他人转让所持有的相应A类股份,或者将相应A类股份的表决权委托他人行使的,则A类股份应当按照1∶1的比例转换为B类股份。也就是说,在特殊投票权股东发生变动的情况下,其所持有的特殊投票权将灭失。

表决权差异安排有利于加强创始人对公司的控制权,防止外部融资之后的控制权稀释,这也有利于公司管理层、创始人更加专心地投入公司的运营决策中,提高决策效率。此外,创始人也会更加注重公司长远的投资。

不过,值得注意的是,从保护投资者的角度来看,"同股不同权"有一个根本性的缺陷,那就是违背了现代公司的股东治理结构,不利于股东利益保障,容易导致管理过程中专权情况的发生。有投资者担心,公司的一小部分人,因为拥有绝对的权力,他们可以按照自己的偏好制定经营战略,甚至可以利用控制权进行关联交易,转移公司财产。也正因为如此,同股不同权制度在发展过程中,一度引起了诸多公众争议和投资者的质疑。因此,一般非上市阶段实施的公司比较少,比较知名的有贾跃亭的FF、比特大陆、B站,大多数公司都是上市前设置表决权差异安排,在上市后再实行。

(二)投票权委托

投票权委托是指通过协议约定,股东将其持有股份对应的投票权委托给另一特定股东行使,接受委托的股东便可以行使比自己股份更大的投票权利,从而在公司决策中拥有更大的影响力或控制权。投票权委托的常见表现形式包括表决权委托和一致行动协议。

表决权委托是指通过协议把投资人或小股东的表决权归集到创始人手上,增加创始人手中的表决权数量,保证其对公司经营决策的控制权。

一致行动协议内容通常体现为一致行动人同意在其作为公司股东期间,在行使提案权、表决权等股东权利时,以其中某方意见作为一致行动意见,作出相同的意思表示,以巩固该方在公司中的控制地位。一致行动旨在约定一致行动人在股东大会、董事会的提案、表决等行为上保持一致,因此,在《一致行动协议》中应该明确一致表决意见形成的方式及矛盾解决的有效方式。

(三)有限合伙架构

有限合伙企业由有限合伙人与普通合伙人共同组成。若让股东成为有限合伙人,通过有限合伙企业间接持有公司股份,同时创始人或其控制企业作为普通合伙人,控制整个有限合伙企业,并通过合伙企业持有和控制公司的部分股权。此时,其他有限合伙人作为公司的间接股东,只享有经济收益而不参与有限合伙的日常管理,也就无法通过有限合伙影响公司决策。

六、 股权激励的注意事项

根据《中华人民共和国劳动合同法》的规定,如果劳动者违反与用人单位达成的竞业禁止约定,应当按照约定向用人单位支付违约金,因此,公司有必要在实施股权激励时要求员工出具承诺函,承诺一定期间内不得离职,否则公司有权要求离职员工支付违约金。

对于未按期履行出资义务的创始股东,为防止激励对象以创始人未缴足出资为由,向其主张违约责任,创始人应在实施股权激励计划前弥补未缴足的出资瑕疵。

根据税收法律法规的规定,股权转让利得需缴纳个人所得税。若以股权转让方式进行股权激励,转让价格应当按照公平交易的原则确定,转让价格至少不得低于转让标的股权对应的公司净资产,否则有可能被税务机关核定转让收入。

注册制下上市审核部门对股权激励事项的审核要点见本书第二章第一部分。

【案例6-3】科创板沪硅产业(688126)期权激励计划

2019 年 4 月,公司经股东大会批准通过拟授予激励对象不超过 1.296 亿股的股票期权,同日,公司股东会批准了股票期权激励计划首次授予方案,授予激励对象不超过 9 506.34 万股的股票期权,行权价格为 3.453 6 元/股。主要激励方案如下:

(1)激励对象:股票期权激励计划的激励对象包括公司及下属子公司高级管理人员、核心技术人员或者核心业务人员,及对公司及下属子公司经营业绩和未来发展有直接影响的其他员工,不包括独立董事和监事。对该等员工的股票期权激励,有利于公司及下属子公司未来经营的稳定,具有必要性与合理性,符合《上海证券交易所科创板股票上市规则》第 10.4 条的相关规定。

(2)激励计划制定标准:《股票期权激励计划》等相关文件,其内容参考了《上市公司股权激励管理办法》的相关规定予以制定,已经公司董事会、股东大会审议通过,相关激励对象履行了监事会审议、公示等程序。

(3)行权价格:根据《股票期权激励计划首次授予方案》,本次股票期权激励的行权价格根据最近一次投资者增资公司的交易价格确定,并且不低于按照国有资产评估管理规定经有关部门、机构核准或者备案的每股评估价格。本次授予的股票期权行权价格为 3.453 6 元/股,不低于最近 1 年经审计的净资产或评估值。期权的行权价格与发行人最近一次投资者增资硅产业集团的交易价格一致,该等价格高于中联资产评估集团有限公司以 2018 年 11 月 30 日为基准日,对硅产业集团出具的《资产评估报告》的评估值,主要是因为交易各方以上述评估报告为基础,根据上海市国资委组织的资产评估备案专家的指导意见,综合考虑了评估基准日至本次交易期间硅产业集团所持 Soitec 股票增值情况。

(4)股票数量比例:根据《股票期权激励计划首次授予方案》,本次股票期权激励计划实际授予激励对象的股票期权数量为不超过公司股本总额的 5.87%,即不超过 9 506.34 万股。发行人全部在有效期内的期权激励计划所对应股票数量占公司上市前总股本的比例未超过 15%。经批准的股票期权激励计划拟授予激励对象不超过 1.296 亿股的股票期权,股权激励计划的有效期为 5 年,自股东大会批准该计划并确定授予日之日起计算。激励计划拟授予的 1.296 亿股与实际授予的 9 506.34 万股股票期权的差额将不再授予,不属于预留权益。

(5)行权限制:根据《股票期权激励计划》,本次股票期权激励计划自股票期权授予日起的 24 个月为等待期,在等待期内,激励对象根据本计划获授的股票期权不得行权。因此,除上述股票期权激励计划外,发行人在首次公开发行股票并在科创板上市前不存在其他期权激励计划,相关激励对象不得行权。

(6)实际控制人稳定:本次发行前,国盛集团和产业投资基金各自持有公司 30.48%的股份,为公司并列第一大股东,并且国盛集团和产业投资基金之间不存在一致行动关系,公司无实际控制人。根据《股票期权激励计划首次授予方案》,本次股票期权激励计划实际授予激励对象的股票期权数量为不超过公司股本总额的 5.87%,即不超过 9 506.34 万股,且任何一名激励对象通过本计划获授的股票期权对应的公司股票,不超过公司股本总额的1%。发行人不会因上市后期权行权而导致公司无实际控制人的情况发生变化。

(7)锁定期:《股票期权激励计划》约定:①激励对象在公司上市后因行权所获股票自行权日起 3 年内不得减持;②上述禁售期限届满后,激励对象应比照公司董事、监事及高级管理人员的相关减持规定执行。

在考核条件方面,公司和激励对象同时满足以下条件时,公司方可依据《股票期权激励计划》约定的1/3、1/3、1/3 生效对应批次的激励。具体如下:

(1)公司应达到的业绩条件(见表 6.3)。

表 6.3　公司应达到的业绩条件

生效期	业绩考核目标
第一个生效期	①2020 年,300mm 正片的年销量不低于 30 万片
	②2020 年,净利润不低于 1 000 万元人民币
	③2020 年,营业收入增长率不低于 8%
第二个生效期	①2021 年,300mm 正片的年销量不低于 60 万片
	②2021 年,净利润增长率不低于 10%,并不低于 1 100 万元人民币
	③2021 年,营业收入增长率不低于 8%
第三个生效期	①2022 年,300mm 正片的年销量不低于 120 万片
	②2022 年,净利润增长率不低于 10%,并不低于 1 200 万元人民币
	③2022 年,营业收入增长率不低于 8%

(2)激励对象个人考核条件。激励对象个人考核应满足公司审议通过的《股票期权激励计划实施考核管理办法》的相关规定,各批次股票期权生效前一年度激励对象个人考核评价结果分别对应该批次生效比例如表 6.4 所示:

表 6.4　个人考评结果与生效期权比例

考核等级	个人实际生效股票期权数量占本批应生效股票期权数量的比例
B 及以上	100%
C	80%
D～E	0%

【案例 6－4】首发申报前制定上市后实施的股权激励行权方式

表 6.5 所示为不同企业首发申报前制定的上市后实施的股权激励行权方式。

表 6.5　不同企业的股权激励行权方式

序号	企业名称	行　权　方　式
1	沪硅产业 (688126)	股票来源为公司向激励对象定向发行的股票。在满足行权条件的情况下,激励对象获授的每一份股票期权拥有在有效期内以行权价格购买硅产业集团一股普通股股票的权利。 期权授予后等待期为 24 个月,等待期后期权分 3 批行权,每批行权比例占授予期权总量的 1/3;每批期权行权后 3 年承诺不减持,禁售期结束后,所有激励对象比照公司董事、监事、法定高管的相关减持规定执行
2	君实生物 (688180)	股票来源为公司向激励对象定向发行的本公司人民币 A 股普通股股票。 符合本激励计划授予条件的激励对象,在满足相应归属条件和归属安排后,在归属期内以授予价格获得公司 A 股普通股股票,该等股票将在中国证券登记结算有限公司上海分公司进行登记

（续表）

序号	企业名称	行 权 方 式
3	中控技术 (688777)	2019 年 9 月实施股票期权激励计划,标的股票为公司普通股股票,来源于向激励对象定向发行的本公司股票。 股票期权激励计划设有等待期,等待期为 12 个月,若公司在 12 个月内未发行上市,则等待期相应顺延至公司上市之日,等待期内不得行权。股票期权激励计划分 4 期行权,在满足行权条件下,每期可行权数量占获授股票期权数量的 25%
4	九号智能 (689009)	股票来源:定向增发。 根据不同的授予安排,每年平均行权:25% * 4 或 20% * 5
5	天智航 (688277)	股票期权激励计划涉及的标的股票来源为公司向激励对象定向发行公司普通股。 授予 1 882 万股股票期权应确认的总费用预计为 8 111.99 万元,前述总费用由公司在实施股票期权激励计划的等待期,在相应的年度内按每次行权比例分摊
6	芯原股份 (688521)	股票来源:公司向激励对象定向发行公司 A 股普通股股票。 批量行权,统一为符合行权条件的激励对象办理股票期权行权及相关行权股份登记手续,并将中国证券登记结算有限责任公司上海分公司办理完毕股份变更登记手续当日确定为行权日,同时于行权完毕后办理工商变更登记及其他一切相关手续。激励对象所持有的本次可行权的股票期权须在公司确定的行权窗口期内行权完毕;行权窗口期届满,当期未行权的股票期权不得再行权或递延至下一行权期,由公司予以注销

【案例 6-5】中控技术（688777）：通过资管计划进行股权激励

中控技术科创板 IPO 于 2020 年 6 月 15 日通过上海证券交易所审核,并于 2020 年 10 月 14 日经中国证监会同意注册。发行人在首发申报前,分别于 2019 年 4 月和 9 月以资产管理计划形式对员工进行股权激励,资管计划分别为"申万宏源中控技术员工持股 1 号单一资产管理计划"和"中信证券中控技术员工持股 2 号单一资产管理计划"。

两个资产管理计划分别通过受让老股和增资的方式成为发行人的直接股东,申万宏源证券和中信证券分别作为资管计划的管理人,代表资产管理计划持有发行人 4.62% 和 2.71% 的股份。

发行人（员工持股计划）作为资产管理计划的委托人,申万宏源证券和中信证券作为资产管理计划的受托人,通过单一资产管理计划的形式,解决了激励人数超过 200 人的问题。

在实施要点方面,《员工持股计划》《员工持股计划管理办法》经过公司职工代表大会、董事会、监事会、股东大会审议通过后实施。员工持股计划的内部管理权力机构为持有人会议;员工持股计划设管理委员会,监督员工持股计划的日常管理,代表持有人行使股东权利。公司董事会负责审议和修改员工持股计划,并在股东大会授权范围内办理员工持股计划的其他相关事宜。员工持股计划对持有人在计划存续期内离职、死亡或转让员工持股计划份额进行了明确约定。因员工退出而产生待分配份额的,由管理委员会定期转让给符合员工持股计划参与条件的员工,具体转让时间和转让价格由管理委员会确定,员工以自愿的原则受让。员工持股计划的专项资管计划均已履行登记备案程序,分别取得中国证券投资基金业协会颁发的《资产管理计划备案证明》。

此外,股权激励还应关注的其他要点如下:

(1)股权激励方案相关决议、文件等资料是否符合《公司法》及相关法律法规以及公司章程的规定,确保企业股权激励方案决策程序的合法性。

(2)是否存在代持股问题。

(3)是否存在不具有主体资格的被激励者参与股权激励的情形。

(4)管理层或员工用于购买企业股份的资金来源是否合法,是否由企业垫付资金购买股份。

(5)股权是否清晰,股权结构是否安全和稳定。

(6)对管理层进行股权激励时要求股权受让方签订相关的承诺书是否合法。

(7)股份支付会相应影响当期利润等财务指标,需注意实施了股权激励后是否会导致企业无法满足上市条件或影响上市进程等。

第七章

企业上市申报前的其他重点
关注事项

第一节　上市辅导

一、上市辅导简介

上市辅导是指保荐机构、律师事务所、会计师事务所对拟发行股票并上市的股份有限公司进行的规范化培训、辅导与监督。发行与上市的辅导机构由符合条件的证券经营机构担任,原则上应当与代理该公司发行股票的主承销商为同一证券经营机构。上市辅导的意义在于使公司建立比较完善的法人治理结构,使公司董事、监事、高级管理人员以及其他相关人员等全面系统地理解和掌握与发行上市有关的法律法规、证券市场规范运作和信息披露要求,使其树立进入证券市场的诚信意识、自律意识和法治意识,进而使公司基本具备进入证券市场的条件。

企业上市辅导形式多样,可以是现场查看、与高管谈话、集中授课培训等多种形式。目前 IPO 的辅导时间原则上不能少于 3 个月。保荐机构辅导工作完成后,应当由发行人所在地的中国证监会派出机构进行辅导验收。发行人所在地在境外的,应当由发行人境内主营业地或境内证券事务机构所在地的中国证监会派出机构进行辅导验收。验收方式主要有现场走访、约谈、组织证券市场知识抽测等。

二、上市辅导主要流程

(一)聘请辅导机构

企业选择辅导机构要综合考察其独立性、资信状况、专业资格、研发力量、市场推广能力、具体承办人员的业务水平等因素。应当指定经中国证监会批准、品行良好、具备组织实施保荐项目专业能力的保荐代表人具体负责该工作,且辅导机构应当熟练掌握相关的法律、会计、财务管理、税务、审计等专业知识。根据《证券发行上市保荐业务管理办法(2020)》(中国证券监督管理委员会令第 170 号)的规定,保荐机构及其控股股东、实际控制人、重要关联方持有发行人股份的,或者发行人持有、控制保荐机构股份的,保荐机构在推荐发行人证券发行上市时,应当进行利益冲突审查,出具合规审核意见,并按规定充分披露。通过披露仍不能消除影响的,保荐机构应联合 1 家无关联保荐机构共同履行保荐职责,且该无关联保荐机构为第一保荐机构。鉴于辅导机构与保荐机构同一性的考虑,公司也不宜选择上述与公司存在关联关系的证券经营机构担任辅导机构。

(二)辅导机构前期尽调,帮助企业完成股改

按规定,上市辅导应在企业改制为股份有限公司后正式开始。但是,股份改制方案是企业发行上市准备的核心内容,也是上市辅导工作的重点。因此,多数情况下,除部分因在新三板等场外市场挂牌或其他原因已完成股份改制的企业外,辅导机构在与企业达成辅导意向后,会先进行一轮前期尽调,介入企业发行上市方案的总体设计和改制重组的具体操作,协助企业完成股份改制。

(三)与辅导机构签署辅导协议,并登记备案

待改制重组完成、股份公司设立后,企业和辅导机构签订正式的辅导协议,并在辅导协议签署后5个工作日内到企业所在地的证监会派出机构办理辅导备案登记手续。辅导协议应明确双方的责任和义务,并列明辅导费用。辅导费用由辅导双方本着公开、合理的原则协商确定,辅导双方均不得以保证公司股票发行上市为条件。证监局接收辅导备案后,一般召开首次见面会,辅导小组组长及项目负责人、发行人董事长、财务负责人、董事会秘书应当参加。同时,需要公开发布《接受上市辅导公告》。

(四)正式开始辅导,定期报送辅导工作备案报告

辅导机构对发行人进行辅导,参与辅导的对象包括:发行人董事、监事和高级管理人员、持有5%以上股份的股东和实际控制人(或者其法定代表人)。辅导方式主要有组织自学、集中授课与考试、问题诊断与专业咨询、中介机构协调会、经验交流会、案例分析会等。建议辅导前期重点在于摸底调查,全面形成并实施具体的辅导方案;辅导中期重点在于集中学习和培训,诊断问题并加以解决;辅导后期重点在于完成辅导计划,进行考核评估,做好 IPO 申请文件的准备工作。

从辅导开始之日起,辅导机构每3个月向当地证监会派出机构报送1次"辅导工作备案报告"(逾期可能导致终止辅导程序)。"辅导工作备案报告"一般包括辅导企业基本情况、辅导工作计划执行情况、辅导工作存在问题及下一步工作计划等,同时报送辅导机构对辅导工作的意见。

(五)辅导机构针对企业问题提出整改建议,督促完成整改

在辅导进程中,辅导机构应当及时发现问题,并提出整改方案及整改建

议,督促企业尽快完成整改。针对部分较难解决的问题,企业与辅导机构可以尝试与当地政府部门积极沟通协商,共同解决。

(六)辅导书面考试

辅导机构将在辅导期内对接受辅导的人员进行至少 1 次书面考试,全体应试人员最终考试成绩应合格。

证监局会组织现场的辅导验收考试,一般每月都有安排,但亦需要提前预约考试时间,其中考试不合格者一般一个月之后才安排补考。各证监局组织的辅导考试形式各有不同,具体需要参考辖区辅导验收考试须知。

(七)向当地证监局提交辅导评估申请

辅导协议期满,辅导机构如果认为辅导达到了计划目标,可向证监会派出机构报送"辅导工作总结报告",并提交辅导评估申请;辅导机构和企业如果认为辅导没有达到计划目标,可向证监会派出机构申请适当延长辅导时间。

(八)证监局验收,出具辅导监管报告

证监会派出机构接到辅导评估申请后,将在 20 个工作日内完成对辅导工作的评估。辅导验收包括现场检查和非现场检查。如验收结果合格,派出机构将向证监会出具"辅导监管报告",发表对辅导效果的评估意见,辅导结束;假如证监会派出机构认为辅导评估申请不合格,会依据实际情况要求延长辅导时间。

三、 上市辅导核心内容

辅导期间,辅导机构需按照辅导计划对公司进行辅导,采取的辅导措施有集中学习及自学、问题诊断、专业咨询、中介机构协调会、考试巩固等。内容一般包括以下 8 个方面:

(一)对发行人董事、监事和高级管理人员、持有 5% 以上股份的股东和实际控制人(或者其法定代表人)等进行有关法律法规的培训

该方面培训的主要内容有《公司法》《证券法》《证券发行上市保荐业务管理办法》《上海证券交易所科创板股票上市规则(2020 年 12 月修订)》《深圳证券交易所创业板股票上市规则(2020 年 12 月修订)》《上市公司治理准则》《证券发行与承销管理办法》《上市公司章程指引》等与股票发行上市和规范运作有关的法律、法规、规章、政策等。

通过培训公司核心人员及主要股东,对其进行系统的法规知识、证券市场知识培训,使其全面掌握发行上市、规范运作等方面的有关法律法规和规则,知悉信息披露和履行承诺等方面的责任和义务,树立进入证券市场的诚信意识、自律意识和法治意识,以及中国证监会规定的其他事项。

(二)协助公司按照《公司法》的规定建立起符合上市公司要求的法人治理结构并使其规范运行

为了帮助公司按照上市公司的要求规范运作,辅导机构需要协助公司建立符合上市公司要求的法人治理结构,包括制定符合上市公司要求的公司章程,规范公司的组织结构,完善内部决策和控制制度以及激励约束机制,健全公司财务会计制度等,确保公司经营管理合理、规范、有效和在可控的情况下运行。

(三)对公司在设立、改制重组、股权设置、资产评估、资本验证等方面进行核查

辅导机构需要全方位核查企业在股份公司设立、改制重组、股权设置和转让、增资扩股、资产评估、资本验证等方面是否合法,产权关系是否明晰,是否妥善处置了商标、专利、土地、房屋等资产的法律权属问题。

(四)督促公司实现独立运营,做到业务、资产、人员、财务、机构独立完整,主营业务突出

辅导机构及会计师、律师等中介机构通过集中授课、专题讨论等方式使公司董事、监事、高级管理人员和部分财务管理人员、主要股东等进一步了解公司各方面独立完整的概念和要求,并确保最终辅导验收时,公司能完全满足独立运行、主营业务突出、核心竞争力显著的要求。

(五)规范公司关联方、关联关系及关联交易

辅导机构明确关联概念和界定标准、关联交易的会计处理规定和方法、关联交易的信息披露标准等问题,督促公司明确与主要股东及其他关联方的关联关系。

(六)协助公司建立健全财务管理体系,增强有关人员诚信意识和责任意识,杜绝财务虚假情形

辅导机构将同会计师事务所对企业会计准则进行辅导,使公司财务会计人员对公司财务会计理论、制度与实务有更深刻的了解。协助公司按照

公司会计制度和上市公司的要求建立科学的财务核算体系,建立符合上市公司要求的财务信息披露框架,制订完善的公司财务制度及系列配套制度。

（七）协助公司建立健全符合上市公司要求的信息披露制度

辅导机构需对公司相关人员进行上市公司信息披露专题培训,包括上市公司信息披露制度、信息披露的内容和格式、信息披露的相关责任等,协助公司建立健全符合《公司法》《证券法》《上海证券交易所科创板股票上市规则》《深圳证券交易所创业板股票上市规则》等有关法律法规的规定和上市公司要求的信息披露制度。

（八）协助公司形成明确的业务发展目标和未来发展计划

辅导机构将与公司董事、监事、高级管理人员进行充分讨论,确定公司近期发展目标和实施计划,结合行业发展趋势,确定公司首次公开发行股票募集资金投资项目和使用计划,制定可行的募股资金投向及其他投资项目的规划。

第二节 募集资金与投资项目

一、募投项目的规划设计

募集资金投资项目的好坏,决定着企业未来的盈利预期和股票的投资价值,不仅直接影响到企业发行上市计划的实现,而且影响到企业上市后的再融资。按照有关要求,企业上市后募集资金投向频繁变更,资金使用效益较差,将构成企业上市后申请再融资的重要障碍。一般来说,募集资金应当有明确的用途,企业在设计投资项目时应注意以下 4 个方面。

（一）募集资金投向符合国家基本政策

公司募集资金投资项目应当符合国家产业政策、固定资产投资、环境保护、土地管理以及其他法律、法规和规章的规定。企业应了解当前国家重点鼓励发展的产业、所在行业的发展导向以及国家明确限制或禁止的领域。

（二）募集资金投向符合公司发展战略、专业化的主营方向

公司的募投项目应与企业长远发展目标一致,能切实有助于企业实现自身制定的发展战略,并充分考虑宏观经济、产业周期变化的规律,以及跨行业投资有无重大风险。

(三)募投项目具备必要性

募投项目的必要性表达了企业的需求,因此,对于必要性的阐述应该符合企业的实际发展情况和战略目标,给予市场充分的理由证明自己的融资目的。可从行业前景、公司实力、补充流动资金、业务拓展、研发投入等方面进行论述。

【案例 7 - 1】秦川物联(688528):科创板募投项目问询

成都秦川物联网科技股份有限公司(简称秦川物联)成立于 2001 年,是从事智能燃气表及综合管理软件的研发、制造、销售和服务的高新技术企业。公司的主要产品为 IC 卡智能燃气表、物联网智能燃气表及综合管理软件,技术水平在行业中处于领先地位。

针对智能燃气表研发生产基地改扩建项目,上海证券交易所提问:"请发行人进一步说明公司募投项目资金使用的合理性和必要性;募投项目各项资金的具体测算过程和依据。"

公司回复要点如下:

(1)智能燃气表行业市场空间广阔,面临良好的发展机遇。①智能燃气表属于国家战略新兴产业中的重点产品,市场空间广阔;②公司 NB-IoT 物联网智能燃气表在行业内具有先发优势,有望实现销售收入的快速增长;③生产制造能力不能满足业务发展的需求。

(2)研发中心的建设有利于进一步提升技术开发能力,满足发行人未来发展需求。智能燃气表行业作为高端装备制造行业的细分行业,技术研发优势是公司打造核心竞争力的关键因素。公司通过持续的研发投入,成功研发多项与智能燃气表相关的核心技术及生产工艺,在保证智能燃气表产品具有较高品质的同时,生产成本相对较低。公司将持续保持较高水平的研发投入,以保证技术水平及技术储备的前瞻性和领先性,不断提升市场竞争能力。公司拟以本次募集资金扩充研发设备数量,提升研发装备先进水平,建设高水平的研发平台,并以此引进优秀研发人才,进一步提升技术研发水平和市场竞争力。

(3)完善的销售网络是公司进一步成长和发展的必备条件。公司已经建立起覆盖全国、较为完善的营销网络,但在部分省区的省会级中心城市、地市级城市的营销网点有所缺失。燃气表市场传统产品需求预期将进一步下滑,智能燃气表的市场渗透率将持续提升,燃气表智能化程度和智慧化服务水平将进一步提高,燃气运营商需要智能燃气表生产企业对燃气运营商从售前、售中到售后提供更多的产品培训和售后服务,促使智能燃气表企业通过加强营销网络建设,满足市场需求的变化。因此,智能燃气表企业需要投入较多的人力进行销售服务,对原有的营销网络及时做出优化。

(4)信息化系统升级支撑公司运营,提升管理效率。近年来公司业务迅速发展,销售规模不断扩大,公司通过信息化系统升级进一步提高业务的管理水平。新增产品生命链周期管理系统、客户关系管理系统、数据采集与监视控制系统等功能模块及支撑服务器,将企业技术研发、生产制造、销售管理、日常运营、客户服务等环节和流程数字化,使管理更加科学化,支撑公司生产运营,有效提升管理效益和效率。

(5)补充流动资金项目符合公司财务需求。随着公司生产规模的不断扩大以及应收账款回款周期的影响,发行人对营运资金的需求也逐渐增加。

(四)募投项目具备可行性

募投项目可行与否,一般首先考虑与公司自身相关的可行性因素。例如,公司已掌握募投项目产业化技术;管理人员、专业技术人员储备;过往在相关产品方面的经验积累;企业的发展战略、管理能力和执行力等。

【案例7-2】华熙生物(688363):科创板募投项目问询

华熙生物科技股份有限公司(简称华熙生物)成立于2000年,是国内较为知名的透明质酸(俗称"玻尿酸")原料生产商,旗下的"故宫口红"更是成为公众熟知的产品。

华熙生物拟募资30亿元,主要投向3个领域:华熙生物研发中心、华熙天津透明质酸钠生产基地和华熙生物生命健康产业园项目。细分来看,资金主要投向化妆品市场和医美市场。

对于华熙生物的募投项目,上海证券交易所提问包括:"请说明发行人已有的核心技术是否足够支持募投项目的建设,分析募投项目建设完成后对发行人主营业务的影响,是否能够提升发行人的技术实力及核心竞争力。"

公司回复要点如下:

(1)发行人核心技术足够支持募投项目的建设和生产。本次募集资金投资项目围绕公司主营业务开展,主要包括研发体系的升级改造,以及透明质酸原料及衍生物、医疗终端产品及功能性护肤品的生产线建设。本次募投项目规划产品主要为公司现有产品的扩产,公司现有技术及管理能力能够支持募投项目的建设和生产。公司主要技术包括:国际领先的微生物发酵法生产透明质酸技术;国际上首次使用微生物酶切法大规模生产低分子量透明质酸及寡聚透明质酸;透明质酸高效交联技术突破;玻璃酸钠注射液国内率先采用终端灭菌技术;基于自产生物活性物质的功能性护肤品研发能力;次抛产品无菌 BFS 技术;等等。

(2)募投项目有利于提升发行人的技术实力及核心竞争力。本次募集资金投资项目围绕公司主营业务开展,包括对于现有研发体系的升级改造,以及主营业务产品的产能扩张,透明质酸原料及终端新品生产线建设。本次募集资金投资项目建设有助于公司扩大主营业务规模,增强核心竞争力,提升市场地位。

公司核心技术是否足够支持募投项目的建设是证监会及上海证券交易所相当常见的问询之一。通常认为,公司自身素质的积累对募投项目最终的成功与否至关重要。公司在回复时应注意全面、客观、专业地分析自身技术储备情况。

此外,应考虑募投项目的市场可行性,即目标市场未来容量及发展动态;市场需求的具体产品类型;目标市场产品、技术的可替代性;募投产品的比较优势或某种适销性等。对市场可行性的分析,主要目的在于论证募投项目产能消化的合理性以及企业赖以长期发展的外部环境不会出现重大不利变化。

(五)募投项目具备合理性

公司募投项目一般可有以下几个方向:主营业务技改与扩展、新兴业务产业化、营销网络与电子商务、物流与信息化、研发中心、补流①与还贷。具体募投项目编排设计时要考虑企业与行业的具体情况,审核部门既要求项目具有较高的成熟度,又要求项目具有良好的前景,因此,具体设计时应紧扣"实施风险"与"未来前景"两个核心要素,保证项目的技术、市场前景、运营模式、比例构成均较为合理。

---

① 补流指补充流动资金。

【案例 7 - 3】君实生物－U（688180）：科创板募投项目问询

上海君实生物医药科技股份公司（以下简称君实生物）成立于 2012 年，是一家以开发治疗性抗体为主的研发型高科技公司。公司于 2018 年在联交所上市，2020 年回归 A 股科创板。公司自成立以来瞄准国际抗体技术研发的前沿进展，通过广泛的国内外技术合作，着力研发条件、研发团队和技术平台的建设，已搭建国内一流创新人源化抗体药物产品研究开发技术平台。目前在研产品十余种，主要覆盖肿瘤、心血管疾病和骨质疏松等领域。

针对创新药研发项目、科技产业化临港项目，上海证券交易所提问：“请发行人：①补充披露 H 股募集资金的实际使用情况，此次募投项目安排的合理性及是否与 H 股募投项目重合；②进一步分析并披露核心产品特瑞普利的市场竞争格局、与同类产品优劣势比较、产品面临降价压力、已有同类产品进入医保目录等情况。”

公司回复要点如下：

（1）本次发行募投项目与发行人现有生产经营规模相适应。本次募投项目通过发挥技术优势，提升公司盈利能力，降低公司经营风险，为公司未来的持续发展提供保障。报告期内，公司资产规模持续扩大，截至 2019 年 9 月 30 日，公司总资产 448 395.36 万元，净资产 327 681.95 万元。

（2）本次发行募投项目与发行人现有财务状况相适应。公司自主研发、具有全球知识产权的“拓益”——特瑞普利单抗注射液于 2019 年 2 月正式进入商业应用，填补了国产药物在 PD-1 抑制剂领域的空白。公司总体资产质量较高，总体负债率水平较低，财务状况良好。随着公司在研管线的研发进度及商业化进程的加快，公司对于研发、生产基地建设及营运周转的资金需求将不断加大，现有的融资渠道获得的资金将无法满足公司未来快速发展的需求。本次募集资金有助于优化公司的财务结构，满足公司产品研发和运营的资金需求，为公司的可持续发展提供资金保障，与公司现有的财务状况相适应。

（3）本次发行募投项目与发行人现有技术水平相适应。公司建立了涵盖蛋白药物从早期研发阶段到产业化阶段的整个过程的完整技术体系，包括抗体筛选及功能测定的自动化高效筛选平台、人体膜受体蛋白组库和高通量筛选平台、抗体人源化及构建平台等七个主要技术平台，各个技术平台分工明确，相互配合协作，共同提高药物研发效率。通过持续的自主创新，公司形成了丰富的技术储备。

整体来看,公司已拥有自主研发的技术创新平台,形成了丰富的技术储备,具备创新生物药全过程研发能力和经验,能够将科技成果转化为商业化产品,为本次募投项目的实施提供了技术支持。因此,本次募集资金数额和投资项目与公司现有技术水平相适应。

(4)本次发行募投项目与发行人现有管理能力相适应。公司的高级管理团队成员都具有生物科技研究领域丰富的工作经验,包括全球知名研究机构、领先的国际制药公司以及 FDA 等监管机构。管理团队拥有涵盖整个药品开发生命周期不同阶段的专业知识,包括创新药物发现、临床前研究、临床试验、监管审批、药物警戒、生产等环节。具有深厚行业知识的高级管理团队能够为募集资金投资项目的顺利实施提供有效支持。此外,为保证公司日常经营的持续高效运转和长远发展,公司已制订了相关管理制度,建立了健全的公司治理结构,形成了规范有效的内部控制体系。因此,本次募集资金数额和投资项目与公司现有管理能力相适应。

二、 募投项目的关注要点及风险规避

以科创板为例,对已过会公司收到的有关募投项目反馈信息进行梳理,据此总结出审核部门对 IPO 公司募投项目主要关注以下几点:

(一)扩大产能方面

(1)扩大产能的必要性、合理性及可行性。

(2)募投项目产能的测算依据。

(3)对产业市场进行预测,分析所扩产能能否被有效地消化吸收。

(4)综合考虑产品现销及未来销售状况,阐述扩能产品年均收入计算过程。

(5)租赁厂房并对其进行装修改造用以扩大生产,需确定租赁面积、租期及租金,签订租赁合同,明确房产所有人是否同意对厂房进行装修改造,以及投入大额资金进行装修改造的合理性。

(6)所选扩能产品是否具有良好的发展前景,有无技术迭代等风险。

(7)若所选扩能产品或服务并非公司主营产品或服务,需说明其与公司主营产品之间的关联性。

(8)若对新产品进行扩大生产,需说明是否有技术储备和产品认证证

书,产品投产后产生效益的时间等。

【案例 7 - 4】心脉医疗(688016):科创板募投项目问询

上海微创心脉医疗科技股份有限公司(以下简称心脉医疗)是港股上市公司微创医疗的控股子公司,公司成立于 2012 年,致力于主动脉及外周血管介入医疗器械的研发、制造、销售,主营产品为主动脉覆膜支架系统、术中支架系统、外周血管支架系统、外周血管球囊扩张导管等。

针对心脉医疗的募投项目——生产销售主动脉支架,上海证券交易所提问:"中国主动脉介入医疗器械市场规模总体较小,发行人目前产能利用率较低,结合现有产能利用率、产销率及市场容量情况,分析本次扩张主动脉介入医疗器械产能的必要性,是否会造成产能过剩,募投项目达产后新增产能消化的具体措施。"

公司回复要点如下:

(1)主动脉介入医疗器械市场需求持续扩大。随着中国主动脉疾病筛查技术的不断发展,临床经验的不断提升,人民健康意识的不断提高,未来中国主动脉介入医疗器械市场规模将持续提升。考虑到创新型产品的陆续上市将拓展微创伤介入治疗的适应证,并且国产产品的价格优势将加速医疗器械的国产化进程,预计中国主动脉介入市场规模增速会进一步提高;同时,公司也在积极开拓海外市场,将市场范围不断扩大,公司继续扩张相关产品产能以持续满足不断增长的国内外市场需求。

(2)公司产品产销率快速增长,产能利用率不断提高。报告期内,公司主动脉支架类产品及术中支架类产品的合计销量从 2016 年的 10 353 个增加至 2018 年的 17 773 个,年均复合增长率为 31.02%。公司产品产量快速增加,综合产能利用率已从 39.59%增加至 73.86%,预计产能利用率很快将达到 90%以上。考虑到公司生产线的建设存在一定建设周期,需要在相关产品正式获证上市之前提前进行生产线的布局。

(3)新产品的推出需要新建产线予以保证。本次拟实施的"主动脉及外周血管介入医疗器械产业化项目"涉及公司多项核心产品的产业化,不断推出升级换代的改进产品或创新产品是公司核心竞争力的重要保证。

(4)新增产能消化的具体措施包括:提升公司竞争力,扩大市场份额;深化营销渠道布局,开发市场增量;完善营销网络建设,提高客户服务能力;等等。

根据心脉医疗披露的信息,2016—2018 年其产能利用率分别为 39.59%、54.07%和 73.86%。产能利用率虽然逐年上升,但总体并不算高。因此,在市场整体规模较小的情况下,募资扩产后,是否会造成产能过剩成为上海证券交易所关注的问题。公司回复时应注意对整体市场及对自身做出合理有据的预期。

(二)研发投入方面

(1)研发资金是否重点投向科技创新领域。

(2)研发过程中技术的难易程度。

(3)研发的基础能力,包括技术、人才积累等。

(4)技术层面专有名词的解释说明。

(5)研发投入的主要用途及测算依据。

(6)研发中心建设的项目资金投入比例是否与公司未来发展战略相契合。

【案例 7－5】安博通(688168):科创板募投项目问询

北京安博通科技股份有限公司(以下简称安博通)成立于 2007 年,是国内领先的可视化网络安全专用核心系统产品与安全服务提供商。安博通依托于自主开发的应用层可视化网络安全原创技术,围绕核心 ABTSPOS 网络安全系统平台,为业界众多网络安全产品提供操作系统、业务组件、分析引擎、关键算法、特征库升级等软件支撑及相关的技术服务。

安博通本次科创板发行拟募集资金 29 774 万元,用于"深度网络安全嵌入系统升级与其虚拟资源池化项目""安全可视化与态势感知平台研发及产业化项目""安全应用研发中心与攻防实验室建设项目"。上海证券交易所就此发问:"募投项目的技术、人力资源储备、募投项目具体的应用领域等,并分析募集资金是否重点投向科技创新领域。"

公司回复要点如下:

(1)公司的募投项目的技术及人力资源储备情况。为顺应网络安全行业的发展趋势,公司自主研发的网络安全系统平台 ABTSPOS 在传统数据通信网络、下一代信息网络、云安全、安全可视化、智能安全等方向进行研发投入与产业化;为了保障研发创新和产品创新落在实处,对市场需求(如行业客户业务安全需求、新产品需求等)、竞争需求、安全本源技术(如漏洞、攻防技术等)进行研究,公司成立了北京和武汉研发中心,并新设天津网络攻防实验室,研发中心及实验室负责公司安全网关和安全管理产品及安全特征库的专项研究与开发,同时积极跟踪国内外最新网络安全技术与发展趋势。公司核心技术人员,均在网络安全行业从业多年,具有丰富的技术研发经验或产品开发经验。

(2)公司募集资金投向科技创新领域的具体安排。公司依靠自主研发的核心技术开展生产经营,相关核心技术均达到国内先进水平。本次募集资金用于深度网络安全嵌入系统升级与其虚拟资源池化项目、安全可视化与态势感知平台研发及产业化项目、安全应用研发中心与攻防实验室建设项目,上述三个项目全部属于科技创新领域。募投项目实施后将进一步提高公司的科技创新能力,提升核心技术水平及竞争力。对于超募的部分,公司将用于主营业务,重点投向科技创新领域,不直接或间接投资于与主营业务无关的公司。

企业是否具备科创属性一直是科创板审核的核心之一,因此,募投项目是否属于科创领域也几乎成为所有科创板相关问询中无法回避的一环。公司回复时应注意全面细致地分析募集资金投向科技创新领域的情形。

(三)固定资产投资方面

(1)披露募投项目建设中新增设备明细,包括设备名称、规格型号、单价、数量等,用以说明项目投资构成的合理性和谨慎性。

(2)固定资产投资的具体内容及用途。

(3)根据公司现有固定资产规模与生产能力的配比情况,对比新增固定资产与生产能力配比的合理性。

(4)固定资产投资对未来业绩的影响。

【案例 7‑6】三旺通信(688618):科创板募投项目问询

深圳市三旺通信股份有限公司(以下简称三旺通信)成立于 2001 年,是国内较早从事工业互联网通信产品的公司之一,拥有较为齐全的产品体系,主要产品为工业以太网交换机、嵌入式工业以太网模块、设备联网产品、工业无线产品等。

针对“工业互联网设备扩产项目”和“工业互联网设备研发中心建设项目”,上海证券交易所提问:“请发行人披露测算各类固定资产投资对发行人未来经营业绩的影响。"

公司回复要点如下：

发行人本次募投项目中,"工业互联网设备扩产项目"和"工业互联网设备研发中心建设项目"涉及新增固定资产情况,涉及新增的固定资产投资主要包括房屋建筑物、机器设备等,募投项目建设完成后,预计每年新增固定资产折旧金额合计约 1 253.42 万元,具体情况如表中列示(此处忽略不予展示)。

发行人本次募投项目中,"工业互联网设备扩产项目"的建设实施将为公司提供技术量产化基地,有利于提高公司的整体竞争力和盈利水平。考虑该项目的收益和上述两个项目的新增成本费用,上述项目综合内部收益率为 19.33%,即募投项目投产带来的收益可完全覆盖新增固定资产导致的折旧费用增加,募投项目各类固定资产投资对发行人未来经营业绩不会产生重大不利影响。

(四)募投项目的收益测算

(1)募投项目收益分析的具体计算过程。

(2)结合公司市场份额、销售收入和销量等,说明项目投资回报率和投资回收期。

(五)其他受到重点关注的问题

补充流动资金的必要性及运营管理相关安排的合理性;公司主营业务是否发生变更;项目环保是否符合相关标准或规定,污染处理措施是否有效,有无发生环保事故;等等。

总体而言,公司在设计募投项目时应当注意的问题主要有以下几个方面:

(1)募集资金投资项目是否存在技术、市场、资源约束、环保、效益等方面的重大风险。对污染比较严重的项目,应就募集资金投资项目是否符合环境保护要求取得省级(或以上)环保部门的意见。

(2)募集资金投资项目的实施是否会产生同业竞争、关联交易等问题,是否存在损害企业和中小股东利益的情况。需要特别关注募集资金投向与关联方合资的项目或募集资金投入使用后与关联方发生的交易。

(3)募集资金不宜投资于全新产品。新产品在技术、生产、销售等方面存在诸多不确定因素,一般情况下不应赞成公司将募集资金全部投资于全新产品,应注意将投资风险控制在一定范围内。

(4)募集资金投资于研发项目或营销网络要格外慎重,注意循序渐进。由于研发项目的投资收益很难衡量,营销网络的大额投资可能改变企业的销售模式。因此,如果要将募集资金投资于营销网络,企业一定要避免与强势企业形成激烈竞争。

(5)募集资金不宜大量补充流动资金,募集资金若用来补充流动资金,一般不宜超过募集资金的 10%,如果将超过 30% 的募集资金用于补充流动资金,很难获得公众投资者认可,会导致其对企业的实际经营情况、发展前景产生怀疑。但在实际过程中,募集资金用于补充流动资金,且其比例不以30% 为界限的,有利于使企业不盲目扩大产能,合理进行资本性投入,符合科技型企业尤其是医药企业的实际资金需求;同时需要注意研发投入的业绩释放周期和投入节奏对于业绩的影响(见表 7.1)。

表 7.1　募集资金用于补充流动资金比例

公司名称	股票代码	所属行业	上市时间	募集资金（万元）	补充流动资金占比（%）
睿昂基因	688217.SH	医疗器械制造业	2021-05-17	25 603.80	77
科兴制药	688136.SH	医药制造业	2020-12-14	181 972.23	46.92
凯因科技	688687.SH	医药制造业	2021-02-08	80 589.08	41.33
亚辉龙	688575.SH	医疗器械制造业	2021-05-17	60 680.00	36.95
前沿生物	688221.SH	医药制造业	2020-10-28	184 418.00	34.94
之江生物	688317.SH	医疗器械制造业	2021-01-18	210 378.05	12.87

(6)募集资金投资项目导致企业生产模式发生重大转变时,要做出具体财务测算,应比较两种不同盈利模式对企业盈利能力、发展前景的不同影响。例如,许多轻资产运营的企业上市后都进行了大量固定资产投资,扩建厂房、生产线,上市后总资产收益率、净资产收益率大幅下降,这类企业能否顺利渡过转型期将成为一大考验。

(7)募集资金投资规模不宜过大,募集资金投资规模应与企业目前的生产经营、财务状况、管理水平相适应,以不超过企业申报前一年净资产的两倍为宜。

三、募投项目备案

(一)项目备案主体

公司投资项目获取政府行政许可主要有三种形式:审批、核准或备案。

审批制只适用于政府投资项目和使用政府性资金的企业投资项目,此种类型的项目在 IPO 和再融资中基本不会出现。

核准制适用于企业不使用政府性资金投资建设的重大项目、针对少数重大项目和限制类项目,以及具有外资背景的企业投资项目。对关系国家安全、涉及全国重大生产力布局、战略性资源开发和重大公共利益等项目,实行核准管理。具体项目范围以及核准机关、核准权限依照政府核准的投资项目目录执行。政府核准的投资项目目录由国务院投资主管部门会同国务院有关部门提出,报国务院批准后实施,并适时调整。国务院另有规定的,依照其规定。

备案制是指企业不使用政府性资金投资《政府核准的投资目录》以外的项目,除国家法律法规和国务院专门规定禁止投资的项目以外,实行备案管理的程序。因此,备案制是目前最多见的形式。实行备案管理的项目按照属地原则备案,备案机关及其权限由省、自治区、直辖市和计划单列市人民政府规定。

中国各地募投项目是否需要备案及备案主体各不相同。公司可先查询地方性的投资项目备案法规或与当地相关部门沟通,确定项目是否需要备案立项及向哪个政府部门备案。

以上海市为例,2018 年发布的《上海市政府核准的投资项目目录细则(2017 年本)》《上海市政府备案的投资项目目录(2017 年本)》对需要核准、备案的项目,以及核准、备案的主管机关均进行了较为详尽的列举,企业在确定募投项目后可参考上述文件指引进行备案。

同时,《企业投资项目核准和备案管理办法》和《企业投资项目核准和备案管理条例》强调了对于项目的事中事后监管和法律责任。项目事中事后监管,是指各级发展改革部门对项目开工前是否依法取得核准批复文件或者办理备案手续,并在开工后是否按照核准批复文件或者备案内容进行建设的监督管理。

募投项目备案时还需注意以下几点：

(1)募投项目备案时需确定单一实施主体,若项目母公司、子公司都有参与,则实施主体不能是双方,只能为母公司或子公司一方。

(2)若项目涉及租赁场地情况,备案前需取得场地租赁合同。

(3)募投项目备案名称需遵循当地有关规定,部分地区要求项目名称必须体现产品与产能,体现新建、改建和扩建等信息,具体可咨询当地备案机关。

(4)募投项目需符合法律法规、产业政策、行业准入等要求,由于各地对部分项目存在特殊要求,会影响备案通过,需具体咨询当地备案机关。

(二)备案流程及时间

"募集资金投资项目的审批、核准或备案文件"是监管部门明文规定的上市企业申请材料之一,因此,拟上市企业应根据自己的上市节奏,预留充足的项目备案时间,特别是涉及环评、能评的项目,避免因备案问题导致上市拖沓。

根据《企业投资项目核准和备案管理条例》的规定,自2017年3月17日起,国家及各地发改委在统一的企业投资项目备案平台(http://www.tzxm.gov.cn/bsdt/index.html)上办理投资项目备案与核准业务,目前除了北京、天津等个别省市外,基本全国备案项目均可在该网站申请办理。

大致流程为网上注册/登录→填写备案信息→提交材料→备案通过→自行打印备案文件。若存在提交材料不全的情况,多数在5个工作日内即可得到反馈信息,审核部门将通过电话等途径与企业联系并一次性告知所缺资料。公司可登录备案网站实时查看办理流程状态。目前项目备案的办理周期已明显缩短,以上海市为例,若上传的资料完整齐备,从项目提交到备案完成一般仅需2~5个工作日。

备案文件有效期一般为2年,自签发之日起计算。若企业需要延期,需向备案机关提出申请,若备案文件失效但项目仍需进行建设,需重新备案。项目备案后,若项目实施主体、建设地点、规模、内容发生变化或者放弃项目建设,企业应当及时告知备案机关,并修改相关信息,进行项目变更。

第三节　企业合规之环境影响评价

一、　企业环评的意义

环评是环境影响评价的简称,主要是对规划和建设项目实施可能造成的环境影响进行分析、预测和评估,提出预防或者减轻不良环境影响的对策和措施,进行跟踪监测的方法与制度。公司环评的合规问题一直是 IPO 中的重点核查事项。

企业应当注重建设项目的环评以及加强日常的环保监管,便于中介机构依靠公开信息对公司环保状况进行正向的判断评估,并明确得出公司不存在"重大环保合规问题"的结论,避免环评问题成为企业成功上市的绊脚石。

二、　环保问题审查要点

企业在 IPO 过程中,关于环保问题的主要审核要点如下:

(1)公司日常生产经营活动是否符合环保要求,是否受到过处罚。根据审核实践,如果受到过罚款以上的行政处罚就可能会被界定为重大违法行为,从而导致公司 3 年内不能申报发行上市,除非有相反证据(中介机构的相关说明及作出处罚的行政机关的证明等)认定该等行政处罚不构成"重大"违法。

(2)公司相关信息披露是否充分,特别是高危险、重污染行业发行人的信息披露情况,最近 3 年的环保投资和相关费用成本支出情况,环保设施实际运行情况以及未来的环保支出情况。

(3)公司本次发行上市的募集资金投资项目是否符合相关环保政策法规的规定,是否已通过环境影响评价。

(4)公司是否发生过环保事故,公司有关污染处理设施的运转是否正常有效,有关环保投入、环保设施及日常治污费用是否与处理公司生产经营所产生的污染相匹配等。

(5)针对重污染企业,将重点核查以下几个方面:

①报告期内建设项目和本次募集资金投资项目的环保合规性,环评与"三同时"要求;②排污申报登记和排污许可;③主要污染物总量控制;④污

染物排放；⑤工业固体废物处置和危险废物；⑥环保设施运维情况；⑦生产环节中的禁止性或重点防控物质情况；⑧报告期内环保投入情况；⑨企业环境保护的内控机制及对新环保法、新颁布的环保标准要求的落实情况。

例如，上海证券交易所在对深圳光峰科技（688007）的问询中表示："请发行人补充披露生产经营和募投项目是否符合国家和地方环保要求，是否取得排污许可证等，近三年环保投资和相关费用成本支出情况。"在对中国通号（688009）的问询中，上海证券交易所提及："公司生产经营与募集资金投资项目是否符合国家和地方环保要求，是否发生环保事故，是否构成重大违法行为，整改措施及整改后是否符合环保法律法规的有关规定。"

第四节　合规性证明文件办理

一、合规证明的意义

《科创板首次公开发行股票注册管理办法（试行）》和《创业板首次公开发行股票注册管理办法（试行）》均明确规定，发行人生产经营符合法律、行政法规的规定，符合国家产业政策；最近 3 年内，发行人及其控股股东、实际控制人不存在贪污、贿赂、侵占财产、挪用财产或者破坏社会主义市场经济秩序的刑事犯罪，不存在欺诈发行、重大信息披露违法或者其他涉及国家安全、公共安全、生态安全、生产安全、公众健康安全等领域的重大违法行为；董事、监事和高级管理人员不存在最近三年内受到中国证监会行政处罚，或者因涉嫌犯罪正在被司法机关立案侦查或者涉嫌违法违规正在被中国证监会立案调查且尚未有明确结论意见等情形。

此外，《上海证券交易所科创板股票发行上市审核问答》和《深圳证券交易所创业板股票首次公开发行上市审核问答》对于上市"重大违法行为"的界定，均明确"有以下情形之一且中介机构出具明确核查结论的，可以不认定为重大违法：违法行为显著轻微、罚款数额较小；相关规定或处罚决定未认定该行为属于情节严重；有权机关证明该行为不属于重大违法"。

因此，对于企业及其控股股东、董事、监事、高管等主体在报告期内的合法合规性，除了上市中介机构核查外，在相关主管部门配合的情况下，可以通过主管部门出具的无违法违规证明予以确认；若该等主体在报告期内涉及行政处罚情形,则可以通过主管部门出具的非重大处罚证明确认相关处罚不构成发行人发行上市的法律障碍。

二、 合规证明的种类

企业需要根据自身行业及历史沿革情况,结合中介机构的尽调结果来判断具体需要与主管部门沟通取得何种合规证明。具体合规证明的种类可参见本书附录2的梳理。

三、 合规证明的办理流程

(1)登录需开具合规证明的相关政府部门网站、公共信用信息服务平台等官方网站,查询是否有网上申请办理通道,并根据办理指南等文件进行网上申请,如办理上海市工商合规证明可登录(http://www.sgs.gov.cn)。

(2)对于无法网上申请办理的合规证明,一般由律师事务所根据企业自身需求,先行拟定相关合规证明文件的文本模板。

(3)企业与当地政府部门办事窗口沟通,先行咨询办理合规证明所需材料及文件、是否需要自行携带模板等事项后,携带相关资料至各区县各部门办事窗口,申请确认盖章。

(4)及时沟通进度,个别合规证明(如海关、外汇)审核及耗时时间较长,因此,企业确定报告期后可尽早准备。企业也可与推进企业改制上市的牵头部门,如各区县金融办协调证明的开具及进度。

第五节　企业上市申请文件披露要求

科创板和创业板目前已全部采用电子申报的模式。高质量的 IPO 申报文件是企业成功上市过程中相当重要的一环,依照信息披露的要求,必须准确、严谨、表述清晰。各个文件之间记载的信息不能存在任何自相矛盾或就同一事实前后存在不同表述且有实质性差异的情况。

根据现有监管政策和监管力度,审核部门对数据错误、内容表述不一致几乎是零容忍。《关于进一步推进新股发行体制改革的意见》第 1 条第(二)项规定:"招股说明书预先披露后,发行人相关信息及财务数据不得随意更改。审核过程中,发现发行人申请材料中记载的信息自相矛盾或就同一事实前后存在不同表述且有实质性差异的,中国证监会将中止审核,并在 12 个月内不再受理相关保荐代表人推荐的发行申请。发行人、中介机构报送的发行申请文件及相关法律文书涉嫌虚假记载、误导性陈述或重大遗漏的,移交稽查部门查处,被稽查立案的,暂停受理相关中介机构推荐的发行申请;查证属实的,自确认之日起36个月内不再受理该发行人的股票发行申请,并依法追究中介机构及相关当事人责任。"

目前监管部门已经分别发布了多个文件规范科创板和创业板企业申报文件的内容和格式,对申报这两个上市板块的公司提出了更为细致的信息披露要求,主要包括以下几个方面:

(1)科创板招股说明书在整体结构上进行了部分整合,并新增了关于科创板属性的分析及制度创新突破点(如特别表决权、协议控制等)的相关披露要求。而科创板属性定位不仅仅是发行人自我评估,还应该结合自身的业务和技术,在业务和技术章节中做出针对性的披露,再在发行人的专项说明和专项意见中做出充分的论证。

对于创业板招股说明书,深圳证券交易所要求申请上市公司结合创业板定位,就是否符合相关行业范围,依靠创新、创造、创意开展生产经营,具有成长性等事项,进行审慎评估;要求保荐人就发行人是否符合创业板定位进行专业判断,并出具专项说明。

(2)发行人需要结合公司实际情况作风险提示,提高风险因素披露的针对性和相关性,尽量对风险因素做定量分析,对导致风险的变动性因素做敏感性分析。无法进行定量分析的,应有针对性地做出定性描述。

(3)发行人披露业务与技术时,需要结合公司收入构成、客户及供应商、市场地位等,使用通俗易懂的语言,客观准确、实事求是地描述发行人的经营模式及盈利模式,不得使用市场推广的宣传语或夸大其词的描述,避免使用艰深晦涩、生僻难懂的专业术语。发行人在披露财务会计信息与管理层分析时,应采用定量与定性相结合的方法分析重要或者同比发生重大变动的报表科目、财务指标。

(4)发行人披露行业地位时,需要全面、客观地披露发行人的竞争优势和竞争劣势,而非只专注于描述公司优势,却回避对劣势部分的披露。在行业部分尽量减少披露过多与发行人并无太多相关性的行业信息,避免信息冗余。

(5)发行人重要子公司的披露应当参照招股书的准则规定来单独披露

相关的业务及行业信息,但目前很多申报文件都直接略过了。

(6)发行人披露下一报告期业绩预告信息的,若主要会计报表项目与财务报告审计截止日或上年同期相比发生较大变化的,应详细披露变化情况、变化原因以及由此可能产生的影响。

(7)保荐机构在关于发行人符合科创板/创业板定位的专项意见中,说明对于发行人核心技术的尽调过程、核查方法和取得的证据,不得简单重复发行人关于符合科创板/创业板定位要求的说明中的内容,不得使用市场推广的宣传用语和夸大其词的表述。

(8)申请科创板、创业板上市的发行人、保荐机构、证券服务机构在审核问询函的范围之外对申请文件进行修改的,应分别按照《上海证券交易所科创板股票发行上市审核规则》《深圳证券交易所创业板股票发行上市审核规则》等,提交专项报告说明修改情况及原因,并对修改内容予以楷体加粗标示。

附录 1 中国多层次资本市场定位及发行条件

附表 1 中国多层次资本市场定位及发行条件

	主板（上海证券交易所、深圳证券交易所）	创业板	科创板
功能定位	面向经营相对稳定、盈利能力较强的大型成熟企业	创业板深入贯彻创新驱动发展战略，适应发展更多依靠创新、创造、创意的大趋势，主要服务成长型创新创业企业，支持传统产业与新技术、新产业、新业态、新模式深度融合	面向世界科技前沿、面向经济主战场、面向国家重大需求，符合国家战略、拥有关键核心技术、科技创新能力突出，主要依靠核心技术开展生产经营，具有稳定的商业模式，市场认可度高，社会形象良好，具有较强成长性
主体资格	依法设立且合法存续的股份有限公司。经国务院批准，有限责任公司在依法变更为股份有限公司时，可以采取募集设立方式公开发行股票。发行人自股份有限公司成立后，持续经营时间应当在3年以上，但经国务院批准的除外。有限责任公司按原账面净资产值折股整体变更为股份有限公司的，持续经营时间可以从有限责任公司成立之日起计算	经营3年以上的股份有限公司有限责任公司在依法变更为股份有限公司时按原账面净资产值折股整体变更为股份有限公司的，持续经营时间可以从有限责任公司成立之日起计算。属于中国证监会公布的《上市公司行业分类指引》(2012年修订)中下列行业的企业，原则上不支持其申报在创业板上市，但与互联网、大数据、云计算、人工智能、新能源等新技术、新产业、新业态、新模式深度融合的创新创业企业除外：	依法设立且持续经营3年以上的股份有限责任公司，具备健全且运行良好的组织机构，相关机构和人员能够依法履行职责。有限责任公司按股份有限公司原账面净资产值折股整体变更为股份有限公司的，持续经营时间可以从有限责任公司成立之日起计算。申报科创板发行上市的发行人，应当属于下列行业领域的高新技术产业和战略性新兴产业：

（续表1）

主板（上海证券交易所、深圳证券交易所）	创业板	科创板
	（一）农林牧渔业；（二）采矿业；（三）酒、饮料和精制茶制造业；（四）纺织业；（五）黑色金属冶炼和压延加工业；（六）电力、热力、燃气及水生产和供应业；（七）建筑业；（八）交通运输、仓储和邮政业；（九）住宿和餐饮业；（十）金融业；（十一）房地产业；（十二）居民服务、修理和其他服务业。 上述行业中与互联网、大数据、云计算、自动化、人工智能、新能源等新技术、新产业、新业态、新模式深度融合的创新创业企业，支持其申报在创业板发行上市	（一）新一代信息技术领域，主要包括半导体和集成电路、电子信息、下一代信息网络、人工智能、大数据、云计算、软件、互联网、物联网和智能硬件等； （二）高端装备领域，主要包括智能制造、航空航天、先进轨道交通、海洋工程装备及相关服务等； （三）新材料领域，主要包括先进钢铁材料、先进有色金属材料、先进石化化工新材料、先进无机非金属材料、高性能复合材料、前沿新材料及相关服务等； （四）新能源领域，主要包括先进核电、大型风电、高效光电光热、高效储能及相关服务等； （五）节能环保领域，主要包括高效节能产品及设备、先进环保技术装备、先进环保产品、资源循环利用、新能源汽车整车、新能源汽车关键零部件、动力电池及相关服务等； （六）生物医药领域，主要包括生物制品、高端化学药、高端医疗设备与器械及相关服务等； （七）符合科创板定位的其他领域

（续表 2）

	主板（上海证券交易所、深圳证券交易所）	创业板	科创板
财务	同时满足以下条件： （一）最近 3 个会计年度净利润均为正数且累计超过人民币 3 000 万元，净利润以扣除非经常性损益前后较低者为计算依据； （二）最近 3 个会计年度经营活动产生的现金流量净额累计超过人民币 5 000 万元，或者最近 3 个会计年度营业收入累计超过人民币 3 亿元； （三）发行前股本总额不少于人民币 3 000 万元； （四）最近一期末无形资产（扣除土地使用权、水面养殖权和采矿权等）占净资产的比例不高于 20%； （五）最近一期末不存在未弥补亏损。 中国证监会根据《关于开展创新企业境内发行股票或存托凭证试点的若干意见》等规定认定的试点企业（以下简称试点企业），可不适用前款第（一）项、第（五）项规定	符合一条即可： （一）最近 2 年净利润均为正，且累计净利润不低于 5 000 万元； （二）预计市值不低于 10 亿元，最近一年净利润为正且营业收入不低于 1 亿元； （三）预计市值不低于 50 亿元，且最近一年营业收入不低于 3 亿元	符合一条即可： （一）预计市值不低于人民币 10 亿元，最近 2 年净利润均为正且累计净利润不低于人民币 5 000 万元，或预计市值不低于人民币 10 亿元，最近一年净利润为正且营业收入不低于人民币 1 亿元； （二）预计市值不低于人民币 15 亿元，最近 1 年营业收入不低于人民币 2 亿元，且最近 3 年研发投入合计占最近 3 年营业收入的比例不低于 15%； （三）预计市值不低于人民币 20 亿元，最近 1 年营业收入不低于人民币 3 亿元，且最近 3 年经营活动产生的现金流量净额累计不低于人民币 1 亿元； （四）预计市值不低于人民币 30 亿元，且最近一年营业收入不低于人民币 3 亿元； （五）预计市值不低于人民币 40 亿元，主要业务或产品需经国家有关部门批准，市场空间大，目前已取得阶段性成果。医药行业企业需取得至少一项核心产品获准开展二期临床试验，其他符合科创板定位的企业具备明显的技术优势并满足相应条件

（续表3）

	主板（上海证券交易所、深圳证券交易所）	创业板	科创板
股本	同时满足以下条件：（一）发行后股本总额不低于3 000万元；（二）公开发行的股份达到公司股本总数的25%以上；公司股本总额超过4亿元的，公开发行股份的比例为10%以上	同时满足以下条件：（一）发行后股本总额不低于3 000万元；（二）公开发行的股份达到公司股本总数的25%以上；公司股本总额超过4亿元的，公开发行股份的比例为10%以上	同时满足以下条件：（一）发行后股本总额不低于人民币3 000万元；（二）公开发行的股份达到公司股本总数的25%以上；公司股本总额超过人民币4亿元的，公开发行股份的比例为10%以上
业务完整性	（一）资产完整，业务及人员、财务、机构独立，与控股股东、实际控制人及其控制的其他企业间不存在同业竞争或者显失公平的关联交易。（二）发行人的股权清晰，控股股东和受控股股东、实际控制人支配的股东持有的发行人股份不存在重大权属纠纷。（三）发行人最近3年内主营业务和董事、高级管理人员没有发生重大变化，实际控制人没有发生变更。（四）发行人不存在重大偿债风险，不存在影响持续经营的担保、诉讼以及仲裁等重大或有事项。（五）发行人不得有下列影响持续盈利能力的情形：	业务完整，具有直接面向市场独立持续经营的能力：（一）资产完整，业务及人员、财务、机构独立，与控股股东、实际控制人及其控制的其他企业间不存在对发行人构成重大不利影响的同业竞争，不存在严重影响独立性或者显失公平的关联交易。（二）发行人主营业务、控制权和管理团队稳定，最近2年内主营业务和董事、高级管理人员均没有发生重大不利变化；控股股东和受控股股东、实际控制人支配的股东所持发行人的股份没有发生变更，最近2年实际控制人没有发生变更，不存在导致控制权可能变更的重大权属纠纷。	业务完整，具有直接面向市场独立持续经营的能力：（一）资产完整，业务及人员、财务、机构独立，与控股股东、实际控制人及其控制的其他企业间不存在对发行人构成重大不利影响的同业竞争，以及严重影响独立性或者显失公平的关联交易。（二）发行人主营业务、控制权、管理团队和核心技术人员稳定，最近2年内主营业务和董事、高级管理人员及核心技术人员均没有发生重大不利变化；控股股东和受控股股东、实际控制人支配的股东所持发行人的股份清晰，最近2年实际控制人没有发生变更，不存在导致控制权可能变更的重大权属纠纷。

（续表 4）

主板（上海证券交易所、深圳证券交易所）	创业板	科创板
（1）发行人的经营模式、产品或服务的品种结构已经或者将发生重大变化，并对发行人的持续盈利能力构成重大不利影响； （2）发行人的行业地位或发行人所处行业的经营环境已经或者将发生重大变化，并对发行人的持续盈利能力构成重大不利影响； （3）发行人最近1个会计年度的营业收入或净利润对关联方或者存在重大不确定性的客户存在重大依赖； （4）发行人最近1个会计年度的净利润主要来自合并财务报表范围以外的投资收益； （5）发行人在用的商标、专利、专有技术以及特许经营权等重要资产或技术的取得或者使用存在重大不利变化的风险； （6）其他可能对发行人持续盈利能力构成重大不利影响的情形。 （六）发行人生产经营符合法律、行政法规的规定，符合国家产业政策	（三）发行人不存在主要资产、核心技术、商标等的重大权属纠纷、重大偿债风险，重大担保、诉讼、仲裁等或有事项，经营环境已经或者将要发生重大变化等对持续经营有重大不利影响的事项。 （四）发行人生产经营符合法律、行政法规的规定，符合国家产业政策	（三）发行人不存在主要资产、核心技术、商标等的重大权属纠纷、重大诉讼、仲裁等或有事项，经营环境已经或者将要发生的重大变化等对持续经营有重大不利影响的事项。 （四）发行人生产经营符合法律、行政法规的规定，符合国家产业政策

（续表 5）

	主板（上海证券交易所、深圳证券交易所）	创业板	科创板
募集资金项目	/	（一）符合国家产业政策和有关环境保护、土地管理等法律、行政法规规定； （二）除金融类企业外，本次募集资金使用不得为持有财务性投资，不得直接或者间接投资于以买卖有价证券为主要业务的公司； （三）募集资金项目实施后，不会与控股股东、实际控制人及其控制的其他企业新增构成重大不利影响的同业竞争、显失公平的关联交易，或者严重影响公司生产经营的独立性	（一）科创公司募集资金应当用于主营业务，重点投向科技创新领域。 （二）科创公司应当建立完善募集资金管理使用制度，按照交易所规定持续披露募集资金使用情况。 （三）应当结合公司现有主营业务、生产经营规模、财务状况、技术条件、管理能力、发展目标实施合理确定募集资金投资项目，相关项目实施后不增同业竞争，对发行人的独立性不产生不利影响
公司治理	发行人已经依法建立健全股东大会、董事会、监事会、独立董事、董事会秘书制度，相关机构和人员能够依法履行职责。 发行人的董事、监事和高级管理人员已经了解与股票发行上市有关的法律法规，知悉上市公司及其董事、监事和高级管理人员的法定义务和责任。 发行人的内部控制制度健全且被有效执行，能够合理保证财务报告的可靠性、生产经营的合法性、营运的效率与效果。 发行人的公司章程中已明确对外担保的审批权限和审议程序，不存在为控股股东、实际控制人及其控制的其他企业进行违规担保的情形。	上市公司应当建立健全并实施有效的内部控制制度，形成科学有效的职责分工和制衡机制，确保股东大会、董事会、监事会等机构合法运作和科学决策，保证公司经营管理合法合规，资金资产安全、信息披露真实、准确、完整	上市公司应当建立健全股东大会、董事会、监事会和经理层制度，形成权责分明、有效制衡的决策机制

（续表 6）

	主板（上海证券交易所、深圳证券交易所）	创业板	科创板
持续盈利能力	发行人有严格的资金管理制度，不得有资金被控股股东、实际控制人及其控制的其他企业以借款、代偿债务、代垫款项或者其他方式占用的情形 发行人不得有下列影响持续盈利能力的情形： （一）发行人的经营模式，产品或服务的品种结构已经或者将发生重大变化，并对发行人的持续盈利能力构成重大不利影响。 （二）发行人的行业地位或者发行人所处行业的经营环境已经或者将发生重大变化，并对发行人的持续盈利能力构成重大不利影响。 （三）发行人最近1个会计年度的营业收入或净利润对关联方或者存在重大不确定性的客户存在重大依赖。 （四）发行人最近1个会计年度的净利润主要来自合并财务报表范围以外的投资收益。 （五）发行人在用的商标、专利、专有技术以及特许经营权等重要资产或者技术的取得或者使用存在重大不利变化的风险。 （六）其他可能对发行人持续盈利能力构成重大不利影响的情形	发行人尚未盈利的，应当充分披露尚未盈利的成因，以及对公司现金流、业务拓展、人才吸引、团队稳定性、研发投入、战略性投入、生产经营可持续性等方面的影响	更加注重企业科技创新能力，允许符合科创板定位、尚未盈利或者存在累计未弥补亏损的企业在科创板上市。 发行人尚未盈利的，应当充分披露尚未盈利的成因，以及对公司现金流、业务拓展、人才吸引、团队稳定性、研发投入、战略性投入、生产经营可持续性等方面的影响

（续表 7）

	主板（上海证券交易所、深圳证券交易所）	创业板	科创板
其他要求	发行人不得有下列情形： （一）最近 36 个月内未经法定机关核准，擅自公开或者变相公开发行过证券；或者有关违法行为虽然发生在 36 个月前，但目前仍处于持续状态。 （二）最近 36 个月内违反工商、税收、土地、环保、海关以及其他法律、行政法规，受到行政处罚，且情节严重。 （三）最近 36 个月内曾向中国证监会提出发行申请，但报送的发行申请文件有虚假记载、误导性陈述或重大遗漏；或者不符合发行条件以欺骗手段骗取发行核准或者以不正当手段干扰中国证监会及其发行审核委员会审核工作；或者伪造、变造发行人或其董事、监事、高级管理人员的签字、盖章。 （四）本次报送的发行申请文件有虚假记载、误导性陈述或者重大遗漏。 （五）涉嫌犯罪被司法机关立案侦查，尚未有明确结论意见。 （六）严重损害投资者合法权益和社会公共利益的其他情形	（一）最近 3 年内，发行人及其控股股东、实际控制人不存在贪污、贿赂、侵占财产、挪用财产或者破坏社会主义市场经济秩序的刑事犯罪，不存在欺诈发行、重大信息披露违法或者其他涉及国家安全、公共安全、生态安全、生产安全、公众健康安全等领域的重大违法行为。 （二）董事、监事和高级管理人员不存在最近 3 年内受到中国证监会行政处罚，或者因涉嫌犯罪被司法机关立案侦查或者涉嫌违法违规被中国证监会立案调查，尚未有明确结论意见等情形	（一）最近 3 年内，发行人及其控股股东、实际控制人不存在贪污、贿赂、侵占财产、挪用财产或者破坏社会主义市场经济秩序的刑事犯罪，不存在欺诈发行、重大信息披露违法或者其他涉及国家安全、公共安全、生态安全、生产安全、公众健康安全等领域的重大违法行为。 （二）董事、监事和高级管理人员不存在最近 3 年内受到中国证监会行政处罚，或者因涉嫌犯罪被司法机关立案侦查或者涉嫌违法违规被中国证监会立案调查，尚未有明确结论意见等情形

附录2 企业上市过程中的政府沟通协调事项

附表1 企业上市过程中的政府沟通协调事项

企业上市正式启动阶段/整改（部分以上海市为例）			
（一）改制、设立存在的常见问题			
企业存在的情况/问题	沟通事项	主管部门	政策法规
企业是国有企业，若改制过程中法律依据不明确、相关程序存在瑕疵或与有关法律法规存在明显冲突	有权部门出具的关于改制程序的合法性、未造成国有或集体资产流失的意见	相应职级的国资管理部门或人民政府	《首发业务若干问题解答》
企业是集体企业改制而来的或历史上存在挂靠集体组织经营的企业，若改制过程中法律依据不明确、相关程序存在瑕疵或与有关法律法规存在明显冲突	有权部门出具的关于改制程序的合法性、未造成国有或集体资产流失的意见	相应职级的国资管理部门或人民政府	
企业是定向募集方式设立的股份公司	由省级人民政府就发行人历史沿革的合规、不存在争议或潜在纠纷等事项出具确认意见	省级人民政府	
公司存在出资瑕疵	相关部门出具不予追究，不构成重大违法违规的证明文件	所属市场监督管理局	《中华人民共和国公司法》
（二）常见行政处罚情形			
超出经营范围经营，未取得经营资质即从事相关业务，其他违规经营情形	若已被处罚，可由相关部门出具不构成重大违法行为的证明文件	所属市场监督管理局	《中华人民共和国公司登记管理条例》

（续表 1）

生产经营产品不符合质量规定	若已被处罚,可由相关部门出具不构成重大违法行为的证明文件	所属市场监督管理局	《中华人民共和国产品质量法》
企业特种设备违法	若已被处罚,可由相关部门出具不构成重大违法行为的说明	所属市场监督管理局	《中华人民共和国特种设备安全法》
广告违法	若已被处罚,可由相关部门出具不构成重大违法行为的证明文件	所属市场监督管理局	《中华人民共和国广告法》
企业资产重组中涉及特殊性税务处理	向税务局办理特殊税务重组备案	所属税务局	《国家税务总局关于企业重组业务企业所得税征收管理若干问题的公告》
未及时纳税、纳税违规	若已被处罚,可由相关部门出具不构成重大违法行为的证明文件	所属税务局	《中华人民共和国税收征收管理法》
企业使用劳务派遣人数超出其用工总量的10%	将调整用工方案报主管部门备案,出具无违法违规证明	所属人力资源与社会保障局	《劳务派遣暂行规定》
违反劳动法规定	若已被处罚,可由相关部门出具不构成重大违法行为的证明文件	所属人力资源与社会保障局	《中华人民共和国劳动法》
企业拥有集体建设用地使用权及其地上房产或企业租赁集体建设用地时	土地管理部门的确认性文件	所属省级自然资源与规划厅	《首发业务若干问题解答》

（续表 2）

企业发生安全生产问题	若已被处罚,可由相关部门出具不构成重大违法行为的证明文件	所属应急管理局	《中华人民共和国安全生产法》
未按规定备案易制爆危险化学品的购买情况或违反危化品管理的其他规定	若已被处罚,可由相关部门出具不构成重大违法行为的证明文件	所属公安局/应急管理部门	《危险化学品安全管理条例》
企业租赁违章建筑	由相关部门出具未列入拆迁范围的证明文件	街道办/其他有权部门	《首发业务若干问题解答》
企业非法占用林地、农地等集体土地等土地违法	若已被处罚,可由相关部门出具不构成重大违法行为的证明文件	所属国土资源局	《中华人民共和国土地管理法》
进出口货物存在违法	若已被处罚,可由相关部门出具不构成重大违法行为的证明文件	所属海关	《中华人民共和国海关法》《中华人民共和国海关行政处罚实施条例》
违反外汇登记管理规定	若已被处罚,可由相关部门出具不构成重大违法行为的证明文件	所属外汇管理局	《中华人民共和国外汇管理条例》
企业为施工企业,未办理工程施工许可或违规办理	若已被处罚,可由相关部门出具不构成重大违法行为的证明文件	市、区住房与城乡建设管理委员会或实行委托管理的特定区域管委会	《建设工程施工许可管理办法》
企业新建建筑违反工程质量相关规定	若已被处罚,可由相关部门出具不构成重大违法行为的证明文件	市、区住房与城乡建设管理委员会	《建设工程质量管理条例》

（续表3）

企业新建工程违反招投标规定	若已被处罚,可由相关部门出具不构成重大违法行为的证明文件	市、区住房与城乡建设管理委员会	《中华人民共和国招标投标法》
企业环境保护违法	若已被处罚,可由相关部门出具不构成重大违法行为的证明文件	所属生态环境局	《中华人民共和国环境保护法》
消防违法	若已被处罚,可由相关部门出具不构成重大违法行为的证明文件	所属应急管理局/公安机关消防部门	《上海市消防条例》
违反治安管理	若已被处罚,可由相关部门出具不构成重大违法行为的证明文件	所属公安局	《中华人民共和国治安管理处罚法》
排水或污水处理违法	若已被处罚,可由相关部门出具不构成重大违法行为的证明文件	市水务部分/所属区水务局	《上海市排水与污水处理条例》
企业销售货物时价格违法	若已被处罚,可由相关部门出具不构成重大违法行为的证明文件	所属区物价局	《中华人民共和国价格法》《上海市关于商品和服务实行明码标价的实施办法》
违反卫生管理规定	若已被处罚,可由相关部门出具不构成重大违法行为的证明文件	所属区卫健委	《公共场所卫生管理条例实施细则》

上市文件制作、申报阶段			
（一）常见政府合规证明开具及政府部门访谈			
市监（工商、质量）合规	企业报告期内，未受到行政处罚	所属市场监督管理局	《首次公开发行股票并上市管理办法》《中华人民共和国证券法》
社保合规	企业依法缴纳社保，不存在因违反劳动保障而受到处罚的情形	所属人力资源与社会保障局	
公积金合规	企业报告期内，无违反住房公积金法律法规受到该部门处罚的情形	所属住房公积金管理中心	
税务合规	企业报告期内，按时申报纳税，无违反税收法律、法规受到行政处罚的情形	所属税务局	
安全生产合规	企业报告期内，无违反安全生产方面法律法规受到行政处罚的情形	所属应急管理局	
房屋建设合规	企业报告期内，无房屋管理方面违规行为而受到行政处罚的情形	所属住房与城乡建设局	
土地合规	企业报告期内，无土地违法受到该部门处罚的情形	所属自然资源与规划局	
环保合规	企业报告期内，未受到环保部门行政处罚，未被列入重点排污单位	所属生态环境局	

（续表 5）

海关合规	企业报告期内，未发现该企业有走私行为、违反海关监管规定的行为，未因进出口侵犯知识产权货物而被海关行政处罚	所属海关	
外汇合规	企业报告期内，无逃汇、非法套汇等外汇违规行为	所属国家外汇管理局	
无犯罪记录（公安）	企业及其子公司、企业股东、企业董监高无犯罪记录	所属派出所	
涉案情况查询（法院）	企业及其子公司、企业股东、企业董监高、核心技术人员涉案情况查询	所属人民法院	
涉案情况查询（仲裁委）	企业及其子公司、企业股东、企业董监高、核心技术人员涉案情况查询	所属仲裁委员会	
涉案情况查询（检察院）	企业及其子公司、企业股东、企业董监高、核心技术人员涉案情况查询	所属人民检察院	
企业除需在所属监管部门开具无违法违规证明，上市中介机构还需前往该监管部门进行关于企业合法合规的访谈			《保荐人尽职调查工作准则》
（二）投资项目立项①、环评、验收备案（部分以上海市为例）			
通过招拍挂取得土地	签订土地出让合同、投资协议	所属国土资源部门、管委会	《中华人民共和国土地管理法实施条例》

---

① 项目立项是指投资建设项目通过项目实施组织决策者申请，得到政府发改委／经信局／经信委等投资管理部门的审议批准，并列入项目实施组织或者政府计划的过程。

企业投资项目核准、备案	办理投资项目核准、备案	市发展改革委、市经济信息化委、区投资主管部门以及市政府确定的机构	《上海市企业投资项目核准管理办法》《上海市企业投资项目备案管理办法》《上海市政府核准的投资项目目录细则》《上海市政府备案的投资项目目录》
环境评价审批	办理建设项目环境影响评价文件审批	区/市生态环境局	《中华人民共和国环境影响评价法》
竣工验收备案	对建设工程竣工验收备案	区建设管理（建设交通）委、委托管理机构	《上海市建设工程竣工备案实施细则》
（三）上市辅导、验收			
保荐机构辅导、验收	办理辅导备案登记、辅导报告报送、辅导验收	所属证监局	《证券发行上市保荐业务管理办法》

附录3 企业上市互联网自查方法

附表1 企业上市互联网自查方法

类别	序号	网站名称	网 址	查询事项
主体信息查询	1	国家企业信用信息公示系统及App	http://www.gsxt.gov.cn/及App	可查询全国及各省企业的工商登记信息,具体包括企业基本信息(营业执照上的全部内容)、股东及其出资、董监高成员、分支机构、动产抵押登记信息、股权出质登记信息、行政处罚信息、经营异常信息、严重违法信息等
	2	巨潮资讯网	http://www.cninfo.com.cn	中国证监会指定的信息披露网站,可查询上海证券交易所、深圳证券交易所上市的公司基本情况,包括股本及董监高、十大股东基本情况、公司披露的公告等
	3	上海证券交易所	http://www.sse.com.cn	可查询上海证券交易所上市公司披露的信息,包括但不限于招股说明书、法律意见、年度报告、董事会、股东大会决议等信息
	4	深圳证券交易所	http://www.szse.cn	可查询深圳证券交易所上市公司披露的信息,包括但不限于招股说明书、法律意见、年度报告、董事会、股东大会决议等信息

（续表 1）

类别	序号	网站名称	网　址	查询事项
	5	中国证监会	http://www.csrc.gov.cn	可查询证监会最新发布的法规、政策及其解读、IPO 及并购重组预先披露信息、核准信息
	6	全国中小企业股份转让系统	http://www.neeq.com.cn	可查询新三板挂牌企业的公告以及预披露待审核公司的信息，新三板企业的重大事项公告、转让信息、财务信息以及新三板相关法律法规、政策资讯等
	7	香港联交所（HKEX news 披露易）	http://www.hkexnews.hk	可查询香港上市公司披露的信息，包括但不限于招股说明书、法律意见、年度报告、董事会、股东大会决议等信息
	8	纳斯达克	http://www.nasdaq.com	可以查询纳斯达克上市公司信息，包括招股书、法律意见、重大合同等披露的信息
	9	美国证监会	http://www.sec.gov	可查询美国上市公司公告信息，包括招股书、法律意见书等公开资料
	10	香港公司网上查册中心	http://www.icris.cr.gov.hk	可查询在香港注册公司的基本登记信息，可以通过网上付费电子版查询
	11	全国建筑市场监督公共服务平台	http://jzsc.mohurd.gov.cn/home	可查询建筑相关企业信息、注册人员信息及工程项目信息等

（续表 2）

类别	序号	网站名称	网址	查询事项
	12	住房和城乡建设部建筑业单位资质查询	http://www.mohurd.gov.cn	建筑业资质查询,包括设计、勘察、造价、监理、建筑、房产开发等资质信息的查询
	13	中国证券投资基金业协会	http://www.amac.org.cn	可查询股权投资基金等证券投资基金的基金管理人及基金的备案信息
	14	私募基金管理人公示平台及私募汇App	http://gs.amac.org.cn 及 App	可查询私募基金管理人登记的实时基本情况以及违规公示情况
涉诉信息查询	1	中国裁判文书网	https://wenshu.court.gov.cn/	可查询2014年1月1日起除涉及国家秘密、个人隐私、未成年人犯罪、调解结案以外案件的判决文书
	2	全国法院被执行人信息查询系统	http://zxgk.court.gov.cn/	可查询2007年1月1日以后新收及此前未结的执行实施案件的被执行人信息
	3	全国法院失信被执行人名单信息查询系统	http://zxgk.court.gov.cn/shixin/	可查询2013年10月24日起不履行或未全部履行被执行义务的被执行人的履行情况、执行法院、执行依据文书及失信被执行人行为的具体情形等内容
	4	中国法院网"公告查询"	http://www.chinacourt.org	可查询全国范围内法院案件审理公告信息

（续表 3）

类别	序号	网站名称	网　址	查询事项
	5	人民法院诉讼资产网	http://www.rmfysszc.gov.cn	可查询全国范围内法院正在执行拍卖的资产情况
	6	阿里拍卖司法	http://sf.taobao.com	可以检索全国法院通过淘宝司法拍卖方式进行财产拍卖的信息
财产信息查询	1	自然资源部"中国土地市场网"	http://www.landchina.com	可查询全国范围内的供地计划、出让公告、企业购地情况等信息
	2	自然资源部"土地市场查询"	http://landchina.mnr.gov.cn/	可查询土地招标、拍卖、挂牌信息以及全国范围内土地抵押、转让、出租等信息，此外还可查询全国范围内的供地计划等
	3	中国知识产权网	http://www.cnipr.com	可查询公司专利申请情况及专利法律状态
	4	中华人民共和国知识产权局专利检索网	http://pss—system.cnipa.gov.cn/	可查询公司专利申请情况及专利法律状态
	5	国家知识产权局商标局"中国商标网"	http://sbj.cnipa.gov.cn/	可查询商标注册信息。包括注册商标信息及申请商标信息。同时可以进行商标相同或近似信息查询、商标综合信息查询和商标审查状态信息查询
	6	中国版权保护中心"计算机软件著作权登记公告"	http://www.ccopyright.com.cn	可查询计算机软件著作权的登记情况、著作权人、撤销情况、质押情况等信息

（续表4）

类别	序号	网站名称	网　址	查询事项
	7	工业和信息化部ICP/IP地址/域名信息备案管理系统	http://www.hn-kfl.com/beian.html	可以通过网站名称、域名、网站首页网址、许可号、网站IP地址、主办单位等查询已经备案的网站或域名的所有人信息等情况
	8	世界知识产权组织	http://www.wipo.int	可查询加入WTO的所有国家专利、商标注册法律状态
	9	国家林业和草原局植物新品种保护办公室	http://cnpvp.net/	可查询植物新品种权
	10	工业和信息化部官方网站	https://www.miit.gov.cn/	可查询企业网站备案以及电信增值业务许可
	11	人民法院诉讼资产网	http://www.rmfysszc.gov.cn	可查询涉诉财产情况
投融资信息查询	1	中国人民银行征信中心	http://www.pbccrc.org.cn	可查询企业应收账款质押和转让登记信息，具体包括质权人名称、登记到期日、担保金额及期限等
	2	中国银行间市场交易商协会	http://www.nafmii.org.cn	可查询DCM注册相关信息，包括超短期融资券（SCP）、中小企业集合票据（SMECN）、短期融资券（CP）、中期票据（MTN）、定向工具（PPN）企业的融资情况

（续表 5）

类别	序号	网站名称	网　址	查询事项
	3	动产融资统一登记公示系统	https：//www.zhongdengwang.org.cn	提供应收账款质押、融资租赁、所有权保留、留置权、租购、其他动产融资、保证金质押、存货/仓单质押、动产信托等登记业务，并提供以上动产物权的统一公示与查询
信用查询	1	信用中国	https：//www.creditchina.gov.cn/	企业不良信用记录查询
	2	中国证券监督管理委员会，证券期货市场失信记录查询平台	http://neris.csrc.gov.cn/shixinchaxun/	证券期货市场失信记录查询

附录4 中国香港资本市场介绍

香港交易所①旗下成员包括:香港联合交易所有限公司、香港期货交易所有限公司、香港中央结算有限公司、香港联合交易所期权结算有限公司、香港期货结算有限公司及伦敦金属交易所。香港交易所同时还通过沪港通及深港通建立香港和上海、深圳交易所之间的独特合作,直接连接了国际和中国内地的投资者。

香港资本市场主要包括股票市场、衍生工具市场、基金市场和债券市场,其股票市场为香港证券市场的主要组成部分。香港股票市场为有意上市的公司提供两个板块,分别是主板和创业板。其主板主要为较大型、基础较佳以及具有盈利记录的公司筹集资金,创业板(GEM)相对于主板来说,对上市公司没有行业类别以及公司规模的限制并不设盈利要求。

香港的上市制度为注册制,公司需满足上市条件并同时符合证券监管机构规定的其他必备条件。

一、 香港主板上市条件

香港主板上市条件如附表1所示。

附表1 香港主板上市条件

公众持股数	(1)最低公众持股数量为25%,如发行人预期市值超过100亿港元,可酌情降至15%~25%(对于那些拥有一类或以上证券的发行人,其正申请上市的证券类别不得少于发行人已发行股份数目总额的15%,且其上市时预期市值不得少于1.25亿港元); (2)上市时由公众人士持有的证券中,由持股量最高的3名公众股东实益拥有的百分比,不得超过50%
财务要求	符合以下3个测试之一: (1)盈利测试:最近一年的股东应占盈利不得低于2 000万港元,及其前两年累计的股东应占盈利亦不得低于3 000万港元; (2)市值/收益/现金流量测试:上市时市值至少为20亿港元,经审计的最近一个会计年度的收益至少为5亿港元,且新申请人或其集团的拟上市的业务于前3个会计年度的现金流入合计至少为1亿港元; (3)市值/收益测试:上市时市值至少为40亿港元,且经审计的最近一个会计年度的收益至少为5亿港元

---

① 香港交易所,全称为香港交易及结算所有限公司(HKEX),是全球主要交易所成员之一。

（续表）

其他要求	(1)具备不少于 3 个会计年度的营业记录(特殊情况下可考虑较短的营业记录); (2)上市时至少须有 300 名股东; (3)至少前 3 个会计年度的管理层维持不变; (4)至少经审计的最近一个会计年度拥有权和控制权维持不变

二、 香港创业板上市条件

香港创业板上市条件如附表 2 所示。

附表 2　香港创业板上市条件

公众持股数	(1)就寻求上市的所有股本证券而言,由公众人士持有的股本证券的市值(于上市时厘定)必须最少为 4 500 万港元;且于上市时,该等证券必须由不同方面的人士持有; (2)最低公众持股数量为 25%,如发行人预期市值超过 100 亿港元,可酌情降至 15%～25%(对于那些拥有一类或以上证券的发行人,其正申请上市的证券类别不得少于发行人已发行股份数目总额的 15%,且其上市时预期市值不得少于 4 500 万港元); (3)上市时由公众人士持有的证券中,由持股量最高的 3 名公众股东实益拥有的百分比,不得超过 50%
财务要求	在提交申请上市文件前的 2 个财政年度,公司从经营业务所得的净现金流入总额必须最少达到 3 000 万港元
其他条件	(1)上市申请前具有 2 个财政年度的营业记录; (2)上市时至少须有 100 名股东; (3)新申请人预期在上市时的市值不得低于 1.5 亿港元; (4)至少前 2 个财政年度的管理层大致维持不变; (5)至少经审计的最近 1 个财政年度拥有权和控制权维持不变

香港联合交易所于 2018 年 4 月 30 日引入《主板上市规则》第 18A 章的上市制度,允许双重股权结构公司赴港上市,并允许没有收入的生物科技公司在联交所主板上市:

(1)对于生物科技公司的上市,2020 年 4 月联交所更新了 2 份指引信(HKEX-GL92-18 和 HKEX-GL85-16),并发布了新的指引信(HKEX-GL107-20),阐明联交所在生物医药公司上市合适性和现有股东在 IPO 中能否认购股份的立场,细化了生物医药公司在招股书中的披露事宜。联交所上市科的 IPO 审核组有 2 个专门的小组来审阅生物科技公司,这 2 个小组的工作人员都具有生物、医学、化学等专业背景。总体来说,联交所的指引信要求公司应当在保证科学准确度的前提下,在招股书的概要章节使用浅显的语言对科学数据予以披露，使其更具可读性并易于理解。

（2）对于特殊股权结构企业申请在香港上市，仅限创新产业公司实施。在 2018 年新规出台后，随即有小米、美团等内地公司设立该制度并在香港上市。另外，根据联交所上市规则的规定，如果上市公司采取特殊表决权制度，那么公司董事会、监事会成员和高管都必须参加联交所指定的培训。联交所还将特殊表决权股份的比例限制在 10%以上，这一限制要求后续在上海证券交易所科创板和深圳证券交易所创业板设置表决权差异安排制度时被吸收。

附录 5　美国资本市场介绍

美国资本市场主要由债券市场、股票市场、银行贷款市场和抵押市场构成。其中,股票市场层次丰富鲜明,主板市场为大型企业提供服务,次板市场则为规模较小的新兴企业提供融资及作为进军主板市场的跳板。因次板市场要求相对较低,中国民营企业一般选择先在美国次板市场上市。

一、美国证券市场分为四级

美国证券市场分级如附表 1 所示。

附表 1　美国证券市场分级

一级市场	发行市场或初级市场,一级市场的发行主要有初次售股(即公司首次发行股票)和二次售股(即已发行股票的公司增发股票)
二级市场	又称次级市场,为股票流通市场,主要由纽约证券交易所(NYSE)和美国证券交易所(AMEX)两大全国性证券交易所以及地方性的太平洋证券交易所(PASE)、费城证券交易所(PHLX)等交易所及场外二级市场纳斯达克组成
第三市场	在交易所挂牌上市但在场外市场进行交易的股票市场
第四市场	即机构交易网,是一个私营的计算机网交易体系,一般用于大宗证券交易活动

注:场外交易市场(Over-The-Counter)为没有达到股票交易所上市的中小型企业的股票、债券等提供交易场所。该市场没有固定场所,通过大量分散的证券柜台和电信设施买卖证券。OTC 主要由柜台交易市场、第三市场和第四市场组成。

美国最主要的证券交易市场有纳斯达克(NASDAQ)、纽约证券交易所(NYSE)及美国证券交易所(AMEX)。美国股票市场上市制度为注册制,即公司满足上市条件即可在美国股市挂牌。

二、纽约证券交易所上市条件(主板和创业板)

纽约证券交易所因为历史较为悠久,因此市场较成熟,上市条件也较为严格,历史悠久的大企业大多在纽约证券交易所挂牌。上市条件如附表 2 所示。

附表 2 纽约证券交易所上市条件

主板(一)对美国国内公司上市的要求	
财务要求 (任一标准)	标准 1:盈利 税前收入:最近 3 个财务年度总收入大于 1 000 万美元;最近 2 个财务年度中,每年收入大于 200 万美元;最近 3 个财务年度中,每年均未亏损
	标准 2:全球市值(不低于 2 亿美元)
其他要求	(1)股东总人数:400 (2)公众股份数量:100 万 (3)公众股份市值:4 000 万美元 (4)最低股价:4 美元
主板(二)对非美国公司上市的要求	
财务要求 (任一标准)	标准 1:盈利要求 税前盈利:最近 3 个财务年度总盈利大于 1 亿美元;最近 2 个财务年度中,每年盈利大于 2 500 万美元
	标准 2:市值及现金流要求 • 现金流:最近 3 个财务年度现金流总数大于 1 亿美元;最近 2 个财务年度中,每年现金流大于 2 500 万美元 • 全球总市值:5 亿美元 • 最近 12 个月总收入:1 亿美元
	标准 3:市值及收入要求 • 全球总市值:7.5 亿美元 • 最近 1 个财务年度总收入:7 500 万美元
	标准 4:关联公司要求 • 全球总市值:5 亿美元 • 运营年限:12 个月 • 该公司的关联公司或母公司为良好存续的上市公司
其他要求	(1)股东总人数:5 000 (2)公众股份数:250 万 (3)公众股市值:1 亿美元(如该公司的关联公司或母公司为良好存续的上市公司,则公众股市值要求为 6 000 万美元) (4)最低股价:4 美元

（续表）

创业板（NYSE America）对上市公司的要求	
财务要求 （任一标准）	标准 1 • 税前盈利：最近 1 个财务年度总盈利达到 75 万美元；最近 3 个财务年度中的 2 个财年，每年盈利达到 75 万美元 • 公众股市值：300 万美元 • 公众股份数：400 万 • 最低股价：3 美元
	标准 2 • 公众股市值：1 500 万美元 • 公众股份数：400 万 • 最低股价：3 美元
	标准 3 • 市值：5 000 万美元 • 公众股市值：1 500 万美元 • 公众股份数：400 万 • 最低股价：2 美元
	标准 4a • 市值 7 500 万美元 • 公众股市值：2 000 万美元 • 最低股价：3 美元
	标准 4b • 总资产和总营收：7 500 万美元 • 公众股市值：2 000 万美元 • 最低股价：3 美元
其他要求 （任一选择）	选择 1：公众股东人数 800＋公众股份数 50 万
	选择 2：公众股东人数 400＋公众股份数 100 万
	选择 3：公众股东人数 400＋公众股份数 50 万＋前 6 个月的日交易量 2 000股

三、 纳斯达克股票市场上市条件

纳斯达克股票市场①上市条件如附表 3 所示。

附表 3　纳斯达克股票市场上市条件

纳斯达克全球精选市场(NGSM)	
财务要求 **(任一标准)**	标准 1:收入标准 • 税前收入:前 3 个会计年度累计≥1 100 万美元,且每年税前收入为正;且最近 2 个会计年度每年≥220 万美元
	标准 2:市值+现金流标准 • 前 3 个会计年度现金流累计≥2 750 万美元且每年现金流为正 • 公司前 12 个月平均市值≥5.5 亿美元 • 前一个会计年度收益≥1.1 亿美元
	标准 3:市值+收益标准 • 公司前 12 个月平均市值≥8.5 亿美元 • 前一个会计年度收益≥9 000 万美元
	标准 4:资产和股权标准 • 公司市值≥1.6 亿美元 • 总资产≥8 000 万美元 • 股东权益≥5 500 万美元
其他要求	(1)股东人数:持有 100 股以上股份的股东数量为 450 以上或股东总数在 2 200 以上 (2)公众股份数量:125 万 (3)公众股份市值:450 万美元。对于成熟公司(目前存在普通股或类似交易的):①1.1 亿美元,或者②非限售公众持股市值 1 亿美元以上,同时股东权益 1.1 亿美元以上 (4)最低股价:4 美元
纳斯达克全球市场(NGM)	
财务要求 **(任一标准)**	标准 1:收入标准 • 缴纳所得税前基于持续经营而产生的收入(最近 1 个会计年度或最近 3 个会计年度中的 2 年):100 万美元 • 股东权益:1.5 亿美元 • 公众持股股票市值:800 万美元

---

① 　纳斯达克资本市场包括 3 个板块:纳斯达克全球精选市场(The Nasdaq Global Select Market)、纳斯达克全球市场(The Nasdaq Global Market)、纳斯达克资本市场(The Nasdaq Capital Market)。

（续表）

财务要求 （任一标准）	标准 2:权益标准 • 股东权益:3 亿美元 • 公众持股股票市值:1 800 万美元
	标准 3:市值标准 • 上市后证券市值:7 500 万美元 • 公众持股股票市值:2 000 万美元
	标准 4:总资产/总收益标准 • 最近 1 个会计年度或最近 3 个会计年度中的 2 年,总资产不低于 7 500万美元,总收益不低于 7 500 万美元 • 公众持股股票市值:2 000 万美元
其他要求	(1)持有 100 股以上股份的股东:不低于 400 (2)公众持股数:1 100 万 (3)最低股价:4 美元
纳斯达克资本市场（NCM）	
财务要求 （任一标准）	标准 1:权益标准 • 股东权益:500 万美元 • 公众股市值:1 500 万美元 • 经营历史:2 年 • 股票发行价不低于 4 美元或收盘价不低于 3 美元
	标准 2:已发行证券市值标准 • 股东权益:400 万美元 • 公众股市值:1 500 万美元 • 上市后证券市值:5 000 万美元 • 股票发行价不低于 4 美元或收盘价不低于 2 美元
	标准 3:净收入标准 • 股东权益:400 万美元 • 公众股市值:500 万美元 • 基于持续经营而产生的净收入(最近 1 个会计年度或最近 3 个会计年度中的 2 年):75 万美元 • 股票发行价不低于 4 美元或收盘价不低于 3 美元
其他要求	(1)持有 100 股以上股份的股东:不低于 300 (2)公众持股数:100 万

在纳斯达克各板块上市的中概股企业(包括已退市企业)的简称如附表 4 所示。

附表4 在纳斯达克各板块上市的中概股企业(部分)

纳斯达克全球精选市场	银科控股、爱奇艺、UT斯达康、新浪、网易、搜狐、凹凸科技、携程网、万达体育、前程无忧、金融界、迅雷、宝尊电商、优信、拼多多、百度、中指控股、阿特斯太阳能、瑞幸咖啡、和黄中国医药科技、斗鱼、世纪互联、老虎证券、泛华金控、康迪车业、和利时自动化、欢聚时代、畅游、新濠博亚娱乐、绿能宝、哔哩哔哩、微博、如涵、海湾资源、科兴生物、泰邦生物、趣头条、京东、华住、云米科技、达内科技、百济神州、陌陌、国双
纳斯达克全球市场	德斯维尔工业、1药网、普益财富、天境生物、36氪、万国数据、医美国际、瑞立集团、多尼斯、知临集团、极光、小牛电动、上海华钦信息科技、亿航智能、品钛、富途控股、易恒健康、中国互联网金融服务、途牛、乐信、ATA CREATIVITY GLOBAL、爱点击、嘉银金科、寺库、华瑞服装、和信贷、房多多、嘉楠科技、再鼎医药、新氧、瑞思学科英语、鑫达集团、青客、360金融、云集、海亮教育、安派科、玖富、荔枝
纳斯达克资本市场	碳博士控股、龙运国际、众美联、骇维金属加工、欧陆科仪、农米良品、诺华家具、正康国际、WEALTHBRIDGE ACQUISITION、蓝帽子、中汽系统、中国天然资源、第九城市、幸福来、CBAK能源科技有限公司、奥瑞金种业、TMSR、希伯伦科技、亚洲时代、富维薄膜、WEALTHBRIDGE ACQUISITION、摩贝、FELLAZO、魔线、稳盛金融、REMARK、综合能源系统、悦航阳光网络科技、茗韵堂、中国陶瓷、点牛金融、明大嘉和、AGBA ACQUISITION、中环球船务、淘屏、华富教育、平潭海洋实业、中国苏轩堂药业、数海信息、AGBA ACQUISITION、GREENLAND TECHNOLOGIES、瑞图生态、KBS FASHION、研控科技、优点互动、富岭环球、万春药业、爱鸿森、新奥混凝土、泰盈科技、天地荟、尚高、金正环保、中国循环能源、团车、天华阳光、未来金融科技集团、九洲大药房、联络智能、LONGEVITY ACQUISITION、普惠财富、FELLAZO、BAT、美美证券、BORQS TECHNOLOGIES、祥泰食品、金凰珠宝、汉广厦房地产、中网在线、能发伟业、笋筐技术、开心汽车、上为集团、奥盛创新、宏桥高科、LONGEVITY ACQUISITION、安高盟

附录6 新三板上市条件和流程介绍

一、全国中小企业股份转让系统介绍

全国中小企业股份转让系统是经国务院批准,依据《证券法》设立的全国性证券交易场所,主要为创新型、创业型、成长型中小微企业发展服务。境内符合条件的股份公司均可通过主办券商申请在全国中小企业股份转让系统挂牌,公开转让股份,进行股权融资、债权融资、资产重组等。申请挂牌的公司应当业务明确,产权清晰,依法规范经营,公司治理健全;可以尚未盈利,但须履行信息披露义务,所披露的信息应当真实、准确、完整。

在新三板的发展方向上,一是坚持把支持科技创新作为主责主业,深入发掘中小企业创新要素,全力构建支持中小企业创新发展的市场环境,发挥好新三板服务创新型、创业型、成长型中小企业的功能作用;二是持续推进新三板市场改革,深入了解企业、投资人和市场中介的核心关切,把握好中小企业的发展规律,加速推进契合中小企业特点和投融资需求的政策体系、制度体系、服务体系建设,提升市场功能,服务实体经济高质量发展;三是进一步夯实市场发展基础,积极做好在新三板实施注册制准备,研究完善发行承销、信息披露、持续监管等市场基础制度,持续推进智慧监管体系建设、数据治理等基础工作,全面提升市场综合服务能力。

(一)新三板市场的功能定位

(1)完善多层次的资本市场,专注于中小微企业的融资平台。新三板市场主要为创新型、创业型、成长型中小微企业发展服务。新三板可起到助力与催化的作用,是主板市场的重要补充,帮助中小微企业对接资本市场。

(2)拓宽企业融资渠道,提升公司估值。实现股权与债权融资。公司挂牌后可根据业务需要,向特定对象进行直接融资;挂牌后公司股权估值显著提升,银行对公司的认可度和重视度也会明显提高,企业能以更低的利率获取银行贷款;金融机构也会更加认可股权的市场价值,企业进而获得股份抵押贷款等融资便利。

(3)提供规范化的股份转让全国性市场。新三板作为全国性统一场外交易市场,通过股价反映公司的价值,一方面使得股东持有股份的价值得到充分反映,另一方面解决了投资者的退出渠道问题。

(4)规范公司治理,为后续资本运作提供基础。企业挂牌过程中,在券商、律师事务所、会计师事务所等专业中介机构的介入下,企业可以初步建立起现代企业治理与管理机制;挂牌后,在主办券商的持续督导和证监会及全国中小企业股份转让系统的监管下规范运营。这样可以有效提升规范度,促进企业持续健康发展。

（5）增强公司宣传效应，提升企业品牌形象。企业在全国性市场新三板挂牌，拥有独立的股票代码，信息在交易所行情系统中显示，势必引起投资者的关注，可以起到宣传企业、提高公司知名度的作用，既有利于业务拓展、公司发展，也有利于增强员工凝聚力。

（二）新三板对挂牌企业的基本要求

股份有限公司申请在新三板挂牌，不受股东所有制性质的限制，不限于高新技术企业，应当符合下列条件：

（1）依法设立且存续满两年。有限责任公司按原账面净资产值折股整体变更为股份有限公司的，存续时间可以从有限责任公司成立之日起计算。

（2）业务明确，具有持续经营能力。

（3）公司治理机制健全，合法规范经营。

（4）股权明晰，股票发行和转让行为合法合规。

（5）主办券商推荐并持续督导。

（6）全国中小企业股份转让系统公司要求的其他条件。

（三）新三板精选层的创立

目前，新三板市场正处于不断发展和深化改革的新阶段。2019年10月25日，证监会发布会上，新三板全面深化改革正式启动，提出从以下几个方面入手：①优化发行融资制度，允许创新层企业向不特定投资者发行股票；②完善市场分层，设立精选层，配套形成信披投资者适当性等差异化安排；③建立挂牌企业转板上市机制；④加强监督管理，实施分类监管；⑤健全市场退市机制，完善摘牌制度。新三板市场必将进入"多层次发展期"，引入公开发行层次是巨大的创新，转板制度打通上下层资本市场，留住优质企业，提升挂牌公司质量；同时，新三板市场也愈加走向成熟。

新三板精选层的设立是贯彻落实金融供给侧结构性改革的重要实践，是全面深化资本市场改革的重要一环，是在自身发展实践基础上的全面制度和功能完善，是着眼于市场整体的全面改革和系统改革。此次改革主要体现在以下5个方面：①多元化准入标准；②引入公开发行制度，企业可以在新三板"IPO"；③投资者门槛降低，精选层降至100万元；④交易门槛降低，着力恢复新三板的流动性；⑤精选层挂牌满一年可转板。

精选层的落地，是多层次资本市场格局完善的重要举措。精选层满一年之后可以转板，作为沪深两市的后备军，有助于减少上市发行障碍。同时，新三板也将形成"基础层、创新层、精选层"不断递进的市场层次，精选层也将更好地发挥多层次资本市场中承上启下的作用。多层次资本市场助力经济与金融的结合，构建与处于不同生命周期的企业匹配适合的融资方式和交易场所，同时满足了不同风险偏好投资人的需求。

二、 挂牌公司进入精选层及转板上市

(一)挂牌公司进入精选层的条件

根据《全国中小企业股份转让系统分层管理办法》,挂牌公司进入精选层的条件如附表 1 所示。

附表 1　挂牌公司进入精选层的条件

基本条件	在全国股转系统连续挂牌满 12 个月的创新层挂牌公司,可以申请公开发行并进入精选层
市值、利润要求	挂牌公司申请公开发行并进入精选层时,应当符合下列条件之一: (1)市值不低于 2 亿元,最近 2 年净利润均不低于 1 500 万元且加权平均净资产收益率平均不低于 8%,或者最近 1 年净利润不低于 2 500 万元且加权平均净资产收益率不低于 8%。 (2)市值不低于 4 亿元,最近 2 年营业收入平均不低于 1 亿元,且最近 1 年营业收入增长率不低于 30%,最近 1 年经营活动产生的现金流量净额为正。 (3)市值不低于 8 亿元,最近 1 年营业收入不低于 2 亿元,最近 2 年研发投入合计占最近 2 年营业收入合计比例不低于 8%。 (4)市值不低于 15 亿元,最近 2 年研发投入合计不低于 5 000 万元。 前款所称市值是指以挂牌公司向不特定合格投资者公开发行价格计算的股票市值
其他条件	挂牌公司完成公开发行并进入精选层时,除应当符合上述条件外,还应当符合下列条件: (1)最近 1 年期末净资产不低于 5 000 万元。 (2)公开发行的股份不少于 100 万股,发行对象不少于 100 人。 (3)公开发行后,公司股本总额不少于 3 000 万元。 (4)公开发行后,公司股东人数不少于 200 人,公众股东①持股比例不低于公司股本总额的 25%;公司股本总额超过 4 亿元的,公众股东持股比例不低于公司股本总额的 10%。 (5)中国证监会和全国股转公司规定的其他条件

---

① 公众股东是指除以下股东之外的挂牌公司股东,包括:持有公司 10%以上股份的股东及其一致行动人,公司董事、监事、高级管理人员及其关系密切的家庭成员,公司董事、监事、高级管理人员直接或间接控制的法人或者其他组织。关系密切的家庭成员,包括配偶、子女及其配偶、父母及配偶的父母、兄弟姐妹及其配偶、配偶的兄弟姐妹、子女配偶的父母。

（续表）

限制性条件	挂牌公司或其他相关主体出现下列情形之一的,挂牌公司不得进入精选层: (1)挂牌公司或其控股股东、实际控制人最近3年内存在贪污、贿赂、侵占财产、挪用财产或者破坏社会主义市场经济秩序的刑事犯罪;存在欺诈发行、重大信息披露违法或者其他涉及国家安全、公共安全、生态安全、生产安全、公众健康安全等领域的重大违法行为。 (2)挂牌公司或其控股股东、实际控制人、董事、监事、高级管理人员最近12个月内被中国证监会及其派出机构采取行政处罚;或因证券市场违法违规行为受到全国股转公司等自律监管机构公开谴责。 (3)挂牌公司或其控股股东、实际控制人、董事、监事、高级管理人员因涉嫌犯罪正被司法机关立案侦查或涉嫌违法违规正被中国证监会及其派出机构立案调查,尚未有明确结论意见。 (4)挂牌公司或其控股股东、实际控制人被列入失信被执行人名单且情形尚未消除。 (5)挂牌公司未按照全国股转公司规定在每个会计年度结束之日起4个月内编制并披露年度报告,或者未在每个会计年度的上半年结束之日起2个月内编制并披露半年度报告。 (6)挂牌公司最近3年财务会计报告被会计师事务所出具非标准审计意见的审计报告。 (7)中国证监会和全国股转公司规定的,对挂牌公司经营稳定性、直接面向市场独立持续经营的能力具有重大不利影响,或者存在挂牌公司利益受到损害等其他情形

（二）精选层挂牌公司转板上市的条件

2020年11月27日,上海证券交易所、深圳证券交易所分别发布了《全国中小企业股份转让系统挂牌公司向上海证券交易所科创板转板上市办法(试行)(征求意见稿)》《深圳证券交易所关于全国中小企业股份转让系统挂牌公司向创业板转板上市办法(试行)(征求意见稿)》(合称《转板上市办法》),对精选层挂牌公司转板上市的条件、程序、审核内容与方式等做出了进一步规定。

拟转板上市的公司应当符合转入板块的上市条件,并符合上述规定的合规性要求、市值及财务指标等条件,具体要求如附表2所示。

附表2　精选层挂牌公司转板上市的条件

	新三板精选层转入创业板	新三板精选层转入科创板
前提条件	在精选层连续挂牌1年以上,且最近1年内不存在全国中小企业股份转让系统有限责任公司规定的应当调出精选层的情形	

（续表 1）

	新三板精选层转入创业板	新三板精选层转入科创板
转入板块发行条件	《科创板首次公开发行股票注册管理办法(试行)》或《创业板首次公开发行股票注册管理办法(试行)》规定的发行条件: (1)经营 3 年以上股份有限公司,健全且运行良好的组织机构。 (2)会计基础工作规范、内控制度健全且有效执行等。 (3)业务完整,具备独立持续经营能力,资产完整,人员独立,机构独立,财务独立。 (4)主营业务控制权、董监高稳定。 (5)生产经营合法合规,控股股东、实际控制人、董监高不存在列示的违法违规行为	
股本总额	股本总额≥3 000 万元	
股权分布	公众股比例≥25%;总股本大于 4 亿元时,公众股比例≥10%	
股东人数	股东人数≥1 000 人	
交易额	转板上市董事会公告日前 60 个交易日的交易额≥1 000 万元	
控股股东、实际控制人	不存在最近 3 年受到中国证监会行政处罚,因涉嫌违法违规被中国证监会立案调查,尚未有明确结论意见,或者最近 12 个月受到全国股转公司公开谴责等情形	
市值及财务指标	不存在表决权差异安排: (1)最近 2 年净利润均为正,且累计净利润≥5 000 万元;或 (2)市值≥10 亿元,最近 1 年净利润为正且营业收入≥1 亿元;或 (3)市值≥50 亿元,且最近 1 年营业收入≥3 亿元	不具有表决权差异安排: (1)市值≥10 亿元,最近 2 年净利润均为正且累计净利润≥5 000 万元;或 (2)市值≥10 亿元,最近 1 年净利润为正且营业收入≥1 亿元;或 (3)市值≥15 亿元,最近 1 年营业收入≥2 亿元,且最近 3 年累计研发投入占最近 3 年累计营业收入的比例≥15%;或 (4)市值≥20 亿元,最近 1 年营业收入≥3 亿元,且最近 3 年经营活动产生的现金流量净额累计≥1 亿元;或 (5)市值≥30 亿元,且最近 1 年营业收入≥3 亿元;或 (6)市值≥40 亿元,主要业务或产品需经国家有关部门批准,市场空间大,目前已取得阶段性成果。医药行业企业需至少有一项核心产品获准开展二期临床试验,其他符合科创板定位的企业需具备明显的技术优势并满足相应条件

（续表2）

	新三板精选层转入创业板	新三板精选层转入科创板
	具有表决权差异安排： (1)市值≥100亿元，且最近1年净利润为正；或 (2)市值≥50亿元，最近1年净利润为正且营业收入≥5亿元	具有表决权差异安排： (1)市值≥100亿元；或 (2)市值≥50亿元，且最近1年营业收入≥5亿元
定位	转板公司应当符合《创业板注册办法》等规定的创业板定位	转板公司应当符合《科创板注册办法》规定的科创板定位。 转板公司应当结合相关规定对其是否符合科创板定位进行自我评估，提交专项说明；保荐人应当核查把关，出具专项意见
其他	深沪交易所规定的其他上市条件	

（三）精选层挂牌公司转板上市的程序

根据中国证监会于2020年6月3日发布的《关于全国中小企业股份转让系统挂牌公司转板上市的指导意见》，"转板上市属于股票交易场所的变更，不涉及股票公开发行，依法无需经证监会核准或注册，由上海证券交易所、深圳证券交易所依据上市规则进行审核并作出决定。转板上市程序主要包括：企业履行内部决策程序后提出转板上市申请，交易所审核并作出是否同意上市的决定，企业在新三板终止挂牌并在上海证券交易所或深圳证券交易所上市交易"。《转板上市办法》就转板上市流程做了进一步细化，其中深圳证券交易所主要流程见附图1所示。

相较于科创板、创业板审核的"3＋3"模式，《转板上市办法》进一步缩短了审核时限，采用了"2＋2"模式，即"交易所自受理申请文件之日起2个月内作出是否同意转板上市的决定，并且转板公司及其保荐人、证券服务机构回复交易所审核问询的时间总计不超过2个月"；同时，转板上市无须报送证监会注册，仅需报请备案。

除审核时限有所缩短外，转板上市的其他审核规定与科创板、创业板的首发上市审核程序基本相同。例如，交易所发行上市审核机构对转板上市申请进行审核，出具审核报告，并提交上市委员会审议。在审核方式上，通过提出问题、要求回答问题等多种方式，督促转板公司及其保荐人、证券服务机构真实、准确、完整地披露信息，提高信息披露质量。审核重点主要关注转板公司是否符合转板上市条件、信息披露是否符合要求等方面。

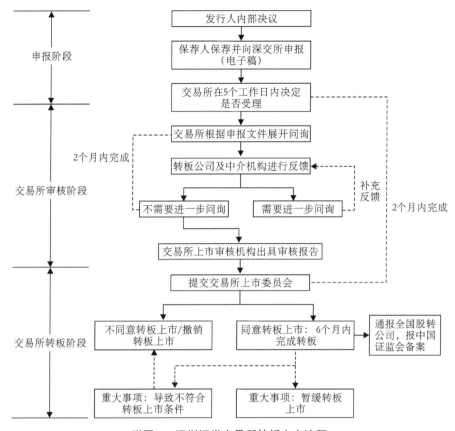

附图 1　深圳证券交易所转板上市流程

上市委员会召开审议会议,通过合议形成符合或不符合转板上市条件和信息披露要求的审议意见,交易所结合上市委员会的审议意见,作出是否同意转板上市的决定。交易所作出转板上市审核决定后,及时通知转板公司,通报全国中小企业股份转让系统有限责任公司,并报中国证监会备案。

(四)转板上市后的衔接问题

1. 股份限售

根据《转板上市办法》,转板公司控股股东、实际控制人及其一致行动人自公司转板上市之日起 12 个月内,不得转让或者委托他人管理其直接和间接持有的本公司转板上市前已经发行的股份(简称转板上市前股份),也不得提议由转板公司回购该部分股份;限售期届满后 6 个月内减持股份的,不得导致公司控制权发生变更。

董事、监事、高级管理人员所持本公司转板上市前股份,自公司转板上市之日起 12

个月内不得转让。核心技术人员、未盈利企业的限售及减持安排与科创板、创业板上市规则保持一致。

公司转板上市时未盈利的,在实现盈利前,控股股东、实际控制人及其一致行动人自转板上市之日起3个完整会计年度内,不得减持本公司转板上市前股份;自转板上市之日起第四个会计年度和第五个会计年度内,每年减持的本公司转板上市前股份不得超过公司股份总数的2%,并应当符合交易所关于股份减持与限售的相关规定。

公司转板上市时未盈利的,在实现盈利前,董事、监事、高级管理人员及核心技术人员自转板上市之日起3个完整会计年度内,不得减持本公司转板上市前股份;在前述期间内离职的,应当继续遵守本款规定。

公司实现盈利后,前两款规定的股东可以自当年年度报告披露后次日起减持转板上市前股份,但应当遵守交易所其他有关股份减持与限售的规定。

转板公司股东所持股份在转板公司申请转板上市时有限售条件且转板上市时限售期尚未届满的,该部分股份的剩余限售期自转板公司转板上市之日起连续计算直至限售期届满。

2. 持续督导

根据科创板、创业板的股票上市规则,首次公开发行股票并在科创板、创业板上市的,持续督导期间为股票上市当年剩余时间以及其后3个完整会计年度。

而转板公司转板上市后的持续督导期间为股票在科创板、创业板上市当年剩余时间以及其后2个完整会计年度。但转板公司提交转板上市申请时已在精选层挂牌满2年的,持续督导期间为公司股票在科创板、创业板上市当年剩余时间以及其后1个完整会计年度。

3. 交易制度

根据《转板上市办法》,转板公司转板上市首日的开盘参考价格原则上为其股票在全国股转系统最后一个有成交交易日的收盘价。

交易所同意转板上市的决定自作出之日起6个月有效,转板公司应当在决定有效期内完成转板上市的所有准备工作并申请在科创板、创业板上市交易。

转板公司股东参与科创板股票交易,应当使用沪市A股证券账户;参与创业板交易,应当开通创业板权限。转板公司股东未开通科创板、创业板股票交易权限的,仅能继续持有或者卖出转板公司股票,不得买入转板公司股票或者参与科创板、创业板其他股票交易。

附录 7　中介机构信息（排名不分先后）

一、证券公司

海通证券股份有限公司（以下简称公司）成立于 1988 年，是国内最早成立的证券公司中唯一未被更名、注资，且是国内少数实现"A＋H"股上市的大型证券公司。公司总资产近 6 000 亿元、净资产近 1 200 亿元，自 2007 年以来，公司总资产和净资产一直位居国内证券行业前列。公司拥有卓越的综合性业务平台和成熟的海外业务平台，经营网点遍及全球 14 个国家和地区。

公司基本建成了以证券为核心，业务涵盖期货、投资、基金和融资租赁等多个业务领域的金融控股集团。旗下的海通国际系海外规模最大的中资全能型投行；恒信租赁系国内首家、规模最大的券商系融资租赁公司；海通银行系在欧央行监管体系下运营的业务覆盖欧美地区的全能银行；海通开元、海富基金、海通资管、海通期货等也分别在其所属业务领域占据龙头地位。

海通投资银行业务创下了诸多国内"最早"和业内"第一"，打造出具有海通特色的知名行业品牌。在金融行业，海通先后担任了浦发银行、民生银行、深发展银行、交通银行、建设银行、华泰证券等金融企业 IPO 或再融资的保荐人和主承销商；是我国第一家赴海外上市银行——交通银行的上市财务顾问；是我国第一家私募发行商业银行次级债券——民生银行次级债券的主承销商；是我国第一支境内发行的优先股——农业银行优先股的主承销商；是我国第一家上市银行通过重大资产收购信托牌照——浦发银行收购上海信托的财务顾问。在高科技领域，用友软件、上海贝岭、中国海诚、新天科技、开尔新材等项目的成功发行也为海通的承销业绩写下了浓重的一笔；金风科技首次公开发行并上市是清洁新能源领域的里程碑事件。2019 年第一批科创板注册的企业中，多家由海通证券保荐，其中，中微半导体以 179.75 倍的市盈率居 25 家首批科创板上市企业之首。

国泰君安是中国证券行业长期、持续、全面领先的综合金融服务商，自 2008 年以来，国泰君安连续 12 年获得中国证监会授予的 A 类 AA 级监管评级，该评级是迄今为止中国证券公司获得的最高评级。

自 1999 年公司合并设立以来,国泰君安即开始从事投资银行业务,专注为企业机构客户提供股债发行承销、并购重组、新三板挂牌融资以及资本中介等全方位的投行服务。国泰君安投资银行团队凭借丰富的运作经验和良好的专业服务能力,为众多企业及政府客户提供全投行业务链服务,包括首次公开发行(IPO)、配股、非公开发行等股权融资服务;公司债、企业债、可转债、非金融企业债务融资工具、资产证券化等债券融资服务;重大资产购买或出售、跨境并购、合并分立、借壳上市、股权激励、市值管理等并购重组和综合财务顾问服务。

国泰君安投行业务亦深耕各行业领域,专设金融、TMT、先进制造业、医药、环保新能源、房地产和基础设施、消费及大健康等七大行业组,通过细分行业知识、深化行业研究以及提高战略转型运作能力,为客户提供多元化资本布局、产业转型和市值管理等综合性服务。

中国国际金融股份有限公司(中金公司,601995.SH,3908.HK)是中国首家中外合资投资银行。中金公司总部设在北京,在境内设有多家子公司,在上海、深圳、厦门、成都、杭州、济南设有分公司,在中国 29 个省、直辖市拥有 200 多个营业网点。公司亦积极开拓海外市场,在纽约、伦敦、新加坡、旧金山、法兰克福、东京等国际金融中心设有分支机构。凭借广泛的业务网络及杰出的跨境能力,中金能够为客户提供全方位的金融服务。

自 1995 年成立以来,中金公司一直致力于为客户提供高质量的金融增值服务,建立了以研究和信息技术为基础,投资银行、股票业务、固定收益、资产管理、私募股权和财富管理全方位发展的业务结构。2015 年,中金公司在香港联交所主板成功挂牌上市。2017年,中金公司与中国中金财富证券有限公司(简称"中金财富证券",原中国中投证券有限责任公司)的战略重组完成,中金财富证券成为中金的全资子公司。2018 年,中金公司成功引入腾讯作为战略投资者。2020 年,中金公司在上海证券交易所主板成功挂牌上市。

中信证券成立于 1995 年,经过 20 多年的发展,已成为 A+H 综合经营的国际化投资银行。2020 年年末,中信证券总资产 10 530 亿元,归属母公司净资产 1 817 亿元。2020 年营业收入 544 亿元,归属母公司净利润 149 亿元。均排名市场第一。

截至 2020 年年末,拥有 30 个部门及业务线,主要一级子公司 7 家,员工总数 1.9 万人。分支机构遍布全球 13 个国家,中国境内分支机构 400 余家,业务范围覆盖证券、基金、期货、直投等领域,各项业务均排名行业前列,2020 年股权融资、债券融资、经纪业务、融资融券、资管规模均排市场第一。

公司在沪设立上海分公司,共有 21 家营业网点,688 名员工。截至 2021 年 6 月底,托管客户资产 11 639 亿元,有效客户 20.4 万户,包括财富客户 14 443 家,公募基金 14 家,银行理财子公司 5 家,私募基金管理人 777 家,上市公司 344 家。

中信建投证券成立于 2005 年 11 月 2 日,是经中国证监会批准设立的全国性大型综合证券公司。公司注册于北京,注册资本 77.57 亿元,在全国 30 个省、自治区和直辖市设有 313 家分支机构,并设有中信建投期货有限公司、中信建投资本管理有限公司、中信建投(国际)金融控股有限公司、中信建投基金管理有限公司和中信建投投资有限公司等 5 家子公司。自 2010 年起连续 12 年被中国证监会评为目前行业最高级别的 A 类 AA 级证券公司。

2016 年 12 月 9 日,中信建投证券在香港联交所上市,股票代码 6066.HK,公司 A 股于 2018 年 6 月 20 日在上交所主板上市,股票代码 601066.SH。2005—2020 年,中信建投证券累计实现营业收入 1 396 亿元,实现净利润 530 亿元;累计完成超过 8 000 单股票及债券主承销项目,主承销金额超过 5 万亿元,累计完成股票基金交易量超过 80 万亿元。凭借高度的敬业精神与突出的专业能力,中信建投证券主要经营指标目前均位居行业前 10 名。

华泰联合证券是华泰证券在业内率先打造的以市场化创新能力领先行业的专业投资银行子公司,依托集团公司华泰证券的强劲实力,华泰联合证券建立了"专业化分工+体系化协同"的大投行业务模式,以"客户经理+产品专家+行业专家"的人力资源目标为导向,通过全业务链服务体系,为客户提供高效且有针对性的投资银行专业服务。华泰联合证券在承销保荐、并购重组、债券等业务领域始终位于行业前列。

华泰联合证券注册地位于深圳,在北京、上海、南京、杭州、苏州及香港设有办公室或联络机构。2020 年,公司所获荣誉包括:上海证券交易所颁发的"优秀受托管理人""公司债券优秀承销商",深圳证券交易所颁发的"优秀固定收益业务创新机构",世界权威财经杂志《亚洲货币》(*Asiamoney*)颁发的"最佳境内并购顾问券商",Mergermarket 颁发的"年度最佳工业和化工业并购财务顾问",《证券时报》颁发的"中国区全能投行君鼎奖"

"中国区科创板投行君鼎奖"，新财富颁发的"本土最佳投行"等共计72项奖项，还凭借在公益领域的突出贡献荣获新浪财经颁发的"责任投资最佳公司奖"和界面新闻颁发的"年度臻善企业"。

民生证券股份有限公司成立于1986年，注册资本为114.56亿元，注册地为上海。公司具备中国证监会批准的证券经纪、证券承销与保荐等全牌照业务资格，是中国成立最早的证券公司之一。

公司在北京、上海、深圳、广州、郑州等地设立了80余家分支机构，业务范围覆盖全国近30个省、直辖市及自治区；公司控股并管理着4家子公司：民生期货有限公司、民生股权投资基金管理有限公司、民生证券投资有限公司和民生基金管理有限公司。民生证券与子公司优势互补，实现协同发展。不断通过业务和产品创新、管理和机制创新，为客户提供全方位、多层次的优质、规范、高效的投融资工具和专业化、个性化的金融服务。

兴业证券股份有限公司是中国证监会核准的全国性、综合类、创新型证券公司，成立于1991年10月29日。2010年10月，在上海证券交易所首次公开发行股票并上市（601377.SH）。公司注册地为福建省福州市，主要股东有福建省财政厅、福建省投资开发集团有限责任公司、上海申新（集团）有限公司、中国证券金融股份有限公司等。

兴业证券主要经营证券经纪、承销与保荐、投资咨询、证券自营、财务顾问、融资融券、基金与金融产品代销、基金托管、期货介绍等业务。在全国31个省、市、区共设有235个分支机构，其中，分公司92家、证券营业部143家，控股兴证全球基金管理有限公司、兴证国际金融集团有限公司、兴证期货有限公司、兴证风险管理有限公司；全资拥有兴证证券资产管理有限公司、兴证创新资本管理有限公司、兴证投资管理有限公司；经营海峡股权交易中心（福建）有限公司；参股南方基金管理股份有限公司、中证信用增进股份有限公司、中证机构间报价系统股份有限公司、证通股份有限公司。

截至2020年年末，集团总资产超过1 800亿元，净资产超过400亿元，境内外员工近9 000人，公司综合实力和核心业务位居行业前列，已发展成为涵盖证券、基金、期货、资产管理、股权投资、另类投资、风险管理、境外业务等专业领域的证券金融控股集团。

东方证券股份有限公司(以下简称公司)是一家经中国证券监督管理委员会批准设立的综合类证券公司,其前身是于 1998 年 3 月 9 日开业的东方证券有限责任公司,总部设在上海,现有注册资本人民币 69.94 亿元。公司于 2015 年 3 月 23 日成功登陆上交所(证券代码:600958),2016 年 7 月 8 日 H 股成功发行并上市(证券代码:03958),成为行业内第五家 A+H 股上市券商。

经过 20 余年的发展,公司从一家仅有 586 名员工、36 家营业网点的证券公司,逐渐壮大为一家总资产达 2 900 亿元、净资产超过 600 亿元、员工 6 000 余人、在全国 87 个城市设有 177 家分支机构,提供证券、期货、资产管理、理财、投行、投资咨询及证券研究等全方位、一站式专业综合金融服务的上市证券金融控股集团。

公司全资持有上海东证期货有限公司、上海东方证券资产管理有限公司、上海东方证券资本投资有限公司、东方金融控股(香港)有限公司、上海东方证券创新投资有限公司、东方证券承销保荐有限公司,同时作为第一大股东参股汇添富基金管理股份有限公司。

中天国富证券成立于 2004 年,由中天金融集团股份有限公司(证券代码:000540.SZ)控股,以深圳、上海、北京、贵阳为核心设立了 20 余家分公司,并下设深圳市中天佳汇股权投资管理有限公司、贵阳中天佳创投资有限公司 2 家全资子公司。公司业务涵盖证券承销与保荐、证券经纪和证券自营,依托不断完善的综合业务服务体系,为中小企业和高净值客户提供全方位服务。

联储证券有限责任公司(以下简称联储证券)成立于 2001 年,注册资本 25.7 亿元,净资产约 57 亿元。联储证券拥有证券经纪、证券资产管理、证券投资咨询、证券承销与保荐、证券自营、融资融券、股票质押式回购、财务顾问、金融产品代销、基金代销、直接股权投资等全牌照证券业务资格,在全国范围拥有 80 余家分支机构。联储证券作为星徽精密并购泽宝股份的独立财务顾问,在不足 5 个月的时间内成功完成从公告预案到顺利过会,交易总金额为 15.3 亿元。在此项目中,并购团队结合星徽精密需求选择并购标的泽宝股份，突破重重难点，通过对并购方案专业的设计、对证监会产业并购审核思路的准确把握等方式大幅降低了并购风险，帮助星徽精密向新型市场营销、国际化和多元化转型大步迈进。联储证券为通源石油收购标的公司美国知名油服企业 Cutters 提供咨询服务，帮助通源石油在北美油服市场的继续扩张，从而真正实现其射孔业务全球化的战略布局。

二、会计师事务所

致同的前身北京会计师事务所成立于 1981 年，是中国最早成立的会计师事务所之一。2008 年与天华会计师事务所合并，更名为京都天华会计师事务所；2009 年成为 Grant Thornton International Ltd（致同国际）在中国唯一的成员所；2012 年正式更名为致同会计师事务所。致同是首批 12 家获得 H 股企业审计资格的会计师事务所之一，也是少数在美国 PCAOB 登记的中国会计师事务所之一，亦是首批改制为特殊普通合伙的大型事务所之一。

致同在全国共有 28 家办公室，270 余名合伙人，6 000 余名员工。其中，注册会计师逾 1 200 人，注册税务师超过 200 人，会计行业领军人才超过 25 人。以北京为总部，致同在长春、长沙、成都、重庆、大连、福州、广州、哈尔滨、海口、杭州、香港、济南、昆明、南京、南宁、宁波、青岛、上海、深圳、太原、天津、温州、武汉、厦门、西安、郑州和珠海等全国所有重要经济中心都有坚实的根基，并将继续努力扩展在全国的服务网络。致同以丰富的资源及业务经验为客户提供专业服务，客户群十分广泛，包括 200 余家上市公司，3 000 多家大型国有、外资及民营企业。

毕马威是一个由独立的专业成员所组成的全球性组织。成员所遍布全球 147 个国家及地区，拥有专业人员超过 219 000 名，提供审计、税务和咨询等专业服务。毕马威独立成员所全球性组织中的成员与英国私营担保有限公司——毕马威国际有限公司（"毕马威国际"）相关联。毕马威国际及其关联实体不提供任何客户服务。各成员所均为各自独立的法律主体，其对自身的描述亦是如此。1992 年，毕马威在中国内地成为首家获准中外合作开业的国际会计师事务所。2012 年 8 月 1 日，毕马威成为四大会计师事务所之中首家从中外合作制转为特殊普通合伙的事务所。毕马威香港的成立更早在 1945 年。率先打入市场的先机以及对质量的不懈追求,使其积累了丰富的行业经验,中国多家知名企业长期聘请毕马威提供广泛领域的专业服务(包括审计、税务和咨询),也反映了毕马威的领导地位。

毕马威中国在 25 个城市设有 27 家办事机构,合伙人及员工约 12 000 名,分布在北京、上海、广州、深圳、杭州、合肥、南京、宁波、苏州、武汉、香港特别行政区和澳门特别行政区等地。在这些办事机构的紧密合作下,毕马威中国能够高效和迅速地调动各方面的资源,为客户提供高质量的服务。

作为专业服务领域的先驱者,德勤的创始人早在 170 多年前便开始了从业实践。时至今日,德勤成员所网络已遍及全球,为客户提供包括审计及鉴证、管理咨询、风险咨询、财务咨询、税务以及法律咨询等在内的全方位的专业服务。目前,德勤拥有约 335 000 名专业人士,遍及全球 160 个国家和地区,继续在"四大"国际专业服务网络中保持领先地位。2020 财年,德勤成员所全球总收入达到 476 亿美元,在"四大"中连续多年位居全球第一。德勤早在 1917 年便在中国上海设立办事处,至今已开启在华发展的百年新篇章。德勤中国网络目前已在中国内地、香港、澳门以及蒙古乌兰巴托等 25 个主要城市设有办公室,有近 18 000 名专业人士,为各行业的客户提供高质量的专业服务。

EY 安永
Building a better working world

安永在超过 150 个国家及地区设有超过 760 个办事处,聘用 30 万名员工。2020 财年全球总收入达 372 亿美元,年增长率为 4%。安永在各个服务领域都保持了良好的增长势头,自"愿景 2020"发布,安永年复合增长率高达 8.3%,是行业内最具影响力的专业服务机构之一。

除审计服务外,安永提供的相关服务包括上市及各项增值服务,如内部控制、风险管理、税务咨询、交易、信息科技安全、绩效改善以及公司治理方案等,并拥有突出资历。安永在 A 股市场中的表现突出,曾协助多家大型公司成功在上海及深圳发行上市。2019 年,以上市公司数量计算,在"四大"中所占市场份额约为 32%。截至 2020 年 7 月 31 日,以申报企业数量计算,在"四大"中所占市场份额约为 31%。

普华永道中天会计师事务所有限公司(以下简称普华永道)是世界顶级的会计师事务所之一。各成员机构遍及全球 158 个国家和地区,有超过 25 万名员工,致力于在审计、税务及咨询领域提供高质量的服务。尤其在审计、首次公开募集资本、内部控制、企业重组以及合并与收购等业务中拥有丰富的经验。

目前,普华永道在北京、上海、天津、重庆、大连、西安、青岛、南京、苏州、杭州、宁波、厦门、广州、深圳、香港及澳门等 25 个城市设有分支机构,拥有员工约 17 000 人,其中包括约 600 名合伙人。

天健会计师事务所成立于 1983 年,是由一批资深注册会计师创办的首批具有 A+H 股企业审计资格的全国性大型专业会计审计中介服务机构,综合实力位列内资所第一,全球排名前 20 位。

天健拥有近 40 年的丰富执业经验和雄厚的专业服务能力,拥有包括 A 股、B 股、H 股上市公司、大型央企、省属大型国企、外商投资企业等在内的固定客户 5 000 余家,其中上市公司客户 500 余家,新三板挂牌客户 300 余家。按承办上市公司数量排名,在具有证券期货相关执业资格的会计师事务所中位居全国第 2 位。近 3 年通过审核的 IPO 企业在所有中介机构中名列前茅。

事务所曾经主持或者参与多家国有企业、民营企业的股份制改造和重组上市方案设计与审计工作,服务的主要客户包括超日太阳(主板)、泛微网络(主板)、开能环保(创业板)、三湘股份、中超控股、大名城等。

中汇是一家大型综合性专业服务机构,总部设在杭州,在北京、上海、深圳、成都、南京、苏州、无锡、宁波、济南、广州、长春等设立境内分支机构,在香港与洛杉矶设立境外分支机构。

中汇主要为国内外各行业客户提供资本市场、年报审计、税务、工程、评估以及管理咨询等全方位的专业服务。中汇客户覆盖了高端制造、化工、医药生物、金融、房地产、电子信息、能源、软件等多个行业。截至 2020 年 11 月,中汇资本市场客户上市公司 90 家,证监会上市公司家数排名第 12 名。2020 年,中汇 IPO 过会客户达 30 家,全国排名第 4 名。中汇香港办公室 2018 年承接港股上市公司 56 家客户年报审计业务,洛杉矶办公室拥有纳斯达克上市公司客户 11 家。中汇还为 300 多家新三板公司进行过挂牌服务。

中汇汇聚了超过 2 500 名经验丰富的优秀专业人员,拥有注册会计师超过 600 名,注册税务师超过 150 名,中汇(曾)就职于证监会第十七、第十八届上市审核委员会在任委员 1 人,第三届、第四届、第五届创业板股票发行审核委员会专职委员 1 名,财政部企业会计准则咨询委员会委员 1 名,财政部企业会计准则咨询委员会委员 2 人,目前拥有财政部注册会计师行业全国领军人才 20 人,特级注册税务师 16 名。

三、 律师事务所

上海市锦天城律师事务所(以下简称锦天城)是一家提供全方位法律服务的、全国领先的律师事务所,并多次被司法部、地方司法局、律师协会以及国际知名法律媒体和权威评级机构列为中国最顶尖的法律服务提供者之一,位居全国十大品牌律师事务所前列。

发轫于中国上海的锦天城,已在中国内地 21 个城市(北京、杭州、深圳、苏州、南京、成都、重庆、太原、青岛、厦门、天津、济南、合肥、郑州、福州、南昌、西安、广州、长春、武汉、乌鲁木齐)及中国香港、英国伦敦开设分所,并与香港史蒂文生黄律师事务所联营,与国际律师事务所鸿鹄(Bird&Bird LLP)建立了战略合作关系。

锦天城在金融、证券、信托、投资等方面拥有丰富的经验,业绩在业界拥有较高的排名。在股票发行上市及资产重组业务方面,锦天城的市场占有率每年都位居全国前列。大量的项目经验为锦天城向客户提供优质服务奠定了坚实的基础,并且在长期实践中,与国内外知名的证券公司、投资银行、会计师事务所、评估师事务所保持良好的合作关系;在证券监管部门、外资管理部门、国有资产管理部门,锦天城也有着良好的声誉,并保持畅通的沟通和联系。

德恒律师事务所成立于 1993 年,是一家全球性大型律师事务所,拥有一支专业化、综合化、高层次、国际化的强大律师服务团队,德恒拥有全球律师专业人员近 3 000 人。德恒律师 80%以上有硕士、博士学位,具备在国内外立法、司法、行政机关、跨国公司、大型国企、金融证券机构的工作经验。除北京总部外,还在上海、广州、深圳、天津及纽约、海牙、巴黎、布鲁塞尔、迪拜、阿拉木图、香港等地设立了 43 家国内及境外分支机构,在全球范围内建立 160 个合作机构,凭借多种语言优势、信息资源和现代化办公手段,形成了全球化、网络化、紧密型服务体系,可为国内外客户提供全方位、高质量的法律服务。

20 多年来,德恒先后担任了中国铁建(A+H)、中国农业银行(A+H)、长江电力、上海机场、中国银行、本钢板材、安硕信息、康德莱、华荣股份、德邦物流、春秋电子、鲍斯股份、会畅通讯、心脉医疗、邦宝益智、天际股份、扬帆新材、中坚科技、航天宏图、龙软科技等两百余家企业 A 股发行上市的法律顾问。

德恒上海办公室曾先后担任上海证券交易所、上海期货交易所、中国金融期货交易所、上海保险交易所等交易所的常年法律顾问,并与众多金融机构建立了良好的服务关系。

北京金诚同达律师事务所创立于 1992 年,总部位于北京,在上海、深圳、合肥、杭州、南京、成都、西安、沈阳、济南、广州、大连设有分所,并在东京设有办事处。金诚同达拥有国际化的业务网络,是 ADVOC(国际律师事务所联盟)副主席单位,与全球 80 余个国家的百余家律所具有紧密的业务合作关系,力求在全球范围内实现最优化的资源共享和业务互动。

2000 年以来,金诚同达多次被评为"部级文明律师事务所""全国优秀律师事务所"及"北京市优秀律师事务所"。作为一家综合性律师事务所,在公司证券、金融、知识产权、房地产、国际贸易与投资、争议解决等方面均具有突出的服务业绩与解决问题的能力。

就公司证券业务领域而言,主要从事首次公开发行股票并上市(IPO)及再融资等证券与资本市场业务、并购与重组业务、反垄断、劳动法、公司设立与合规、私募与风险投资等业务;就金融业务领域而言,主要从事保险、税法与税收筹划、信托与租赁、银行业务、资产管理等业务;就知识产权业务领域而言,主要包括电子商务、反不正当竞争、医药医疗、娱乐与传媒、知识产权等业务。

中倫
ZHONG LUN

中伦律师事务所创立于 1993 年,是中国领先的综合性律师事务所。中伦拥有 340 多名合伙人,2 200 多名专业人员,在北京、上海、深圳、广州、武汉、成都、重庆、青岛、杭州、南京、海口、东京、香港、伦敦、纽约、洛杉矶、旧金山和阿拉木图设有办公室。

中伦律师分别专精于特定的专业领域,通过合理的专业分工和紧密的团队合作有能力在各个业务领域为客户提供全面、专业的法律服务。中伦的专业领域涵盖了资本市场/证券、私募股权与投资基金、收购兼并、知识产权、劳动法、税法与财富规划、健康与生命科学、诉讼仲裁等多个领域。资本市场/证券业务是中伦的核心业务,中伦也是中国最早从事证券业务的律师事务所之一。近二十年来,中伦先后累计为数百家公司提供了中国境内外股票发行上市和其他证券业务的法律服务,在境内主板、科创板、创业板首次公开发行、上市公司再融资、上市公司并购重组及境外发行证券等法律业务方面长期保持领先地位。

國浩律師(上海)事務所
GRANDALL LAW FIRM (SHANGHAI)

国浩律师事务所创立于 1998 年 6 月,是中华人民共和国司法部批准组建的中国第一家亦是唯一一家集团性律师事务所,2011 年 3 月更名为国浩律师事务所。由分别成立于 1992 年及 1993 年的北京张涌涛律师事务所、上海万国律师事务所、深圳唐人律师事务所共同发起设立。上海万国律师事务所即为国浩(上海)律师事务所的前身。

国浩律师事务所致力于成为境内外投融资领域尤其是资本市场最为专业的法律服务提供者,市场占有率及综合指标连续多年位居行业之首;国浩是一家关注并践行社会责任的律师事务所,于 2009 年发布全国律师行业首份社会责任报告。为抗击新冠肺炎疫情,国浩及其员工捐款捐物;国浩律师提出议案、提案助力疫情防控,率先出版疫情防控法治专著,体现了法律人的责任担当与公益价值。国浩成立行业首个"民法典百人宣讲团",推进《民法典》深入人心,落地生根。

国浩所获荣誉包括中华人民共和国司法部部级文明律师事务所、全国律师行业创先争优先进集体、中华全国律师协会全国优秀律师事务所。在 2021 钱伯斯全球律所排名榜单中，国浩的资本市场国内发行排名第一等；在 IFLR1000《国际金融法律评论》2021年度律所排名中，国浩的银行与金融、资本市场债务、资本市场股权、投资基金、并购等领域上榜；在 2021 年度 LEGALBAND 中国顶级律所及律师排行榜中，国浩的证券与资本市场境内发行排名第一梯队，等等。此外，国浩（上海）律师事务所还荣获上海市人民政府颁发的上海市文明单位、上海市拥军优属先进单位，上海市律师协会颁发的上海市优秀律师事务所、十佳律师事务所，上海市司法局颁发的上海市司法行政系统先进集体，以及《商法》评选的卓越综合实力律所等荣誉称号。

盈科律师事务所，总部设在北京，成立 20 年来，累计为 410 000 多家海内外企业提供让客户高度满意的法律服务。作为联合国南南合作全球智库五大创始机构之一，盈科连续 6 年蝉联英国律师杂志亚太地区规模最大律师事务所，连续 5 年蝉联亚洲法律杂志亚洲规模最大律师事务所。

盈科的业务范围划分为房地产与建设工程法律事务、公司法律事务、国际与区际法律事务、行政法律事务、金融与资本市场法律事务、民商事法律事务、刑事法律事务与知识产权法律事务等 8 个领域。盈科全国业务指导委员会在全国层面设有盈科律师研究院、盈科律师学院、30 个专业委员会、14 个综合性法律中心，在各分所设立 900 余个专业部门对接各专业委员会，形成了盈科专业化建设的经纬网络状布局。盈科在发展中坚持"以人为本"的人才战略，逐步形成了由专业律师人才、专业市场人才、专业管理人才组成的人才队伍，保障了律师事务所整体战略目标的实现。

金茂凯德律师事务所（以下简称金茂凯德）是一家专业从事金融证券和公司法高端品牌及争端解决等业务的专业律师机构，是国家商务部《国际商报》评选出的 2012 年中国商务最具活力服务贸易 50 强企业，是上海市商务委员会和上海市司法局确认的上海市专业服务贸易重点单位，并具有中国人民银行认可的中国银行间市场交易商协会会员资格。上海市高级人民法院原副院长、上海市人民政府原参事室主任、著名法学家李昌道教授担任金茂凯德负责人。金茂凯德在上海市律师行业综合排名中名列前茅。

金茂凯德主要办公地在上海香港新世界大厦,并在北京等多地设有分所和代表处或联盟所,从业人员 200 多名。金茂凯德的主要业务领域为公司法业务、兼并收购、资本市场、房地产及工程建设、反垄断、银行业务、投资业务、知识产权与信息技术、海事海商业务、仲裁和诉讼等。金茂凯德在公司重组、上市、再融资等资本市场运作方面以及海事海商诉讼、仲裁、谈判等争议解决方面积累了丰富的经验,办理了一批"中国第一""上海第一"的成功案例。金茂凯德拥有一批在司法界享有盛誉的权威人士,拥有一批在省级人民政府、著名法学院担任过重要职务和在国际国内仲裁机构担任仲裁员的专家律师,拥有一批在国际律师组织中担任重要职务并在业内有较大影响的著名律师。

瑛明律师事务所
Chen & Co. Law Firm

瑛明律师事务所成立于 1998 年,是中国领先的商务律师事务所之一,并在中国内地和香港都具有从事中国法律业务的资格。自成立以来,瑛明律师事务所致力于为国内外各个行业的公司、金融机构、政府部门、中介机构等提供量身定制的法律服务,业务范围主要包括资本市场、投资并购、银行、信托与基金、资产管理、反垄断与反不正当竞争、破产、重组和清算、房地产、知识产权和争议解决等。目前,瑛明律师事务所在上海、北京、深圳和香港都设有办公室,拥有超过 150 名员工。

GF 广发律师
GF LAW FIRM

上海市广发律师事务所(以下简称广发所)是一家致力于提供证券金融法律服务的专业机构,专业化的特色使广发所在证券、金融、法律服务领域更具有竞争优势。广发所是国内证券业务专业化程度最高的律师事务所之一。专业化发展模式使广发所在金融证券领域颇有建树,广发所是为数不多的、拥有广泛声誉的中国金融证券业律师事务所,已成功为国内数十家公司提供了与证券发行上市相关的法律服务,范围涵盖国内 A 股和B 股、新加坡红筹、香港 H 股和红筹(创业板或主板)及纳斯达克、纽约交易所上市等。

四、 投资机构

上海科技创业投资(集团)有限公司(以下简称"上海科创集团")是上海国有独资市

属一级企业，注册资金为 169 000 万元。作为上海创新资源的整合者、产业发展的塑造者和科创中心建设的主力军，上海科创集团围绕"科技、创业相关产业投资与投资服务"这一主业，秉持"投硬科技"核心理念，聚焦产业投资"微笑曲线"的两端，瞄准产业链的最上游、价值链的最顶端、技术体系的最底层，发挥投招联动优势，以集成电路、生物医药、人工智能等硬核产业为重点，累计参股创投基金 100 余家，累计投资科创企业 1 000 余家，累计服务小微企业 10 000 余家，实现科创板上市企业 39 家，培育了中芯国际、中微公司、上海微电子装备、盛美半导体、心脉医疗、南模生物、泰坦科技、安路科技等一大批硬核科创企业，已成为上海市委市政府推进战略性新兴产业发展的核心创投平台。

上海新丝路财富投资管理有限公司（简称"新丝路投资"），于 2015 年初成立于中国上海，是一家经中国证券投资基金业协会登记备案的私募基金管理机构。

新丝路投资以打造"具有国际影响力的、行业尊敬的专业投资机构"为愿景，希望通过资本和管理的早期介入，促进企业快速健康成长，在推动医疗产业进步和行业发展中发挥积极作用。

新丝路投资秉承"精品基金，精选标的，精准投资"的理念，以生命科学领域投资为核心，聚焦生物医药、医疗器械和医疗服务等多个细分行业，旨在通过在医疗健康等领域的投资，助力中国医疗产业发展，满足病患的未竟需求。

公司核心团队由具备多年资本市场从业经历的医学及医药背景资深专业人士组成，长期深耕医疗医药产业，积累了丰富的投资运营经验，取得了非凡的投资业绩。

自成立以来，新丝路投资在医疗健康领域先后投资了如术创手术机器人、贝康医学、睿触科技、恒润达生、维立志博、艾美斐及深至科技等众多成功投资案例。经过多年的耕耘，所投项目中有多家公司即将在 A 股和 H 股等地上市，为投资人获取十分丰厚的回报。

海通开元投资有限公司（简称海通开元）成立于 2008 年，是海通证券全资设立的私募投资基金子公司，注册资本为 106.5 亿元，管理资金规模近 300 亿元。海通开元的业务模式分为两类。一是海通开元以母基金形式发起设立私募股权投资基金，并控股相应的基金管理人。目前,海通开元旗下设 6 家基金管理子公司,共管理逾 40 只基金的投资运作。二是海通开元作为海通证券的私募投资基金子公司,直接从事一级市场私募股权投资基金管理业务。目前,海通开元投资团队直接管理的私募股权投资基金为 6 只。

上海科技创业投资股份有限公司成立于 1993 年,是由 4 家国有大型企业和 6 家金融机构共同发起设立的股份制创业投资企业。公司成立以来,在上海市委、市政府的大力支持下,始终以推动科技成果产业化为使命,围绕上海经济和科技的发展,努力探索科技创业投资的新路径,在信息技术、生物医药、智能制造、新材料、高技术服务业等领域取得了一系列成果。公司与中国联通、常茂生化、康达新材、杉德金卡、杉德银卡通等一批被投企业均"相识于微时",在多年的合作中,携手共进,共同成长,一起经历了由小到大、由弱变强的过程,一同分享了成功的喜悦。

建元基金是全国首家专注于建设领域的股权投资基金。发起人隧道股份是全产业链的城市建设运营综合服务商,涵盖城市基础设施规划设计、投资、施工、运维、开发等各个环节,1994 年成为我国建筑施工企业中首家上市公司,2015 年名列中国总承包商全国第 6 位,并连续多年蝉联中国市政企业第 1 名。

目前建元基金员工 18 人,投资团队人员都曾任职于业内专业的私募投资机构,拥有丰富的股权投资及项目并购经验。建元基金也有来自隧道股份体系内外的资深技术和财务专家,包括教授级高级工程师兼高级经济师 1 名、高级会计师兼总会计师(CFO)1 名、特许金融分析师(CFA)1 名、高级工程师兼注册一级建造师 2 名、注册会计师(CPA)2 名。

上海信投

上海市信息投资股份有限公司(以下简称信投公司)是上海市委、市政府为加快信息港建设,全面提高城市信息化水平,于 1997 年批准设立的信息产业领域示范性和策略性国有功能性投资平台。

成立 24 年来,信投公司坚持实业投资和资本经营并重的运作模式,坚持战略性投资和财务性投资双轮驱动的投资策略,形成了本部直投、股权投资基金、依托于母基金的投资机构群等多层次、多渠道的投资生态体系和联合投资模式，帮助不同发展阶段的各类企业快速、精准对接专业的机构投资人。

信投公司立足于上海，在城市信息基础设施、功能性信息化平台中布局了一批重大项目，在信息化产业的细分领域培育了一批龙头企业，具有丰富的信息化产业资源，包括全国最大第三方集约化信息管线网、全国最大地方电子口岸平台、全球最大有线电视城域网及上海第二张城市光网、上海唯一的跨境电子商务综合试验区"单一窗口"、国内领先的电子认证服务系统、全国最大的公用事业电子账单平台。

国科嘉和(北京)投资管理有限公司成立于 2011 年，是由中国科学院控股有限公司(简称"国科控股")作为基石投资人发起成立的股权投资基金管理人，是国科控股直接管理的一级企业，也是中科院国科控股直属唯一同时涵盖天使、VC、PE 的全周期专业科技投资机构。

国科嘉和目前共管理 10 只基金，包括 1 只人民币天使基金、3 只人民币成长基金、1 只美元创投成长基金、2 只人民币 PE 基金、1 只国家网络安全专项基金以及 2 只政府专项基金，管理总金额达数百亿元人民币。

作为专注于高增长高技术壁垒的 TMT、生命科学等新兴行业，国科嘉和依托中科院体系的一流技术能力、大量的高科技转化成果以及政府与行业资源，积累了对于硬科技深入的行业理解能力和丰富的投资实践经验。

基金目前在大数据、云计算、人工智能、网络安全和企业服务、智能制造与高端装备、半导体、医疗服务、创新药、医疗器械等领域重点投资布局，已累计投资百余家具有技术壁垒的高科技创新企业。

深圳市创新投资集团有限公司(简称深创投)1999 年由深圳市政府出资并引导社会资本出资设立，公司以发现并成就伟大企业为使命，致力于做创新价值的发掘者和培育者，已发展成为以创业投资为核心的综合性投资集团，现注册资本 100 亿元，管理各类资金总规模约 4 305 亿元。

深创投目前管理的基金包括：146 只私募股权基金，13 只股权投资母基金，19 只专项基金(不动产基金、定增基金等)，同时，集团下设国内首家创投系公募基金管理公司——

红土创新基金管理有限公司。围绕创投主业,深创投不断拓展创投产业链,专业化、多元化、国际化业务迅猛推进。

在创投业务板块,深创投主要投资中小企业、自主创新高新技术企业和新兴产业企业,涵盖信息科技、智能制造、互联网、消费品/现代服务、生物技术/健康、新材料、新能源/节能环保等行业领域,覆盖企业全生命周期。公司坚持"三分投资、七分服务"的理念,通过资源整合、资本运作、监督规范、培训辅导等多种方式助推投资企业快速健康发展。

截至 2021 年 8 月 31 日,深创投投资企业数量、投资企业上市数量均居国内创投行业第一位:已投资项目 1 323 个,累计投资金额约 734 亿元,其中 194 家投资企业分别在全球 16 个资本市场上市,370 个项目已退出(含 IPO)。专业的投资和深度的服务,助推了潍柴动力、酷狗音乐(腾讯音乐)、睿创微纳、西部超导、迈瑞医疗、欧菲光、信维通信、中新赛克、微芯生物、普门科技、宁德时代、傲基科技、金丹科技、康方生物、奇安信、柔宇科技、翱捷科技、华大九天等众多明星企业成长,也成就了深创投优异的业绩。

凭借在创投领域的杰出表现,深创投在中国创投委、清科集团、投中集团等权威机构举办的创投机构综合排名中连续多年名列前茅。近五年(2016—2020 年),在清科中国创业投资机构年度评选中,深创投均为本土创投机构第一名,其中,2017 年为内外资创投综合排名第一名。

苏州元禾控股股份有限公司是苏州工业园区管委会控股、江苏国信集团参股的国有投资企业,成立于 2001 年年底,现注册资本 34.63 亿元,总资产近 300 亿元。在 20 多年的成长历程中,元禾控股搭建了股权投资和债权融资相结合的一体化投融资业务体系,辅以专业的投融资服务支撑体系,通过三大业务板块在资本运作、风险控制、营运配置等方面的协同运作,在探索金融创新、促进科技创新、引导基金集聚、助推产业升级等方面都取得了不俗的成绩。

元禾控股自 2001 年成立起就专注于股权投资领域,围绕产业链进行价值投资,针对企业全生命周期的资本需求,打造了完整的投融资服务生态圈。截至 2021 年 8 月底,直投平台及管理的基金投资项目超过 1 046 个;通过主导管理的 VC 母基金投资子基金超过 129 只,子基金总规模超过 1 470 亿元,投资企业超过 2 600 家。

中同投资是专注为科技创新企业提供股权融资、并购、上市陪跑及股权直投的创新型投资银行。

成立至今,已成功服务超过 80 家创新企业成功对接资本市场,参与管理上海国资委下属上市公司产业基金 30 亿元规模,已投资参股 32 家企业。

担任正和岛独角兽部落执行秘书长,现全面负责"潜在独角兽企业"投融资与企业上市陪跑辅导业务。

重点关注:新一代信息技术、装备制造、新材料、新能源、节能环保、医疗、大消费

服务轮次:A 轮－PreIPO 阶段企业

融资金额:¥5 000 万元及以上

上海博宁资产管理有限公司(以下简称博宁资本)依托于上海交通大学会计与资本运作研究所、上海市成本研究会,是专注于提供资本市场综合服务的投资管理机构。博宁资本致力于对国内外资本市场的研究,通过改制、重组、上市、收购与兼并等资本运作协助有发展潜力的企业进入资本市场,实现可持续发展,成为行业的标杆。2011 年,博宁资本成为中国城市科学研究会数字城市专业委员会投资学组成员单位。博宁资本经过多年发展和团队深耕,发展了包括 Pre-IPO 股权投资基金、并购基金、不良资产处置基金等产品。博宁资本的团队是在中国资本市场建立之初就开展资本运营业务的团队之一,参与了国内证券市场规则的制定,曾成功运作百余家企业上市,包括主导中国第一家公司直接在纽约证交所上市——山东华能,主导中国第一家民营企业收购香港 H 股公司——天瑞收购天元铝业,主导中国第一例外资并购国有上市公司案——中孚实业,以及成功运作金融、不动产、大型制造业、基础设施工程、新能源等购并项目,并购总额达数百亿元。博宁资本团队核心成员还担任中国财政部咨询专家、中国城科会数字专业委员会金融顾问、多个城市的政府顾问。

领中资本是一家专注于投资中国创新型高成长企业的私募股权投资机构,旗下管理多只人民币基金,总规模近 20 亿人民币。投资阶段覆盖初创期、成长期,主要关注领域为先进制造、人工智能、智慧物流、新材料、智慧农业等行业。

领中资本始终以促进中国企业创新与成长,推动社会产业进步与发展为己任,凭借投资团队自身丰富的行业经验和资源网络,不遗余力地帮助创业者和他们的企业突破自我、不断创新,与之共创事业。在多年的投资实践中,管理团队取得了令人瞩目的投资业绩。投资及管理的项目包括联影医疗、蓝箭科技、森兰智慧钢琴、智昌机器人、摩拜单车、箱箱共用、中天引控、滨海新材料等。

领中资本的管理团队基于对中国资本市场长期深入的理解与研究,建立了"以专业化管理为基础,以投后增值为核心"的投资理念,致力于打造一家值得投资人和企业家信赖的投资机构。作为长期投资人,领中资本一直与企业家携手同行,不仅为企业发展提供资金,还在吸纳优秀人才、整合市场营销渠道、提供企业运营建议、寻找战略合作伙伴等方面提供专业的服务。

源星资本(Vstar Capital)成立于 2011 年,并于 2016 年由纪源资本的人民币基金分拆独立运营。目前,源星资本管理了 5 只人民币基金、1 只美元基金,主要关注健康医疗、智能技术+消费升级等领域的投资机会,投资阶段涵盖早期、扩张期和成熟期。源星资本已投资超过 70 家创业企业,包括美年大健康(SZ002044)、迈瑞医疗(SZ300760)、中持水务(SH603903)、易居中国(HK02048)、新通联(SH603022)、联影医疗、马泷齿科、育学园、瑞博生物、华云数据、科思科技、深之蓝、云洲智能、亮风台、金宝贝、常青藤爸爸、闪送等。

源星资本的主要成就为:中国最佳创业投资基金 TOP100;年度最佳募资机构、并购市场年度最佳机构、医疗健康行业年度最活跃投资机构;上证综研研究所"风险投资二十年百强榜"TOP100;2019 第一财经股权投资价值榜年度创投机构 TOP20。

上海景恬集团是一家专注于股权投资的集团性公司,全国下设 9 家分子公司,创始人及团队成员来自多个券商投行。目前,集团业务精准定位于股权投资(自有资金)、并购重组以及债券承揽、销售等。

自集团成立以来,5 家对外股权投资企业成功在境内主板 IPO,另有山东金现代信息股份有限公司创业板 IPO 成功过会,山东普瑞特机械制造股份有限公司(筹备上市阶段)、四川绵竹杜甫酒业集团股份有限公司、重庆江小白酒业股份有限公司正处于投后管理阶段。

　　集团和多家券商形成战略合作,3 年来,在债券承揽、销售业务上累计达 1 200 亿元规模,其中,境外债券规模共计 10 亿美元。同时,集团还和多个地方政府及政府平台公司达成战略合作伙伴关系,致力于地方产业引进及投资。

　　上海秉越投资管理有限公司(以下简称秉越资本)是一家专业服务于中国企业境外上市的投行机构,吸引了国内外投行精英、律师、会计师和学者加盟,打造了一支跨国融合的专业团队,提供国际化顾问与并购服务。公司致力于为客户提供长期优质的服务,坚持企业业绩与资本协同发展的理念,除了帮助企业在境外上市与融资之外,还帮助企业拓展国际化业务。

　　近年来,秉越资本创造性地开拓了拥有巨大财富与资源的中东资本市场,在中国率先推出纳斯达克迪拜证券交易所 IPO 与债券发行服务。目前,已经服务数家大中型民营企业发行私募债券,总额度超过 10 亿美元。秉越资本团队成员在澳大利亚、阿拉伯地区以及非洲都拥有深厚的人脉关系和业务经验,并在悉尼和迪拜拥有办事机构,能够更好地为中国企业开拓澳洲、中东、非洲以及欧洲的业务和利用资本市场服务。

　　达晨财智成立于 2000 年 4 月 19 日,总部位于深圳,是我国第一批按市场化运作设立的本土创投机构。自成立以来,达晨财智伴随着中国经济的快速增长和多层次资本市场的不断完善,在社会各界的关心和支持下,聚焦于信息技术、智能制造和节能环保、医疗健康、大消费和企业服务、文化传媒、军工等领域,发展成为目前国内规模最大、投资能力最强、最具影响力的创投机构之一,并被推选为中国投资协会股权与创业投资专业委员会、中国股权投资基金协会、深圳私募基金业协会、深圳市创业投资同业公会、深圳市投资基金同业公会、深圳市企业家联合会等专业协会副会长单位。

　　达晨财智现已发展成为中国本土最具品牌影响力的创投机构之一。在行业权威评比机构和权威媒体的各项综合评比中,达晨多年来一直名列前茅。2001—2020 年,公司连续 20 年被行业权威评比机构清科集团评为"中国最佳创业投资机构 50 强",2012 年度、2015 年度全国排名第一,近 10 年稳居本土创投前三,并荣获"2012 年中国最佳创业投资机构""2015年中国最佳创业投资机构""2009年中国最佳退出创业投资机构""2012年中国最佳退出创业投资机构""2015年中国最佳退出创业投资机构"称号,在中国保险资产管理业协会2020年保险资金投资的私募股权投资基金管理人评价中,达晨财智获评最优异(A类)机构。

截至目前,达晨财智管理基金总规模360亿元;投资企业超过620家,成功退出215家,其中,117家企业上市、98家企业通过企业并购或回购退出;累计96家企业在新三板挂牌。

五、 银行

上海农村商业银行股份有限公司(以下简称上海农商银行)成立于2005年8月25日,是由国资控股、总部设在上海的法人银行,是全国首家在农信基础上改制成立的省级股份制商业银行。目前注册资本为96.44亿元人民币,营业网点近370家,员工总数超过8 000人。

围绕上海新三大任务、"五个中心"以及"四大品牌"建设,上海农商银行以"普惠金融助力百姓美好生活"为使命,践行"诚信、责任、创新、共赢"的核心价值观,推进"坚持客户中心、坚守普惠金融、坚定数字转型"的核心战略,努力打造为客户创造价值的服务型银行,建设具有最佳体验和卓越品牌的区域综合金融服务集团。

在英国《银行家》公布的"2021年全球银行1000强"榜单中,上海农商银行位居全球银行业第149位,比2020年上升4位;位列2020年中国银行业100强榜单第24位,在全国农商银行中排名第二;在英国品牌评估机构Brand Finance发布的2021年度"全球银行品牌价值500强排行榜"中位列第187位,比2020年上升6位;标普信用评级(中国)主体信用等级"AAspc-",展望稳定。

诞生于1949年的上海农信事业,亲历了共和国旗帜下城市发展的宏伟诗篇,上海农商银行传承上海农信70余载历史,扎根大都会,携手千百业,贴近老百姓,坚持金融向善、金融向实、金融向阳,以金融诚善守护生活本真,以专业进取回应市场期待,实现银行商业价值和社会功能的有机统一。

上海银行股份有限公司成立于1995年12月29日,总部位于上海,是上海证券交易所主板上市公司。

上海银行以"精品银行"为战略愿景,以"精诚至上,信义立行"为核心价值观。近年来,上海银行把握金融科技趋势,以更智慧、更专业的服务,不断满足企业和个人客户日趋多样化的金融服务需求。

在科技金融方面,上海银行灵活运用投贷联动模式,在提供信贷授信的同时可为企业提前制定整体融资规划,帮助企业从一开始就把股权和债权比例切分好。以股权融资投资协议作为与银行合作的加分项,将已审批未使用的银行授信批复作为与投资机构谈判的筹码,让企业在股权融资额度、估值等条件谈判上更有主动权,融资金融也变得更加灵活。上海银行投行部设有股权融资服务专门团队,对于贷款客户中有股权融资需求的企业,可以提供一揽子的融资方案,甚至可以采用"点菜式"推荐服务。

上海银行自成立以来市场影响力不断提升,截至 2021 年 9 月末,总资产 26 520.37 亿元,实现净利润 202.98 亿元。在英国《银行家》杂志 2021 年公布的"全球银行 1 000 强"榜单中,按一级资本排名位列全球银行业第 67 位,较 2020 年上升 6 位。

招商银行上海分行成立于 1991 年,是招商银行第一家异地分行,也是第一家进驻浦东的异地股份制商业银行。成立之初,分行只有 17 名员工,租用几间简陋的仓库办公,仅设一个派出柜办理业务。

成立以来,分行踏着浦东开发开放的脚步,沐浴着上海"五个中心"建设的春风,在市场经济的大潮中乘风破浪,勇往直前,实现了持续稳健发展。特别是近几年,分行坚定不移地推进战略转型,发展步伐不断加快,经营特色愈加鲜明。截至 2020 末,分行表内总资产达到 8 242 亿元,自营存款余额 6 294 亿元,自营贷款余额 3 225 亿元。截至 2021 年 3 月末,员工总数超过 5 400 人,有 98 家持牌机构、6 家私银中心,在上海全部 16 个区均设有营业网点,形成了覆盖全市的服务网络。

秉持"因您而变"的服务理念,分行努力为社会民众提供方便、快捷、专业的金融服务,树立了百姓喜爱、企业肯定、监管合规、社会认可的良好品牌形象,多次荣获政府部门、行业协会和权威媒体组织评选的"中国银行业好分行""中国银行业文明规范服务示范单位""世博服务先进集体""上海市文明单位"等称号,赢得了社会的广泛赞誉。

广发银行于 1988 年成立,2016 年起成为中国人寿集团成员单位,是一家国有控股的全国性股份制商业银行。广发银行持续向发展大局聚焦,向主流市场聚力,坚持规模与

效益稳步提升,质量与结构同步优化,向上向好发展态势强劲。2020 年总资产突破 3 万亿元,总资产、营业收入、净利润近 4 年平均复合增长率居股份制同业前列。

股东优势明显。主要股东中国人寿、中信信托、国网英大、江西交投、中航投资等均为大型国企,对广发银行治理架构、领导力量、业务协同等给予极大支持。依托单一最大股东中国人寿,广发银行与保险、投资板块深度"保银协同",为客户提供高质高效、全方位一站式综合金融服务。

机构覆盖广泛。总部位于大湾区中心城市广州,是唯一一家在大湾区"9+2"城市实现机构全覆盖的全国性股份制银行,在全国 26 个省(直辖市、自治区)和香港、澳门特别行政区设立 48 家直属分行、936 家营业机构。

业务定位清晰。突出零售,向"大零售"整体综合优势跨越,重点发展信用卡、消费信贷和财富管理等业务。做强对公,从高资本消耗向轻资本模式转变,优化业务结构,提升客户综合收益,成为全行效益提升的"助推器"。做优同业,打造特色特长,为转型发展提供有力支持,成为全行盈利增长极。

发展优势突出。一是综合金融优势,与中国人寿在客户覆盖、渠道整合、资本补充、综合金融服务等方面强强联合、战略互补、深度协同。二是金融科技优势,广发金融中心(南海)在同业中规模体量和业务能力都相对领先,在满足自身需求的同时还对外提供数据存储等外包服务。三是信用卡优势,信用卡业务总收入、激活率、活跃率、卡均透支等核心指标在业内保持领先优势,品牌形象、市场口碑获得充分认可。

创新基因深厚。作为我国最早的股份制商业银行之一,秉持"敢为天下先"的精神,广发银行创新基因深厚,包括发行全国首张标准意义信用卡,首家主承销中小企业短期融资券发行,首家通过 ISO9001 新标认证的银行,等等。

中国建设银行上海市分行成立于 1954 年 10 月,目前全行拥有 360 家营业网点、1 万余名员工,是服务各类政府机构、企事业单位和个人客户超过 1 800 万户的国有商业银行一级分行。

目前建设银行在上海已形成覆盖银行、保险、期货、租赁、基金、信托、投行的全牌照金融体系战略布局,通过在沪的 26 家一级部门、分支机构和子公司,统筹全行金融市场交易、信用卡、金融科技、国际单证处理等业务发展,为上海地区客户提供全方位金融服务。为更好地契合上海的发展需求,建设银行在沪成立了国有大行首家金融科技公司,在临港新片区成立了国际金融创新上海中心和上海建银长三角战略新兴科创基金,以创新科技和综合服务支持上海国际金融中心建设。

建设银行上海市分行始终秉持金融服务实体经济的初心使命，围绕上海"三大任务、一大平台"和"五个中心"建设，支持长三角区域建设授信近千亿元，全面对接本市科创承载区及重大科创项目和企业。同时积极结合传统和新兴优势，截至 2020 年上半年，支持上海基础设施贷款余额 1 600 亿元，制造业贷款余额 556 亿元，为上海 27 块租赁用地项目提供 150 亿元融资，全辖网点引入 40 项"一网通办"政务服务，并在上海所有行政村布设"裕农通"金融服务点。

工商银行科创企业金融服务中心(上海)2018 年 11 月由总行在沪设立，立足上海，辐射长三角，旨在通过专营机构协同银行内外资源，开展面向科技创新企业的专业化服务，探索专业化产品创新和投融评审体系，带动工商银行对科技金融市场的整体服务能力。同时，该中心还将在服务科创企业的过程中，通过打造政府机构联盟、创投机构联盟、产业资源联盟以及资本市场联盟充分整合资源，探索新模式，开辟新路径，全面推动和促进科技金融的发展。

目前，科创企业金融服务中心(上海)成立了市场拓展、投融资审查、产品创新科及风险管理四个团队，针对科创企业两高一轻的特点(尤其是小微企业)，研发了多种科创信贷产品，并运用科创企业专属评级授信模型，配套长三角科创股权基金，实现对集成电路、人工智能和高端装备制造领域"硬核"科创企业的融资支持。在科创企业客户覆盖方面，信贷融资的企业近 900 户，建立信贷关系的企业超过 5 000 户，金融服务的企业突破万家，科创企业目标库覆盖企业超过 1.5 万户。

中信银行成立于 1987 年，是中国改革开放后最早成立的新兴商业银行之一，是中国最早参与国内外金融市场融资的商业银行。2007 年，中信银行实现 A＋H 股同步上市，并以屡创中国现代金融史上多个第一而蜚声海内外，为中国经济建设做出了积极的贡献。30 多年来，中信银行坚持服务实体经济，稳健经营，与时俱进。经过 30 余年的发展，中信银行已成为一家总资产规模超过 6 万亿元、员工人数近 6 万名、具有强大综合实力和品牌竞争力的金融集团。2020 年，中信银行在英国《银行家》杂志"全球银行品牌 500 强排行榜"中排名 21 位；一级资本在英国《银行家》杂志"世界 1 000 家银行排名"中排名第 24 位。

浦发硅谷银行成立于 2012 年，是美国硅谷银行和上海浦发银行合资成立的独立法人银行，也是中国首家专注于技术/商业创新领域的科技银行，致力于在中国打造"科技创新生态系统"。

其业务主要覆盖北京、长三角及粤港澳大湾区，沿袭硅谷银行独有的业务模式，为不同阶段的科技/商业创新企业和投资机构提供灵活、客制化的金融解决方案。其风险贷款解决方案帮助科创企业提高成功概率。此外，浦发硅谷银行还通过联动硅谷银行金融集团的全球科创生态圈服务平台，向科创企业及投资机构提供行业洞察报告、资源对接、专属活动等多元化增值服务。

![CZBANK 浙商银行]

浙商银行股份有限公司（简称浙商银行）是 12 家全国性股份制商业银行之一，2016年 3 月 30 日在香港联交所上市，股票代码"2016.HK"；2019 年 11 月 26 日在上海证券交易所上市，股票代码"601916"，系全国第 13 家"A＋H"上市银行。

截至 2020 年 6 月末，总资产 2 万亿元，营业收入和净利润分别为 251.81 亿元和67.75亿元，在英国《银行家》杂志"2020 年全球银行 1 000 强"榜单位列第 97 位，主体信用评级 AAA。浙商银行在全国 19 个省（直辖市）及香港特别行政区设立了 260 家分支机构，实现了对长三角、环渤海、珠三角以及部分中西部地区的有效覆盖。浙商银行上海分行成立于 2007 年 12 月 18 日，已在自贸区设立二级分行，并在陆家嘴、徐汇、长宁、普陀、静安（闸北）、闵行、嘉定、松江、奉贤等地设立 10 家支行，总资产合计 1 334 亿元。

六、 评估机构

东方金诚国际信用评估有限公司（简称东方金诚）是中国主要的信用评级机构之一，

获得了中国人民银行、中国证监会、国家发改委、中国银保监会、交易商协会等债券市场全部监管部门和自律监管机构的认可，可为境内外发行人在中国债券市场发行的所有债券品类开展评级，为境内外投资人参与中国债券市场提供服务。

东方金诚成立于 2005 年，注册资本为 1.25 亿元人民币，控股股东为中国东方资产管理股份有限公司。总部位于北京，在全国范围内建立了以近 20 家分公司为载体的信用服务网络，还面向境外发行人与投资人建立了国际服务团队。

东方金诚秉承"锐意创新、极致服务"的新锐理念，紧跟债券市场创新步伐，响应投资人和发行人新需求，捕捉信用风险新变化，持续革新评级技术和研究服务体系，为投资人和发行人提供专业、独立的信用服务。

七、 院校

复旦大学早在 1917 年就设立了工商管理教育体系，并于 1929 年正式成立商学院。1952 年全国高校院系调整，工商管理学科教育中断。改革开放之后，复旦大学率先恢复管理教育，1977 年开始招收管理学科专业学生，1979 年成立管理科学系，1985 年恢复组建管理学院。

经过 36 年的发展壮大，学院目前设有 8 个系、31 个跨学科研究机构。学院现有一级学科博士点 5 个，二级学科博士点 13 个（含自设博士点），一级学科硕士点 5 个，二级学科硕士点 17 个（含自设硕士点）以及工商管理硕士（MBA）/高级管理人员工商管理硕士（EMBA）、会计硕士（MPAcc）、国际商务硕士、金融硕士及应用统计硕士 5 个专业学位硕士点，本科专业 7 个，博士后科研流动站 4 个（其中 1 个与经济学院分别设站）。2018 年，在教育部学位与研究生教育发展中心公布的全国首次专业学位水平评估结果中，复旦大学工商管理类别获评"A+"。

安泰经济与管理学院是上海交通大学的核心学院和改革先锋，是中国高等教育发展的见证者和实践者。1928 年设立国内首家管理学院，1984 年成为改革开放后国内首批恢复建制的管理学院，2000 年成为国内首家接受国际企业冠名的商学院，2008—2011 年陆续通过 AMBA、EQUIS、AACSB 认证，成为国内首家获得三大国际权威认证的商学

院。

学院在国内外学科和教学评估中屡获佳绩,"工商管理"和"管理科学与工程"在教育部第四轮一级学科评估中分获 A+与 A,"工商管理"在教育部首次全国专业学位评估中获得 A+。在 2019 年的 QS 世界大学学科排名中,学院"会计与金融""商业与管理""统计与运筹"3 个学科进入全球前 50 名,是中国本土唯一进入 QS 2020 全球商学院 MBA 项目百强榜的商学院。近年来获教育部高校人文社会科学研究优秀成果奖、上海市哲学社会科学优秀成果奖、上海市决策咨询研究成果奖等各类国家与地方奖项 150 项。

上海五角场创新创业学院是杨浦区政府联合复旦、同济、财大等著名高校及产业界龙头企业、创服机构,共同发起的非营利性教育及服务组织,也是一所新时代背景下,无围墙、非传统教学的创新创业学校。它充分发挥连接器作用,连接创业者和赋能方,为长三角双创示范基地的资源互通和人才培养提供支撑,并努力建设成为双创人才的黄埔军校和创新要素资源的配置平台。

响应科创板出台及长三角一体化国家战略,作为"上海科创企业上市服务联盟"的发起单位之一及秘书处,作为创新教育的先行者,五角场创院在全国双创示范基地建设中具有首创意义。为优化创新创业生态,提升创业者素质,促进产业发展,创造了新模式、新抓手。

八、协会

上海市证券同业公会(以下简称同业公会)成立于 1997 年 1 月 31 日,原名为上海市证券业协会,2003 年 7 月 17 日会员大会决定更名为上海市证券同业公会(缩写为 SSA)。自 2013 年起至今保持由上海市民政局(上海市社会组织管理局)评定的上海市 5A 级社

会组织称号。同业公会的登记管理机关为上海市民政局(上海市社会组织管理局),业务主管部门为中国证监会上海监管局。

自2011年起,同业公会先后设立了合规与自律监察、信息技术和证券调解专业委员会;2020年3月,经六届七次理事会审议通过,公会增设了人力资源专业委员会以及行业研究发展专业委员会。